KB090525

한국인이 잊은 문화·역사·인문학 총서

한국인 자부심

더 알찌랑

"인류 문화의 고향과 그 근원을 갈구하는
세계인에게 이 책을 드립니다!"

"후세에.
이 책을 잡고 우는 사람이 있다면,
내 넋이라도 한없이 기뻐하리라!"

−북애자(北崖子)의 *규원사화

　　박종원 작가는 다복한 가정에서 부족함 없이 성장했으나 어릴 적,
국민소득 68 $의 대한민국의 존재감에 비감한다.　언어학 · 문학 · 문
자 · 역사학 · 민속학 · 인류학 등의 연구를 통해 우리 땅의 문화(文化)
가 인류를 숨 쉬게 했던 '시원문화'였고 '중국은 한국의 일부였다'는
사실과　그 속에 질식해 있는 한국의 불쌍한 역사(歷史)를 알게 된다.

　　누구도 보지 못한 한국의 웅혼한 역사와 아름다운 문화로　작가는
갈등의 우리 사회를 바꾸고 세계의 존중받는 국가가 되어 우리 땅의
평화를 원한다. 문제는 이 땅의 무책임이다.　작가는 지금 '역사의병'
(義兵)으로서 역사광복을 함께 이룰 동지를 간절히 원하고 있다.

추천의 글 | ENDORSEMENTS

백산 박성수

한국학중앙연구원(한국정신문화연구원) 명예교수 · 국제평화대학원
대학교 총장 · (사) 대한사랑 초대이사장 · 대한상고사학회 공동대표

이 책을 권하면서 – '머리맡에 두고 읽어야 할 책'

2008년에 노벨 문학상 수상자인 프랑스 작가는 서울의 어느 여자
대학의 석좌교수와 기자들의 한국문학에 대한 질문을 받고서 "일본
과 중국 같은 강대국 사이에 에워싸여 있으면서 **용케도** 한국은 독자
적인 문학을 발전시켰다." 라고 답하였다. 나는 이 기사를 읽고 경악
을 금치 못했다. 문학은 문화의 핵심임으로 문학을 문화로 바꿔도 상
관이 없을 것이다. 프랑스인이 한국에 독창적인 문화(文化)가 있었다
는 것을 시인한 것은 고마운 일이었지만, '한국이 대국(?) 사이에 끼
어 어떻게 독자적인 자기 문화를 발전시킬 수 있었는가?' 하는…

그릇된 인식에서 놀라운 충격을 금할 수 없었다!

하기야 한국을 대표하는 양심적인 지식인으로 유명했던 H씨는
*〈뜻으로 보는 한국사〉에서 "**우리나라에는 민족고유문화가 없었다.**
있었다면 **밀림에서 발가벗고 나와 북치고 춤추는 야만인의 원시문화**
였다. 그러니 **그것은 문화가 아니다.**" 라고 폭언한 일이 있었다.
이러한 책이 지금도 서점에서 버젓이 팔리고 있고 장기베스트셀러

의 대열에 있으니, 외국인에게 무어라고 변명할 여지가 없는 것이다.
참으로 부끄러운 일이 아닐 수 없다!

일제침략사관이 문제라 하면서 앞대문에 나타난 호랑이의 습격에 대비하고 있었는데, 얼마 전부터는 뒷문에 중국의 **'동북공정'이라는 이리떼**가 나타나 놀라게 했다. 그리고 미처 대비하기도 전에, 중국은 고구리(려)와 백제, 신라, 발해의 역사가 모두 중국사의 일환이며 **고 조선 역사까지도 중국의 역사라 선언하고** 말았다.

우리나라의 학자들은 그동안 무엇을 하고 있었는가?

제 나라가 아무리 부족한 나라라 할지라도, **자신의 뿌리문화와 뿌 리역사를 알아야 당당할 수 있고 세계는 그를 인정하는 법**이다. 우리 에겐 중국과 일본의 문화와 다른 고유의 민족문화가 있는데, 그것은 **동양은 물론 세계의 중심문화**(中心文化)였다. 그런 훌륭한 문화를 가 지고도 그것을 모르면 아무 소용이 없다. 우리 문화는 이미 세계화된 문화이다. 좁고 답답하고 오만한 민족주의 문화가 아니라 **겸손하고 아름다운 세계보편적인 문화**이다. 그런 문화를 가지고서도 우리는 외래문화에 오염되어 상처투성이로 살고 있다.

단재 신채호(丹齋 申采浩, 1880-1936)는 "지금 우리는 서양문화와 사 상을 받아들이고 있는데 장차 그 노예가 되어 **민족문화는 영영 소멸 하고 말 것인가?**" 하고 물었다. 우리가 비록 양복을 입되 우리의 정 신문화는 우리 것으로 단장되어야 한다.

서양문화를 받아들이되 우리 문화를 잊어서는 안 될 것이다.

이 책은 바로 한국인이 잊어버린 아(我나)와 오(吾우리)를 알게 하는 책이다. 잃어버린 본(本, 근본, 정체성)을 깨닫게 하는 책이다. **이 책을 읽지 않으면, 내가 누군지를 모르고 일생을 마치게 될 것이다.**

이 책은 서가에 꽂지 말고 머리맡에 두고 눈만 뜨면 읽어야 할 책이라 감히 추천한다.

(고인이 되신 박성수 교수님께서 *한국인 자부심 문화열차의 원고를 보시고 **"내가 쓰고 싶었던 책이다. 이 땅의 시원문화로써 우리가 세계의 중심문화였음을 꼭– 밝혀 책을 완성하라!"** 하시던 遺志를 받들고 교수님 가족의 동의를 얻어 추천의 글을 싣습니다.)

이계진

방송인, 전 국회의원, 당 대변인

다변화하는 세계 속에서 지금 대한민국의 위상 또한 격변하고 있다. 미·중의 패권 경쟁과 미·중·일·러 4강체제에서 **국가의 생존과 존엄성을 지켜내기 위한 한국의 절대적인 존재감**은 무엇일까? 우린 왜, 저들처럼 당당할 수 없을까? 우린 언제까지 저들의 힘과 무례함에 휘둘려야 하나?

그러나 우리나라는 함부로 할 나라가 아니다!
우리에겐 세계의 문명에 빛이 되었던 아름다운 문화와 문명이 있었다.

조상이 물려주신 이 땅이 **저들 문명에 산모역할을 했던 문명·문화의 시원국**이었음을 우리 스스로가 먼저 깨닫고 저들에게 인식시킬 수 있다면, 군사적으로 좀 열등해도, 땅과 경제규모가 작더라도, 비록 인구가 적더라도 저들에게 존중(尊重)을 이끌 수 있지 않을까! 아름답고 품격 있는 **제 문화를 모르기에** 자신감이 없고 **당당했던 역사를 버렸기에** 남의 인정이나 바라면서 스스로 위축되었던 것이다.

시급히 당당하고 아름다웠던 우리 문화에 대한 소양을 갖춘 인재를 체계적으로 키워 나가야 한다. 그래서 우리 한국이 찬란했던 문화적 자존심을 되찾아 **품격(品格)을 갖추어서 존중 받는 나라**로, 변칙이 아닌 **원칙과 상식이 통하는 정의로운 나라**, 우리의 아들딸들이 조상의 혼을 느끼며 자랑스럽게 생각하고 그래서 **조국을 사랑할 수 있고 세계인의 존경을 받을 수 있는 나라**이기를 꿈꿔 본다.

수많은 역사 왜곡으로 굴종된 우리의 역사 속에서 심원한 시원문화를 더듬어 겨레의 정체성을 복원하려는 저자의 발상과 노력에 경의를 표한다. 저자는 역저 *한국인 자부심 문화열차에서 **우리나라가 얼마나 크고 소중한 가치를 간직한 자부심의 나라였는지를 조상의 혼으로 감동**시켰다.

이제 이 땅의 문명과 문화가 **우리가 아는 것보다 훨씬 더 장엄하고 크게 세계를 감동시켜왔음**을 〈한국인 자부심 시리즈〉인 *더 알씨랑, *더 물이랑, *더 코어랑, *더 아리랑 으로 이어지는 거대한 서사시로 밝혀낸 것에 대해 진심으로 축하와 감사를 드린다.

밖으로 한류(K-wave)가 세계를 감동시키고 있지만, 강대국의 일방적인 경제적·정치적 보복과 압력은 지금, 한국인으로 하여금 올바른 정신을 갖추어 **정체성의 패러다임을 바꿀 것을 시대사명**으로 하라고 한다. 나아가 역사 앞에 애국적인 분노가 필요함을 일깨운다. 그래서 우리의 선조가 결코 **인류문명의 조역이 아닌 주역**(主役)**이었으며 문화의 주인**(主人)이었음을 크게 깨달아 당당해져야 한다.

끝으로 **우리의 후손에게 당당한 한국인으로**, 존경받는… 부모로, 정의롭고 아름다운 미래를 살아가게 하고 싶다면, 이 땅의 정치가는 물론 각계각층의 지도자나 어른들이 먼저 *한국인 자부심 더(The) 시리즈의 필독을 진심으로 권한다.

이돈희

전 교육부장관, 전 민족사관고등학교장

우리나라에서는 그리스·로마신화를 알면, 품위 있는 사람으로 인정받아도 **우리의 신화**(神話)**를 말하면, 마치 미신을 믿는, 격이 떨어지는 사람**으로 폄훼하고 만다. 정작 **제 뿌리와 신화**는 알지도 못하면서! 국적 있는 교육이 이루어지고 있지 않다!

그래서 우리의 아들과 딸들은 **교육을 받아가면서 오히려 조상을 자랑스럽게 생각하지 않고** 우리나라를 사랑하지 않게 되는지 모른다. 이것이 우리의 교육현실이고 우리 사회의 모습이다.

진정한 세계화를 위해선 우리를 먼저 알고 세계로 나아가야 하는 것임에도 우리의 유학생들은 정체성에 대한 아무런 준비와 고민 없이 해외로 나가고 있다. 그래서 설혹 나름의 성공이 있을지언정 우리 모두의 기쁨으로 여겨지지 않고 있다. 심지어 조국을 버리고 외국에 귀화하며 '세계화'라고 자부하기까지 한다. 우리의 **뛰어난 인재들이 해외에 수없이 내던져지고 있다.**

우리에게는 스스로 **한국인임을 감사하며 세계에 감동을 주는 강한 글로벌 인재가 필요**하다. 그런데 우리의 피엔 **인류의 첫 문명과 첫 문화를 일구어내었던 DNA가 흐르고 있다.** 이제 한국인의 정체성 속에 들어 있는 문화의 잠재력을 깨닫게 하여 **큰 한국인, 큰 세계인으로 성장할 수 있는 기회**를 주어야 한다.

명저인 *한국인 자부심 문화열차에 이어 '더(THE) 시리즈'로 **이 땅의 시원문화의 자부심을 밝혀낸** 저자의 노고에 경이와 함께 힘찬 응원을 보낸다.

이제 **내 아들딸이 제 조상과 역사를 존중하고 나라를 사랑하게** 하고 싶다면, 해외의 많은 동포가 문화적 자긍심을 갖고 제 조국을 사랑하게 하고 싶거든 또한 **외국에 한국의 문화적 역량과 찬란한 역사를 알리고 싶다면,** 부디 이 책부터 읽기를 권한다.

박종명
시인, 前 예일여고 · 여중 교장 (사)시사랑문화인협의회 이사
생각이 다르고 느낌이 같지 않다면, 피를 나눈 형제나 겨레라도 언젠

가는 남이 되어버리는 것이다. 언제인가부터 우리 사회는 각기 다른 곳을 보면서 다른 생각을 하고 나와 같지 않다고 불평만 하며 '우리'를 마음에서 내려놓은 것 같다.

우리가 제 역사의 끈을 놓아버렸기 때문은 아닐까?

그래서 남의 신화를 마치 우리의 것인 양 착각하고 정작 우리의 신화는 '미신'이라며 구석에 던져버린 것은 아닐까? 신화가 없기에 우리에겐 금기(禁忌) 또한 없어지고 그래서 **어른도 스승도 무서운 것도 없이 치닫는 힘든 사회**가 되었다. 그래서 종로의 인사동에서마저 우리의 문화를 지켜내지 못한 지 오래되었다. **근본도 모르는 한국**이 되어버린 것 같아 마음이 쓸쓸할 뿐이다. 심지어 민족주의와 국수주의마저 분별 못하는 수준까지 되어서 개천절(開天節)에 국가의 원수인 대통령이 참석하지 않는 유일한 나라가 되었나 보다.

역사와 문화를 찾지 않은 한, 우리는 세계사의 객쩍은 손님일 뿐이요, 우리의 시(詩)**는 고향을 잃은 통곡일 뿐이다. 문화는 시멘트와 같아서 사회와 겨레를 '우리'로 '하나'로 결속시켜주는 힘**이 있는 것이다. 나는 우리 겨레가 인류의 시원문화를 이끌어 온 문화대국으로서의 정체성을 깨닫고 자긍심과 자신감 속에 힘찬 맥박을 이어갔으면 한다.

마침 한류(K-wave)로 인해 KOREA의 언어와 문화콘텐츠에 궁금해하는 이즈음, **이 땅의 배꼽문화와 언어에서 인류시원의 문화**(역사)**를 찾아내 한국의 진정한 정체성을 밝히고 인류의 문화의 메카를 찾아낸** 작가의 혁신적 집필과 용기에 큰 박수를 보낸다.

첫 번째 책인 〈한국인 자부심 문화열차〉가 세상에 나온 지 벌써 6년이 지났다. 이제 4권의 책으로 '**우리의 문화가 세계의 시원문화였음**'을 밝히는 책을 완성하여 차례차례 나온다 하니, 벌써부터 설레는 마음뿐이다. 작가의 끝없는 겨레사랑과 그간의 노고에 깊은 박수를 보낸다.

"독일이 왜 패했는가? 군대가 약해서가 아니다.
독일인 모두가 도덕적으로 타락하고 이기심이 가득차 있었기 때문이었다.
교육을 통해 국가혼(魂)을 길러야 한다.
내일로 미루지 말고 지금 당장 실천하자."

'독일국민에게 고함' (獨)철학자 피히테(Johann Gottlieb Fichte 1762~1814)

작가의 말 | EPREFACE

"너는 누-구냐?" 라고 물었을 때, "나는 누-구다!" 라고
답할 한국인은 몇-이나 될까?

· **한국인에게 역사(歷史)는, 고향(故鄕)은 있는가?**
· 한국인의 **참 정체성을 알 수 있는 문화 · 역사책은** 있는가?
· 고금(古今)이 절단된 우리의 역사는 **진정한 역사인가?**
· 우리 한국인에게 '함께 소중히 받들고 가야 할 **무엇**'은 있는가?

BTS의 '아리랑' 노래에 세계인은 떼창과 추임새로 환호하고 세계
는 반전과 평화, 화합과 치유를 소망한다. 시대와 장소, 장르와 언어
와 인종을 뛰어넘어 지구를 하나(one)로 만들고 있는 우리의 문화(文
化)! 그(The) 거대한 세계성(世界性)의 원천은 무엇일까?

세상에 존재하는 것들은 존재감으로 살아간다. 그렇다면 우리는
살아있는 것일까? 한국인을 애틋한 마음으로 챙겨 줄 **어머니**(시조모)
와 고향, 한국인의 영혼이 쉴 집인 신화(神話)는 있는가?

세계의 학자들은, 우리 땅을 만 년이 넘는 '인류시원의 땅'이라 하
는 데도, 한국인은 2천 년, 길어야 3천 년이라며 제 역사를 낮추며 지
구에서 유일하게 자신의 땅과 조상(祖上)을 부정하고 있다.

그래서 세상의 주인 역사를 잊고 세상 밖에서 영웅을 찾고 뿌리를
느끼며 끝없이 떠나려 한다. 우린 **언제까지 뿌리 없는 사생아가 되어**
이방인으로 세상을 떠돌며 고독하게 살아가야 하나?

일찍이 인류의 문명을 시작하고 구석기 · 신석기 문화를 화려하게 꽃피워 세상의 질서를 잡고 문명을 이끌었던 배꼽의 땅, 신화의 땅이 있었다. 세상의 주인(CORE), 영웅(英雄)으로 세계의 지도를 바꾸었던 코리안들! '인류는 하─나(The)였다' 라고 학자들도 말한다.

그렇다! 한국의 역사는 지금껏 공허하게 외쳐왔던 '철학의 껍데기나 변두리 문명'이 아닌, 거대한 힘으로 인류에게 문화의 젖을 먹였던 그(The) 어머니였고 세계사의 큰 줄기 *팍─스 코리아나(Pax Koreana)였다! 세상이 전하는 *홍익인간(弘益人間)의 역사였다!

하얗게 잊은 자부심이다! 자신의 참 정체성에 대한 기억을 상실한 한국인에게 지금 세계는 묻는다. **"한국에서, 한국이 얼마나 위대했는지에 대한 역사를 쓴 사람이 한 사람이라도 있는가?"**

'21C는 문화가 지배하는 문화주권의 시대'라고 한다!
우리 한국인의 자존감과 자부심은 왜곡된 식민의 역사가 아닌, **이 땅의 문화(文化), ─뜨거운 언어와 유물과 신화에 있었다.** 비록 지금 땅은 작아도, 힘으로 남의 땅과 역사를 왜곡하며 빼앗지 않아도 세상을 좌지우지할 수 있는 것은 '우리의 문화 자부심'이다!

이제 뜨겁게 살다 가신 조상님과 뜨겁게 이어갈 사랑하는 후손에게 이 책을 바친다. 그래서 한류를 따라 한국(문화, 역사)을 알려는 **세계인에게 제대로 우리를 알려야 한다.** 세계의 어느 석학도 밝히지 **못했던 한국의 역사, 그 모국(The Mother), 인류시원의 역사를** '그 한국인이 한국땅의 수많은 문화'에서 밝힌다.

첫 번째 힐링코리아 *한국인 자부심 문화열차(*문화향기)를 세상에 내놓은 지, 벌써 6년이 지났다. 몸도 눈도 많이 약해졌지만, 우리 한국인이 **자존감을 넘어 자부심을 갖게 하고 싶은 마음**에 행복한 시간들이었다. 앞으로 *한국인 자부심 더 알씨랑 *더 물이랑 *더 코어랑 *더 아리랑 으로 우리나라가 존중받을 것을 생각하니, 가슴이 벅차오른다. 더 완벽한 정의는 후세의 석학에게 기대하겠다.

시원문명의 땅에서 한국인으로 낳아주신 부모님에게 감사를 드리고 **이 글이 나오기까지,** 마음을 지켜준 내 아내와 가족, 그 뜻을 지켜주었던 내 동생 박종명 교장과 변희태 대표, 나를 알아준 스승이신 박성수 교수님, 역사와 문화에 눈을 뜨게 해 주신 율곤 이중재 회장님, **이 땅의 역사를 애달파 하시며** 후원을 아끼지 않으셨던 권철현 대사님, 이계진 의원님, 역사광복을 꿈꾸는 결의형제, 또한 나의 깊은 곳을 헤쳐 책을 쓰게 했던 이재성 화백과 벗 이재량, 글씨에 혼을 부신 가숙진 작가, 주옥같은 연구와 자료로 큰 도움을 주신 강호제현과 맑은샘 김양수 대표에게 **깊은 사랑을 전합니다.**

(추신: 무엇보다, 열정밖에 없는 가난한 역사작가가, **시간과 인적ㆍ경제적 능력의 부족**으로 도움을 받을 수밖에 없었던 주옥같은 연구와 자료에 큰 도움이 되어주신 분들께 **감사와 양해의 말씀**을 엎드려 올립니다.)

開天 5916년 역사의병 다물 박종원

차 례 (CONTENTS)

한국인 자부심 더 알씨랑

"우리의 역사, 아무도 모른다! 이상한 것은,
우리의 역사를 가만 놔두질 않고 끝없이 왜곡하는 것이다.
무엇이 두려운 것인가?"

"알아야 참으로 사랑하게 되고, 사랑해야 참으로 보게 된다."

(知則爲眞愛 愛則爲眞看) 조선 정조때의 유한준

불 위에서 자는 '그(THE) 프로메테우스!' / 유럽문화의 허상에서 벗어나야 우리가 보인다! / 지구상에서 백성 100% 따뜻하게 사는 나라! / 고 래 장과 고 려 장! / 魚寺와 목어, 목탁, 풍경 / "어이(魚夷)! 해들 봤어?"

첨부: 한국인 자부심 더 알씨랑 참고 문헌/논문 293

추천: 힐링 코리아 '더(THE) 문화 시리즈' 298

고침 · 안내

(* ←출전도서)

☞ **우리나라:** 흔히 말하는 '국가'가 아닌, 옛날 '**물가를 에둘러 많은 인종이 인류의 시원문명터(울)에서 시작했던 역사의 강역**! 한겨레만의 자부심이 담긴 고유명사!
예) 당나라(X), 여러 나라(X) - 당(唐), 여러 국가!

☞ **겨레:** 일반적인(편협한) 혈통 중심의 '민족'이 아닌, 마치 **물결의 결을 이루듯, 희로애락을 함께 하며 인류시원의 역사와 문명·문화의 결(경험, 역사)을 함께 했던 우리 땅 시원겨레의 자부심의 말!**

☞ **한머리:** 대륙에 종속된 표현 '한반도'가 아닌 **인류의 문명을 시작했던 머리와 같은 땅!** 예) 마니산(X)
(땅)

☞ **고구리:** 고구[려](高句驪)란 유주지방 현토군의 3개 현 중 하나
(高句麗) (*한서지리지)로 폄하시켜 '중국의 지방정부'로 정당화하는 표현. **하늘(高) 같은 구리(九夷)의 영광을 이었기에 나라로 말할 때는 반드시 '리'로 함**을 김정호, 신채호, 최남선 등 신신당부. *옥편과 *사기에 '**리 동이국명야**'(黎 東夷國名也: 리는 동이의 나라이름)라 기록

☞ **BCE:** BC(Before Christ)→ BCE, AD(anno Domini)→ CE
(Before 미국 공립 초·중·고등학교에서 시작된, 비종교인과
Common Era) 타종교인을 포함한 인류의 공통시기
☞ **CE:** <국립중앙박물관 표기법>
(Common Era)

☞ **임금:** 　단순히 '지배하는 왕'이 아닌 **시원문명을 이룬 땅의 백성을 맡아**(임) **다스렸던**(다 살렸던) **신**(금)**격인 하늘 임금**(天帝) **王들의 王!** 예) 순임금(X) → 순왕

☞ **재팬:** (JAPAN)
　재팬은 '日本'(근본 태양)으로 불리길 원하지만, 본디 태양의 근본은 광명을 추구해 왔던 우리나라. "일본이라는 말은 '삼한'(마한·진한·변한)사람이 사용하던 말로 그 뜻이 너무 아름다워 만 년에 변치 않을 국호로 삼는다."(*일본국호론)

☞ **지나:** (支那)CHINA
　우리만 부르는 中國은 사대(事大)주의 호칭! 시원 문명·문화로, 큰 정신으로 이끌어 왔던 중심뿌리 '中國'(세상의 중심)은 정작 우리나라! China는 천손의 문명을 빌어 쓰던 '가지'(支)였기에 지나라 불렀음! ∴재팬은 지나, 서양은 차이나라 호칭.

☞ **이글:** (夷契)
　한(漢)족이 창안한 '漢字'로 불림은 잘못. 본디 한겨레 동이(夷)의 음과 뜻으로 창안한 글(契).

　예) 한자(X) → 이글(夷契: 아름다운 천손 동이의 글)!

　　　　　　　　　　－한국학연구가 이재량 님 제안

"평화롭게 산다고 평화가 오는 것이 아니다!"

19

"배꼽의 나라, 명예롭게 모셔라!"

1부
한국인이 잊은
배꼽의 땅,
우리나라

"불가사의한 초문명의 존재와
그 문명이 어떻게 이어져 왔고 왜, 절멸한 것인가
우린 알 수 없다. 작가의 글에서는
'현생인류의 삶에 영향을 준 여명기 문화를 다루었다'
는 것을 전제로 한다."

1부: 한국인이 잊은 배꼽의 땅, 우리나라

'우리는 어디에서 왔는가?'

"아, 아, 대한민국! 아, '우리 조국!' 아ー, 영원토록~ 사랑하리ー라!"
어느 여가수의 열창은 애국심을 호소한다. 그러나 노래 끝에 밀려오는
허탈함… 그리고 끝 모를 역사공정과 문화침탈의 **두려움**…!

"우리 한국인에게 역사의 어머니(시조모)는, 국사(國史)는, 신화(神話)는 있는가?
그 신화의 고향은 어디인가?" 우리의 기술이 세상을 덮고 우리의 배들이
바다를 덮고 K-pop이 세계를 녹이고 선진국이 됐다는데도… **'왜'**,
행복하지 않을까? 대체 한국인의 가슴 저 밑을 짓누르는 있는, <u>근원
모를 한(恨)</u>과 떨칠 수 없는 **고독 속의 짙은 패배감**은 **'무엇'**일까?

'우리는 **세계 (4대)문명의 주역(主人)**이 아닌 주변국으로, 문명
의 마지막 혜택을 받아 왔던 **극동의 소국(小國)! 인류역사의 변
방**으로, **대국의 패배자의 은신처**로, **동방의 작은 나라**, 변두리
종속의 땅으로, 그래서 고루한 관습 속에 찬란하고 품격 있는

문명도 없이 허리조차 제대로 펴지 못하고 살아왔기에 대국 옆에 붙어 멸족하지 않고 버텨온 것이라고.

그래서 한국은 미래(未來) **또한** 누군가의 하수인으로, 식민지로 지금처럼 유일한 분단국으로 천덕꾸러기 노릇을 하면서, 세계열강의 그늘에서 숨죽이며 **그-냥 살 수밖에** 없을 것이고…, 이것은 저항 못 할 지정학적 숙명(宿命)일 것이라고…!'

그래서 〈한국인에게 가장 어리석은 질문〉 하나를 꼽으라면, **'우리는 어디에서 왔는가?'** 일 것이다. '우린 꼭- 어디선가 와야 좋은 것'이라는 선입견! **'우리 땅의 조상은 열등한 원시인이었고 이 땅의 문화**는 뿌리가 없었기에 **언제나 밖**(중국, 서역)**에서** 들어온 뛰어난 사람과 문화를 흠모하면서 받들며 살아야 한다!' 지금껏 우리가 학교에서 배웠던 역사, 바로 칼보다, 총보다 무섭다는 '식민(植民)사관'이다.

<u>남들이 써 주고 남의 해석을 통해서 배웠던 우리 땅의 역사!</u> 주체성도 자부심도 없는, 주인이 아닌 역사였기에 전 세계에서 가장 영민하고 지능 또한 뛰어난, 자존심 강한 **한국인의 가슴은 멍들고** 고독한 마음에 수많은 스트레스와 끊임없는 갈등으로 **불통**(不通)**의 사회**를 만들며 살아간다! 서로를 부정하고 생채기를 내면서… 듣고 싶지 않은 사건을 반복하고 밖으론 허리를 굽히며 역사를 써간다! 이제 나 그네의 마음으로 써진, **휑한 종속과 굴종의 역사** 앞에서 묻는다.

"한국인에게 국사는 있는가-?"

고 박성수 교수님(한국학중앙연구원)께서 늘 말씀하셨다.

"고금(古今: 옛날과 지금)**이 절단되고 혼**(魂)**이 죽은 역사는 민족사가 아니다! 한국의 진정한 역사는 상고문화에 있었다!"**

그렇다. **우리의 역사**는 시작도 알 수 없는 인류시원의 문화에 있었다. 스스로의 근본을 잊었기에 **밖에서 온,** 겨우 은(殷)의 망명객인 기자(箕子 서기전 1122경)로부터 역사가 시작되었다고 하고 허구의 한사군(漢四郡)에 의해 노예로 망했다…고 배운, **뿌리가 짤린 한국의 역사!** 주체성도, 자부심도 없어 배울수록 제 부모와 조상을 경시하는 변방의 나그네역사를 후손에게 전해야 되겠는가? 대를 이어!

그러면 정말, 우리 땅은 문명을 이루기에 열악하고 척박했던 땅이었고 한국인 대부분은 어디에선가 와서 밖의 문명으로 꾸역꾸역 살아왔던 지구의 변방인이었을까? 우린 깊고 찬란한 문명·문화로 **'세계의 주역'**이 된 적은 없을까? 과연, 그러할까?

아니었다! **우리의 근본**은 어디로부터 들어온 변두리 백성과 나라가 아니라, **이 땅에서 찬란한 문명·문화를 시작**하고 전 인류에게 **문명의 젖을 물렸던** 어머니, 그래서 발달된 문명을 갖고 세계로 퍼져나가 사람의 문명을 차례차례 일으켜 놓았던 배꼽 같은 나라, 바로 인류가 그렇게나 찾아 헤매고 지금 세계인의 입에서 한결같이 말하는 (父國이 아닌) 그(The) **모국**(母國, Mother Country)이었다!

"진정, 누가 소국(小國)**이고 누가 대국**(大國)**이었나?"**
너─무 깊은 문명의 뿌리로 얽혀 있어 쉽게 볼 수 없었고 **너─무 오랜 문화**였기에 바람에 흩어진, 알과 씨의 역사였을 뿐이다.

학자들은 말해왔다. '이 땅의 역사와 문화 어느 한 점도 세계성이 배어 있지 않은 것이 없다!' 찬란했던 우리 역사 앞에서 통곡할 뿐,

'너른 바다를 못 본 이들에게 어찌 바다를 설명해야 하는가?'

이제, 아무도 그리지 못했고 아무도 찾아내지 못했던, 한국인의 참역사와 **인류가 찾던** '그 모국과 그(The) 시원문명'을 우리 땅에서 밝힌다. 지금부터 누구의 종(踵발뒤꿈치, 從따르다)이 아닌, **우리의 땅의 주인(主人)으로서** 역사를 써나가려 한다. 제-발 가벼운 마음으로 '아니다!', '설-마?' 하지 말고 **끝-까지**(~ *한국인 자부심 더 물이랑, *한국인 자부심 더 코어랑, *한국인 자부심 더 아리랑) 따라 와 주었으면 한다.

나라를 사랑하는 불꽃이 아직 있다면- 말이다.

그러면, 조상이 남겨놓은 흔적을 찾아 조각조각을 맞춰가며 뒤틀린 인류사의 허구 속에 질식해 있는 '찬란했던 우리의 역사'와 지키지 못한 '한겨레의 진정한 명예와 품격, 자부심'이 보일 것이다.

혼(魂)을 잃었기에 지키지 못한 천손의 역사에서 **한국인의 정체성**(identity)을 찾아 한국사를 바로 세워 놓는 일이야말로 사람(人)의 자식으로서, 한국인으로서 가치 있는 일이 아니겠는가? 그래서 더이상 '어디서 왔는가?'가 아닌 **'우리는 어디로 갔는가?'** 를 찾아 바른 **'한겨레 공동체'**를 이어 **미래의 문화강토**를 후손에게 물려주어야 한다.

부디 열린 눈(big eye), 열린 마음(open mind), 글로벌 마인드(global mind) 특히 눈물과 애정을…. 왜곡된 상식을 넘어 건강한 상식(常識 common sense)을 부탁하면서 이제, **이 땅의 거인들이 크게 벌여놓았던 위대한 문화의 잔치판**으로 들어가 보자.

대-빙하기의 인류와 땅!

〈국립중앙박물관〉은 '우리 땅 한머리(한반도)와 주변 지역에서 사람이 살기 시작한 것은 약78만 년~13만 년 전 구석기시대'였다고 추정합니다. 평온했던 지구에 78만 년 전, 북극과 남극이 180도 뒤바뀐 사건이 있었지요. 지구의 보호막(우산)이라는 **자기장이 없어지면서** 태양풍의 공격을 받아 대기는 파괴되고 그로 인해 구름으로 뒤덮이어 태양열을 차단하면서 **지구는 꽁-꽁 얼어붙게 되고 대부분의 생명체가 멸족**을 하게 됩니다.(10만 년 전 인류 2천~1만 추정)

약 10만 년 전에서 2만3천 년 전쯤 지구의 공전궤도와 함께 자전축이 지금처럼 23.5° 기울게 되면서 **7만4천 년 전**엔 대규모의 화산폭발(인도네시아 토바산)로 건조기 · 빙하기에 들어 기온이 평균 5도 하강하면서 **인간**(호모사피엔스)**은** 사실상 멸종하지요. 유전자 분석 결과 당시 **지구생존자는 수천 명!**(일리노이주립대 스탠리 앰브로즈 교수)

'지구의 자기장이 없어지면'을 가상한 영화 CORE(핵), 영화 '폼페이 최후의 날' 포스터, 제4기 빙하기(뷔름빙기: 마지막 빙기 11만~1만2천 년 전) 출처: KBS '지구대기행'

"한국(韓國)의 역사는 시작도 알 수 없는 하늘의 소리였고, 경계가 없는 바람의 노래였고, 바람에 새긴 역사였다⋯." 저자의 *한국인 자부심 문화열차 중에서

인류의 이동 - Out of Africa?

옛날 13만 년 전 대빙하기(Great Ice Age)부터 북반구의 2/3가 얼음으로 덮였다던 5만 년 전, 여기에 2만 년 전까지 적어도 **4번의 혹독했던 빙하기를 맞아 '지구생명의 28%가 얼어 죽었다'**고 과학자들은 말합니다. 빙하기가 여러 차례 이어지자, 강수량이 1/10~1/20로 줄면서 **지구는 사막화**(북위 50도까지)가 되어가며 먹이사슬이 깨어지지요.

인류는 본격적으로 **아프리카를 벗어나**(Out of Africa?) **물을 찾아, 사냥감을 찾아** 1북(北)으로 2동(東)으로 이동했다고 했습니다. 아프리카를 벗어난 **첫 인류는** 백인도, 황인종도 아닌 모두 **검은 피부의 흑인**이었다고 하고요.

이때 *북(중앙아시아)으로 간 **인류의 주식은 맘모스**였다고 합니다. 3만 년이 지나, 점차 빙하가 녹고, 광대한 초원에 들소와 맘모스가 번창하자, 이를 쫓아 추위를 무릅쓰고 **북쪽의 툰드라지대로 이동하던 무리**가 있었지요. 혹독한 추위보다 배고픔이 더 무서웠기 때문입니다.

그러나 북쪽보다, *더 큰 무리들이 **따뜻한 남**(南)**쪽 해안을 따라 동**(東)**쪽으로 이동했지요.** 이들은 **말레이, 동남아와 인도네시아**가 붙어 있던 井**대륙**(순다대륙)**에** 머물기도 합니다. 옛날 **이동하던 인류를 품어주었던 거대한 땅**이었지요.

그렇지만, 화산폭발로 **해안을 따라 북상**하던 중 대만과 제주도 서해지역이 육지로 연결돼 있고 **강과 호수로 생명이 넘쳤던 광활한 초원**을 봅니다.

아, 약 6만 년 전의 우리나라(井)를 본 조상이지요. 온갖 동식물의 낙원, 무수한 **열매**와 풍부한 **조개**…, 그때 **고대인의 주식은 '조개'**였다고 합니다. 그때도 **먹이사슬이 가장 완벽했던 땅**, 더구나 **우리 땅은 맘모스가 떼 지어 사는 툰드라지대로 가는 길목**에 있었지요.

그리고 이 땅에 모인 많은 인종(지금의 아시아 · 유럽인종의 뿌리들: 지금의 유럽땅 거의는 3만 년까지도 두터운 빙하)들은 **지혜를 다투어 연장과 도구를 만들고 우수한 선진기술과 도구를 갖고 또다시 맘모스를 쫓아 북**(北, 시베리아 툰드라지대)으로 퍼져 나갔습니다.

순다랜드 출처: KBS 파노라마, 영거드라이아스 마지막 빙하기(10800~9500BCE)의
지구 출처: 가을하늘, 바이칼 출처: 위키백과

바이칼, 구석기인의 정류장

훗날, 아프리카를 벗어나 *두 갈래로 흩어진 인류의 무리가 다시 만나는 곳이 **바이칼호수와 천산 사이, 중앙아시아**였다고 합니다.

해가 덜 비추고 얼음 천지였던 유럽 쪽에 비해 상대적으로 덜 춥고 큰 호수가 많았던 중앙아시아에 많은 사람(인종)**들이 어울려 살았다고** 합니다. 빙하기에도 불구하고 특히 **井바이칼 호수**(Baikal Lake)**는 열수**(더운 물)**가 솟아나는 환경과 물고기가 풍부했던 담수**(민물)**호수**(수심

1742m)로 구석기인들에게는 혹독한 추위를 견딜 수 있는 정거장, 지금의 허브(hub: 중심, 바퀴축)와 같은 곳이었기에 200여 종족이 모여 살았다고 합니다.

그곳엔 이미 *호모 에렉투스(호모사피엔스 전 단계)가 있었고 *네안데르탈인(흰 피부, 빨간 머리털), *데니소바인(검은 피부, 갈색 머리털)과 같은 고인류와 함께 혼혈하고 현 인류의 주류를 이루었던 *호모사피엔스와도 혼혈하면서, 훗날 한국인에게 돌연변이 유전자를 남기는 이들이 살고 있었지요.

독일 〈막스플랑크 진화인류학연구소〉의 스반테 페보(스웨덴)는 아프리카를 제외한 '현생인류 유전자의 평균 2.5%(유럽과 아시아 1~4%)가 네안데르탈인에게서 왔다'는 걸 확인(2010년)하면서 원래 변이유전자의 다양성이 제한된 초기의 호모사피엔스가 다른 인류(네안데르탈인과 데니소바인)와의 혼혈을 통해 다양한 HLA(백혈구 항원) 변이유전자를 얻음으로써 생존력이 강해지고 질병 저항력도 높아지면서 거대한 돌연변이집단(현생인류)을 이룰 수 있었음을 발표합니다.

이것이 5~3만 년 전, 갑자기 뇌가 커지고 바늘과 불을 사용한 똑똑한 사람들이 동서로 퍼졌던 이유이지요. 그런데 이 변이유전자(HLA-A)가 한국과 가까운 재팬인(80.7%)에게 지나인(72.2%)이나 유럽인(51.7%)보다 높-게 나타났다(중앙일보 2011.8.27)는 것은 우리 땅이 얼마나 다양한 인종의 혼혈이 이루어진 땅이었나를 알게 하고 왜, 한국인의 두뇌가 세계 제일인가 하는 것에 대한 답을 줍니다.

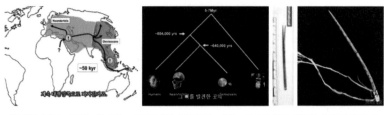

호모사피엔스 이전, 대륙의 고인류(네안데르탈인: 파랑, 데니소바인: 빨강) 출처: TED Talk,
데니소바동굴 5만 년 전 뼈바늘 출처: Siberian Times, 북경 교외(옛 우리 땅)의
상동인의 3~5만 년 전 뼈바늘(귀고리, 부싯돌과 함께) 출처: 네이버

유럽, 백인의 땅이었나?

그런데 맘모스를 쫓아 *유럽의 서북쪽, 북극 근처(스칸디나비아)까지
간 사람들도 있었지요. 아주 추웠던 곳, 유럽(Europe: 해 지는 곳)은 서
기전 1만 년까지도 사실상 인간의 거주가 불가능한 빙하기(지중해 연안
제외)였지요. 이때의 유럽지역에는 옛날 '해가 뜨지 않아 밤만 계속되
었다'는 오랜 전설이 전해집니다. 그때 지구의 해는 아시아 대륙에만
떠 있었다고 하고…!

그럼, 유럽인의 고향이 원래 유럽(?)이었고 조상은 백인이었을까요?
백인은 우월한 DNA를 가진 종족이었을까요? 아니래요! 대부분 유럽
을 대대로 흰 피부를 물려준 유럽인의 고향으로 알고 있고 기원을 슈
메르문명이 나왔던 메소포타미아로 알고 있지만, 최근 학자들의 연
구에 의하면, 유럽은 4만 년 전까지도 (현생인류와 가까운) 네안데르탈
인의 활동무대였기에, 현 인류(호모사피엔스)는 겨우 3만 년 후에나 들
어가게 되었다(검은 피부의 오리냐크 구석기인)고 합니다.

지구의 사막화 출처: FUTURE ECO, 맘모스 출처: 위키백과, 푸른 눈의 스웨덴 여인,
알래스카의 개(시베리안 허스키) 출처: IAM CHROME

그래요. **어디선가 온 사람들**이지요! 〈유럽인류학회지〉는 '유럽인의 유전자적 원형이 중근동인과 아시안의 혼혈'이라고 했었는데 〈미국자연인류학협회〉(AAPA)는 **'약 8000년 전 고대유럽에 살았던 선조들**의 모습이 **지금의 유럽인과 판이하게 달랐다**'는 주장을 〈사이언스〉(2015.4)지에 싣습니다. 이어 러시아에서 연구된 논문(2017.1)에는 '**유럽인**이 동시베리아인의 유전자와 이어져 있고 **현재의 유럽인은 약 2만4천 년 전, 바이칼 *말타부렛에서 나왔던 시베리아인**(동아시아인)이었다'고 발표합니다. 그래요! 이들을 종합해 보니, **유럽인의 원조의 고향은 아시아였으며,** 그(The) 원조는 동아시아인이었다는 것이지요!

지금의 **금발과 푸른 눈의 유럽인이 생기기 시작**한 것은 중앙아시아와 시베리아의 툰드라스탭지대에서 **수렵·채집했던 중앙아시아인**이 겨우 서기전 8천 년 이후, 4천 년 간 들어가 선주민(인 중부와 남부의 검은 피부와 북부 소수의 흰 피부의 사람)들과 혼혈되어 나타난 것이라고 학자들은 말합니다. 그래서 **서기전 3천 년 전까지도,** 유럽엔 흰 피부가 거의 없었고 중부까지는 **아프리카인처럼 피부도 검었다**고 하며 농경은커녕 목축도 아닌 **아직 수렵인에서 벗어나지 못한 수**

준이었음이 '유럽인에게 우유의 당성분(락토스) 소화능력(오랜 목축생활에서 얻어짐)이 3천 년 전까지도 없었던 사실'로 밝혀집니다.

그런데 먼 옛날, *네안데르탈인과의 교접으로 추위를 견디는 네안데르탈인의 유전자를 획득한 사람들이 북유럽으로 올라갑니다. 원조 유럽인이지요! 하지만, 일조량 감소로 비타민D를 획득하지 못해 유전자변이를 일으킵니다. 멜라닌세포가 부족하여 피부색이 하얘지고 머리카락이 갈색과 금발로, 눈동자색은 파랗게 변하는 사람(원유럽인)들이 생겨나고 심하면, 팔다리뼈가 휘고 두개골마저 변형되는 구루병이 심했던 초기의 백인들! 이러한 선천적인 음기로 인해 서양인들에겐 지금도 뱀파이어나 늑대인간과 같은 전설이 전해져 오게 됩니다.

이때 키가 컸던 동쪽의 목축인인 *얌나야인들(서기전3000~흑해 위 볼가강 근처)이 몰려와 빈약했던 토착유럽남성들을 몰아내고 토착여성과 결합하고 여기에 얌나야인들의 우유로 치즈를 만들어 먹기 시작하면서 유당을 분해하는 소화효소(락타아제 유전자) 부족을 극복하며 차츰 비타민D를 얻게 되면서 키가 크고 건강한 백인(白人)이 3천 년 후부터 나오게 된 것이라구요.

그런데 이 얌나야인들이 바이칼 말타부렛에서 나왔던 동시베리아인(동아시아인)이었다는 것입니다. 그래요. 그래서 얌나야인들이 한국 땅에서 시작된 '발명품인 햇(빗=빛)살무늬토기'를 갖고 있었던 것이지요. 우리 땅에서 '벼농사'는 물론 '최초의 토기'와 신석기문명의 꽃이라는 '햇(빛)살무늬토기'를 발명하고 '개와 가축 그리고 고래잡이도 인류 최초로 시작'하며 인류의 문명을 함께 시작한 사람들이었을 겁니다.

아, 유럽의 문명적 근본은 동북아시아였기에 아시아에 비해 훨씬 늦게 인류의 자취(문화)가 시작되었던 곳이었을 뿐입니다. 이것이 유럽인들에게 '조상이 동쪽에서 왔다!'고 전해오고 '문명은 동쪽에서 왔다!'는 말이 전설처럼 전해왔던 이유이지요. 그래요. 유럽인들은 '지구에서 선택(?)받은 우성인종'이 결코 아니었던 것입니다.

"사막이 아름다운 건 어디엔가 샘을 감추고 있기 때문이야.
눈으로는 찾을 수 없어. 마음으로 찾아야 해!" -*어린 왕자에서*

우리나라, 생명체의 피난처

그러나 신생대 마지막 빙하기가 맹위를 떨치던 2만~1만8천 년 전, 추위가 혹독했었다고 합니다. 여기에 또 약 1만2900년 전, 1200년 간의 **혹한기**(영거 드라이아스기)가 찾아오면서 **맘모스를 비롯한 동물과 식물 자원은 고갈되고 인류는 급격히 감소**합니다. 이때 **남극과 안데스지역을 비롯, 아메리카대륙의 절반이 빙하지대로** 북아메리카 중심부는 무려 4km의 두께의 얼음이 쌓였다고 하고, **유럽은 거의 2~3km의 얼음 두께**였으며 그리고 **시베리아를 비롯한 지구의 북반구가 빙하로** 덮여 있었다고 합니다.

'사람이 살 수 있는 곳'이란 **아프리카**와 그리고 북극으로부터 내려오는 빙하의 냉기류를 차단할 수 있었던, 높은 산맥 아래의 지역인 **남부유럽, 중동, 인도와 동남아시아** 그리고 **옛 우리나라**였다고 합니다. 그래서 죽지 않은 동물들은 따뜻한 곳으로 대피하여야 했지요. **빙하기 때 우리나라**는 이러한 지형의 이점으로 생물들의 피난처였다고 합니다.

2004년 대전 **장태산에서 '이끼도롱뇽'이 발견**되면서, 인류학계와 양서류학계는 온통 흥분에 휩싸입니다. 놀랍게도 99% 북미와 중미에 서식한다는 미주도롱뇽이었지요. 허파도 아가미도 없이 **피부로만 호흡하며 이동능력이 미미한 북미의 도롱뇽**이 어떻게 한국땅에서 발견된 것일까요?

학자들은 말합니다. '**6000만 년 전에 북미에서 갈라져 아시아로 이동한** *도롱뇽이 온도변화에 매우 민감했기에, **빙하기 때 유라시아에서는 거의 멸종했지만,** 피난처인 우리나라에선 **살아남은 것**'이라고. 그깟 도롱뇽이냐구요? 조홍섭 환경전문기자 또한 '한반도는 빙하기 너구리의 세계적 피난처였다'에서 **한반도가** *너구리뿐만 아니라 많은 생명체의 세계적 피난처였다고 합니다.

1만8천 년 전 지구, 대만 밑까지 이어진 우리나라 출처: KBS 역사스페셜, 한반도에 있는 북아메리카 도롱뇽 출처: 국립생물자원관, 한국너구리 출처: 김영준, 빙하기 너구리 피난처의 가설 출처: 민미숙 외 *동물학 저널

그래요. **빙하기가 절정**이었던 시기, 우리나라의 위쪽은 빙하와 극한랭 사막지대와 툰트라로 사냥이나 주거가 쉽지 않았다고 하지만, **그때의 우리나라는** 빙하의 찬 기운을 북쪽의 산맥이 막아주었고 **지진 또한 가장 없는 땅**으로, 육지와 연결돼 있었던 **한라산은 2만 년 전까지 따뜻한 용암이 흘렀다**고 하고 우리나라에 큰쌍코뿔소나 상원말, 원숭이, 범과 사자, 물소 등이 살아…

화석을 남겼던 열대 · 아열대성기후였다고도 합니다.

그래서 1만8천 년~1만2천 년 전의 '우리나라'는 작은 반도가 아닌, 지금의 서해지역(40~60m 대륙붕)은 차이나와 대만, 재팬까지 육로로 연결되어 있는 거대한 평원으로서 황하와 양자강, 요하와 압록수, 한강, 대동강, 금강 등 수많은 호수와 강이 만든 넓은 삼각주들이 펼쳐져 있었음을 〈호주시드니대학 지질학연구소〉를 비롯하여 많은 인류학, 지질학계는 밝혀냅니다.

이렇게 우리나라는 초목(草木)이 무성하고 울창한 산림에 온갖 수생식물에 곤충과 조개와 물고기, 새 등 온갖 동 · 식물이 어우러져 먹이사슬이 완벽했던 생명의 땅, 생명체의 낙원(paradice)!이었지요.

그리하여 지구상 최초로 농경(벼와 콩과 잡곡 등)은 물론 들과 바다에서 채집, 그리고 맘모스 사냥, 여기에 한류와 난류가 합치는 바다에는 어느 곳보다 가장 풍부했던 플랑크톤으로, 조개를 비롯한 물고기와 고래 등 어족자원이 넘치고 지구상에서 가장 큰 고래의 사냥까지 이루어질 수 있었던 땅이었습니다. 또한 세계에서 가장 좋은 갯벌에 소금까지 얻을 수 있어 온갖 동 · 식물의 알과 씨(seed)를 품고 있었던 땅이었다고 합니다. 그러기에 3만 년 전에도 인류 최초의 기계장치라는 좀돌날몸돌(細石刃核, micro-blade core) 같은 세석기제작기술 등으로 대량생산까지 하며 '지구상 최고의 구석기문화'를 꽃피웠던 곳이었고 이어서 '인류 최초의 신석기혁명'을 시작하여 현문명의 모태가 되었던 땅이었지요.

〈산림청〉은 "1만 년 전에 있었던 마지막 빙하기에 한반도는 영향을 받지 않았으며 대륙성 기후와 해양성 기후의 영향을 받는 반도의 지정학적 특징으로 그 어느 곳보다 생물다양성이 높았을 것"이라고 발표하구요. 서울대 이항 교수(수의학)는 "빙하기 때, 유럽에서는 **이베리아 · 이탈리아 · 발칸반도(남부)가 피난처구실을** 했듯이 동아시아는 한반도가 주요한 피난처의 하나였음이 드러나고 있다." 라고 밝힙니다.

1만 년 전, 지구상의 인구는 1천만 명 정도!

여기에 빙하기가 끝나고 화산폭발과 잦은 지진, 지구온난화로 이어지면서, **빙하가 녹아내리면서 엄청난 대홍수와 쓰나미 등** 헤아릴 수 없는 재난으로 **인류의 주식이었던 맘모스가 멸종**하고 다시 **빙하로 뒤덮이자**(소빙하기) 사람들은 지혜를 동원하여 스스로 먹거리를 준비하면서, **또다시 살기 좋은 곳을 찾아 전 세계로 흩어져야** 했습니다. 그 옛날에는 국경이란 것 자체가 없이, 수시로 변하는 지구변화에 따라 살기 좋은 곳으로 인류는 끊임없-이 이동했었다고 합니다.

세계의 조산대(지각이 불안한 지진 · 화산대→주황 · 보라색) 출처: doopedia, 고교교과서

인류 이전, 공룡의 땅

그런데요. 2억4천8백~6천5백 만 년 전(중생대)의 우리 땅이…,

'공룡의 천국'이었다고 합니다. 학자들은 **우리나라 면적의 약 40% 이상이 아–주 오래 전 형성된 선캄브리아기**(육지에 생물체가 없던 때)**의 암석**(15~27억 년) 즉 지질학적으로 가장 오래 되어 안정된 '순상지'(shield, 楯狀地)로서 지구가 생겨난 이래 한 번도 바다가 된 적이 없는 '중심땅', '천하의 명당'이었기에 우리 땅에선 **가장 맑은 물**이 샘솟고 무엇보다 다른 곳에 비해 **지진이 거의 없었다**고 합니다. 그래요. 인간과 동물이 가장 싫은 것이 바로 잦은 지진이었대요!

이렇게 지구에서 가장 먼저 나무와 숲이 무성했었던 땅이었기에 지나의 고서 *황제내경(소문편)은 '**동방**(한국)은 지구가 형성될 때, 최초로 문명이 발생**한 곳**'(東方之域 天地之所始生也)이라고 써 놓았던 것입니다. 이제 <u>우리 땅</u>을 아시겠죠?(* 는 서적, 핵심내용 표시)

유네스코 세계지질공원으로 등재된 주왕산국립공원의 기암 단애와 용추협곡의 공룡 발자국 화석,국내 최대의 공룡발자국 해남 우항리 공룡화석지 출처: 한국관광공사, 우리나라 우표출처: 공룡우표매니아, 한반도 공룡 '코리아노사우르스' 출처: 헤리티지채널

그러하기에 우리 땅은 사람이 살기 훨씬 전, **중생대백악기**(약 1억5천만 년 전)에도 물에선 **어룡과 수장룡들이**, 땅에선 **초식·육식공룡들이**, 하늘에선 **익룡들이 함께 살았던** 지구상 유일한 땅이었고 **세계에서 가장 다양했던 공룡들이 조밀하게 살았던 집단서식지의 하나**였다고 합니다.

그래서인지 **우리 땅이** *세계 3대 공룡발자국 화석지(미국 콜로라도, 아르헨티나 서부해안)로 되어 있고 **세계최대의 공룡알 화석지**(전남 보성 선소해안, 시화호)들이 보존되어 있고 경남 고성을 비롯하여 **전국 100여 곳에 만 개가 넘는 세계최대 규모의 공룡발자국 화석이 발견되고** 있는 것이지요. 말 그대로 **공룡의 천국**이었기 때문이었을 뿐만 아니라, 공룡과 생명체의 마지막 피난처요, 서식처였다고 합니다.

그래서 '**공룡이 살았다**'는 것은 '**물**(강, 호수, 늪, 바다)**이 많았던 땅**이었고 **기후가 좋아 풀과 나무가 무성했었고** 더불어 **가장 다양한 생물체가 살았던 땅이었음**'을 증명하는 것입니다. 그래서 **세계에서 가장 오래된 1억1천만 년 전** *개구리 발자국** 화석이 고성 옆 경남 진주혁신도시에서도 발견(2018.12.24)된 것이지요.

세계적인 고생물학자인 M · G 라클리 교수(콜로라도대)는 경남 고성군 일대의 지층을 조사(1990년)한 뒤 한 말은 **우리가 우리 땅을 너무도 모르고 있음**을 질책합니다.

"한국은 고대 세계의 수도였다!"

그래요. '**인류의 문명이 우리 땅에서 시작되었고 인류의 역사는 동방**(東方; 나무가 생긴 곳)**에서 시작되었다**'는 말과 같은 말이지요.

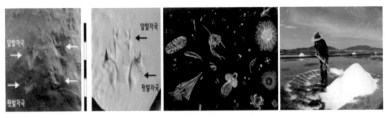

진주의 개구리 발자국 화석, 국내 최대의 공룡(좌)과 현생발자국 출처: 동아사이언스, 플랑크톤 출처: 이정현미디어연구소, 소금 염전 출처: 남재작

지구의 자궁, 우리 땅!

그러다 1만2천 년 전쯤 빙하가 녹아 쏟아져 내리자, 지금의 서해와 남해로 이어졌던 거대한 평원은 차츰 바닷물로 잠기고 **수많은 섬들과 갯벌**이 생깁니다. 한류와 난류가 모이고 **수심이 얕고 넓은 대륙붕엔** 플랑크톤이 왕성했지요. 특히 한류만 흐르고 진흙뻘인 지나쪽에 비해 **난류가 유입되고 모래와 뻘이 조화를 이룬 갯벌과 강가에는 인류의 제1 먹거리였다는** *조개(貝)류가 넘쳐났구요! 여기에 소금을 비롯하여 수초와 **다양한 물고기들로…**
지구상 가장 완벽했던 생명체의 땅!

그래요. 무엇보다 **초기 인류의 생활터전**(1순위)**이었다는** *갯벌이 **완벽**했지요. 지금도 전문가들은 '**세계 5대 갯벌**'(유럽 와덴해안, 캐나다 동부해안, 미동부 조지아해안, 아마존하구, 서해갯벌) 중 우리 갯벌이 조개류, 갯지렁이 등 **생물다양성이 가장 뛰어나고 생물자원이용 가능성이 가장 크다고** 평가하고 있습니다.

그리고 인간이 **수렵 대신 농경생활을 하게 되면서 꼭 필요했던 것**(생리상)이 *소금(salt)이었지요. 왜냐하면, 수렵·유목생활에서 육식을 할 때는 고기에 염분을 함께 취할 수 있었지만, 신석기시대 **농경생활을 하며 곡식을 취하면서부터** *소금은 사람에게 생사와 직결된 것이었기 때문입니다. 그래서 인류문명의 4대 발상지가 **모두 농사가 가능**하며 주변에 **소금이 나는**(바다와 가까운) **강 하류에서** 발원하게 된 것이지요. 고구리가 세계최고의 서해를 차지하여 최양질의 천연소금을 독점하였기에 로마와 더불어 동·서에서 **최강의 나라가 될 수 있었던 것**이지요.

문명의 시작, 조개(shell)

또 웬 *조개-냐구요? 그리고 사람이 먹고 버린 **조개유적**(패총)**이 뭐가 대단**하냐구요? 수많은 호수와 강 그리고 한류와 난류가 만나는 바다엔 뻘밭과 모래가 있어 **조개**(貝)**가 무궁무진했던 곳!**

인류학자들은 말합니다. '**인류가** 문명과 문화(文化)**를 발달시키려면, 우선 인간의 수명이 길어야 한다.**' 쉽게 말하면, 강이나 바닷가에 비해 육지의 먹거리는 5분의 1 수준이었음에도 육지의 수렵인은 항상 아프리카와 같은 정글과 숲에서 **생명의 위협과 부상**에 시달렸기에 **엄청난 에너지의 소비로 쉽게 쇠퇴**했으며 또한 그들의 **동굴생활**은 습기가 많아 쉽게 질병에 걸려 단명할 수밖에 없었고 따라서 **수렵인들은 짧은 수명으로 문화를 발달시키고 전수할 여유가 없었다**고 합니다.

반면 **바닷가 사람들**은 잘 발달된 갯벌에서 사시사철 쉽게 조개와 물고기 등을 안정된 식량으로 삼아 정착하고 강가의 **비옥한 퇴적물로 인해 농경을 시작**하게 되는 것이지요. 모래톱의 갈대로 엮은 집에서 **습기를 피하며 충분한 햇볕을 쬐었기에 구루병**(비타민D의 부족, 뼈의 발육장애) 등 질병으로부터 자유로울 수 있었습니다. 이렇게 **조개로 인해 정착과 농경이 시작**되고 늘어난 수명으로 **경험을 전수**하면서 **인류의** 신석기문명을 시작하게 되었다는 점에서 <u>우리나라가 **세계최고의** 갯벌과 조개의 땅</u>이었다는 사실은 아주 큰 의미가 있지요.

그래서 뇌용량(1600CC이상)도 크고 건장한 체격을 가졌지만, **40세 나이를 넘지 못했던 네안데르탈인**(조사결과 30세 이하 사망 80%)에 비해, **60세가 넘는 인골도 많이 발견되었던** 당시의 **크로마뇽인**(1500CC,

현 인류의 조상)의 결정적인 차이가 소통(疏通)문제 이외에도 그들의 동굴에서 발견된 **조개와 조개껍데기로 만든 목걸이였다**'는 것은 동굴생활보다 물가생활의 조개가 인류의 문명 · 문화 발달에 얼마나 큰 조건이었나를 알게 합니다.

그래서 **세계에서 가장 크고 많았던 '조개무덤'**(패총)은 우리 땅역사의 자부심이지요. 우리 땅은 한류와 난류가 만나는, **아시아 대륙의 유일한 대형 갯벌**이며 *세계 5대 갯벌 중 가장 잘 발달된 바닷가였기에 빙하가 녹으며 생기는 **엄청난 플랑크톤의 번식과 낮은 해수면으로 조개를 비롯한 어족자원이 풍부했기에 문명 · 문화가 빨리 일어날 수 있었다**는 말입니다. 즉 **우리 땅의 수많은 패총은 우리나라가 옛날 지구의 자궁**(子宮: 아기집)**이었으며 한국인이 해양문명을 시작으로 고대문명을 이룩했던 첫 나라였음을 알 수 있는 징표**였지요. 그래서 **신석기 유적이 대부분 해안가와 강가**에서 발견되는 것입니다.

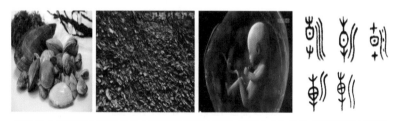

인류의 초기 먹거리 조개 출처: 나무위키, 김해 봉황동 유적지 패총 출처: 한국콘텐츠진흥원,
아기궁 태아 출처: KBS1, 朝의 금문(金文: 돌, 쇠, 그릇 등에 새긴 글) 오른 쪽에
물이 있음 출처: http://www.internationalscientific.org/CharacterASP

그렇다면, **'조개'**(貝)라는 글자에 분명 자부심의 문화가 나타나야

하는 법! 뭐니뭐니해도 **문화와 힘을 드러내는 글자로는…?**

그래요. '조공'(朝貢)이 으뜸일 것입니다. 혹자는 상국에게 물품을 바치는 것, 그래서 **우리가 중국**(차이나)**에게 대대로 패물을 바쳐왔던**(?) **것**이라고 생각하지만, 천만에요! 원래는 '朝(조선, 뿌리)에게 貝(조개패, 재물)를 工(공, 땅에서 하늘로 바치다)하다!' 그래요. **태곳적 문화**(어버이) **의 나라였던** 천제국 조선(朝鮮)**에게 한족**(支那지나)**과 주변의 소국들이 바쳤던 패물을 조공**(朝貢)이라 했음을 알 수 있지요. 그런데 패총(貝塚) 도 거의 없던 중공이 한국을 '문화의 속국(屬國)' 운운하네요?

이렇게 **조공**(朝貢)이라는 글자에 **貝**(조개)라는 글자가 있었던 것은 **먼 옛날부터** 동방의 나라에서 **많은 재화가 만들어져 조개껍데기로 써 돈을 대신했기 때문**이었지요. '**財**(재물 재), **貢**(재물 바칠 공), **貨**(재화 화), **費**(쓸 비), **買**(살 매), **賣**(팔 매)…'

그리고 몸을 장식하는 장신구인 **패물**(貝物) 또한 남쪽 바다에 있는 아름다운 바닷조개(貝)였다고 하니, 온통 **바다와 강을 둘러 고기 잡고 농사짓고 살던 우리 한겨레의 문화**였습니다.

그런데 이글(동이의 글, 한자)에 온통 우리의 문화가 나타나는 것은 무슨 까닭일까요? **우리 겨레가 시작했던 문화에서 만든 글자였기에 '한자**(이글)**는 우리 조상님께서 만든 글자'**였다는 것이지요.

문화로 보면, 지나는 아무것도 시작한 것이 없습니다! 왜냐하면 '**5~6천 년 전까지, 지나**(China)**족의 원종이라는 화하**(華夏 =漢族)**족은 아프리카를 떠나 겨우 동남아**(남지나)**에나 있었고** 잘 해야 양자강 아래에 살았다'는 〈상해 복단대 인류학회 논문〉이 발표되면서 북쪽에 있는 '**황하가 한**(漢)**족의 어머니의 강이요 한족의 젖줄이었다!**' 는 저들의 역사가 얼마나 허황된 것임을 알게 했기 때문입니다.

그래서 **저들의 글자라는** 한자(漢字)마저 **저들의 문화로는 해석이 안 되고 우리의 문화로써만 이해가 되는 것**이지요. 그러니 황하문명의 주체도, 차이나문자의 주체도 결코 한(지나)족이 아닌 다 우리 동방이었고 **우리에게서 빌어갔다**는 말입니다!

그런데 이러한 문화도 모르면서, 차이나 전문가(?)로 꽤 알려진 **우리 외교부 고위인사**가 책을 내면서 '한국인들의 뿌리(본류)를 찾아보면, **중국인**(?)이 조상인 경우가 많고, 그래서 **한국인들이 중국을 동경**(?)하는 것도 사실이다' 라고 말하네요. (아주 ○○ 하세요!) 〈동북공정〉중인 지나로선 얼마나 좋겠습니까! 우리 **공무원엔** 이런 자들이 **득실득−실** 안 하겠죠?

5∼6천 년 전, 지나족(화족) 발원지였던 동남아와 지나 남쪽 출처: *상해 복단대 인류학회 논문, 새들의 천국 서해 갯벌 출처: 산들강, 인삼 출처: 생로병사의 비밀

"창의적인 콘텐츠 개발과 풍부한 상상력을 갖춘 전문이야기꾼의 필요성을 빨리 인식한다면, 다가오는 미래 사회의 중심은 한국이 될 것이다."

앨빈 토플러와 쌍벽인 미래학자 짐 데이토(Jim Dator) 교수

생명과 기(氣)의 땅

무엇보다 맑디맑은 *옥수(玉水)가 샘솟아 물을 바로 떠서 먹을 수 있는 지구에서 몇 안 되는 귀한 땅이었지요. 29억 년 전, **가장 오랜 광물**(강원 화천)을 캐내었던 땅, **1억 년 전에도 바다가 아닌 육지였던 땅!** 여기에 **별(★)의 기운이 가장 강하게** 미치고 수기(水氣)와 화기(火氣)가 융합한 **백두산**(삼신산, 태백산, 시루산, 불함산 등 54가지 이름 있음)**의 태극의 기**(에너지)**가 백두대간을 이어** 한머리땅 구석구석까지 생기가 공급되는 생명체의 땅이기에 토양에서 나오는 기운 또한 가장 강력하다지요.

이렇게 *천기(天氣)와 지기(地氣)가 잘 조화된 땅에선 다양한 풀과 나무, 열매와 씨가 풍부했으며 인삼(人蔘) 등 외국에 비교할 수 없을 만큼 약성이 뛰어난 온갖 약초가 나고 다른 나라에서 **싹트지 않는 씨앗도 이곳에 오면 싹튼다**는 땅!

〈디지털타임스〉의 오창규 편집국장은 이렇게 말합니다.
"한반도는 <u>세계의 축소판</u>이다. 한반도를 원산지로 하는 **식물은 무려 5천여 가지**(약초는 1200), **해상식물도 4874종** 등 근 1만 종에 이른다. 유럽국가 전체의 원산지식물은 총 5천 가지에 미치지 못한다. **미국은 800 가지 정도.** 그런데 **한라산에만 1900 가지의 원산지식물이 있고 울릉도는 900 가지에 이른다.** 한반도는 신(GOD)이 내린 나라이다."
('글로벌 코리아 그 힘의 원천' 2014.11)

이것이 지구상의 **가장 많은 동·식물의 씨가 태어난 방위를 간**(艮: 동북쪽)**방**, 지구의 자궁(子宮: 생명을 잉태하는 궁전)이었다고 말하고 **우리 땅의 동·식물들은 다 약**(藥)이라고 말하는 이유이지요.

〈토종학회〉는 '우리나라의 토종이 품질이 우수한 것은 동북(東北) 쪽 간(艮)방이 칠성의 정기를 가장 많이 받기 때문이며 그래서 **외국의 종자회사들이 우리나라의 수많은 우수 종자를 가져가 연구**를 하고 있 는 것'이라고 말합니다.

인류의 문명과 기후

〈미래창조과학부〉 김성훈 기자의 말은 우리의 '**상식**'을 깨웁니다.

"지금은 과학으로 극복하고 있지만, '**인간이 살 수 있는 지역**'이란 과거에는 극히 **제한적**이었다. 우선 **농작물과 자원**이 풍족해야 했고 **근처에 강이 흘러야** 했으며, **극지방의 추위를 피할 수 있는 곳**이어야 했다. 이곳에서 인류의 4대문명이 발생했다."

이렇게 **인류문명의 발상지**는 너무 추워도 더워도 안 되는, **위도 30~40도**(섭씨 21°), **바다가 가까운 강 하류**여야 했었다는 학자들의 연 구는 *기후조건이 필요가 아닌 **절대필수조건**이었음을 알게 합니다.

그리고 **인간의 장례를 주관하는 장소** 또한 주로 **바다나 강에 인접한 곳**이었다는 사실은 **고대인류의 문화의 터전**이 산악이나 사막, 한랭하고 추운 지방이 아닌, **먹거리와 물과 소금을 필수적으로 구할 수 있는 생명이 공존하고 생명이 존중되었던 땅**이었음을 말해 줍니다.

어느 혹자는 **천하의 절경**이라며 **천국**이 따로 없다며 지나의 화산 이나 장가계 등에 가 '과연 중국!'이라며 탄성을 지르지만…, 지금은 과학문명(난방, 에어콘, 교통, 도로, 호텔 등)이 있기에 사람들이 모이지, 옛날엔 춥고 위험하고 먹고살기조차 힘든 오지에 불모지였고 또한 낭만적이라는 유럽은 빙하로 두터웠고 그 중 좋다는 지중해연안조차 모두 옛날엔 농사를 지을만한 땅도 없는 힘든 절벽이었을 뿐인데….

현재 살기 좋은 곳(녹색) 옛날 살기 좋았던 곳(벨트) 출처: 미래창조과학부 김성훈 기자, 현재는 낭만적으로 보이는 척박했던 곳들! 지중해 해변 中 이탈리아 포지타노 출처: Flickr Pug Girl, 페루 무지개산 출처: Wikimedia Commons, 지나의 화산 출처: 신화망

그런데 이 땅의 역사가들(비논리적이고 비학문적인)은 우리 땅을 '사람이 살지 않았던 텅 빈 땅, 문화와 역사의 변두리땅이었다'고 하며 심지어 '온통 중국에서 온 문화와 사람'이었을 뿐이라고 말합니다. 그래서 많은 한국인은 히말라야나 티베트, 천산(7439m)·곤륜산(7167m)이나 산맥(히말라야산맥, 힌두쿠시산맥, 천산산맥, 곤륜산맥)으로 둘러싸인 파미르고원이나 또는 몽골의 바이칼을 두고 '지구의 중심(?)'이니, '인류의 기원지(?)'니 하면서 마치 '문명의 성지(?)'로 알고 한국인의 시조(마고)가 (우리 땅이 아닌) 7만 년 전, 히말라야산맥의 북쪽 파미르고원에서 낙원(?) 같은 삶을 살다가 어쩔 수 없이 그의 딸(궁희, 소희)의 후손이 우리 땅에 우수한(?) 문명(?)을 들여와 전했다는 기록(*환단고기)을 맹신(광신)하면서 식민사관의 갑옷으로 무장하고 있지요.

7만5천 년 전, 당시 생명의 피난처였던 우리나라조차 8~9개월을 겨울처럼 영하 80° 정도로 **인구멸종상황**(지구생존자는 약 2천 명 정도)이었고, 5000년이 지난 **7만 년 전에야 지구추정인구가 약 1만5천 명**밖에 안 되었던 빙하시대!

더구나 그곳 파미르고원은 **7천 만 년 전부터 사막이었던 곳**, 여기에 **오랫동안 빙하와 눈**으로 뒤덮여 있었던 곳, 지금도 **건조한 기후와 눈보라 겨울엔 조드**(зуд)**라는 혹한**이 찾아와 큰 피해(몽골 1944년 700만 가축 동사, 2010년 50일간 −48℃이하, 200만 가축 동사)**를 주는 곳**, 그래서 봄도 늦게 와 **추위에 움츠리며 숨 쉬기도 어려운 고원산악지대**인데, 게다가 옛날 **바닷밑이 치솟은 염분투성이 땅**에 풀과 나무도 자라기 힘들고 **미친바람으로 영양토마저 날아가** 날카로운 돌과 거친 모래로 오랫동안 황폐해 있었던 곳…! 그래서 **정착 없이 떠돌며 사람마저 드물고**, 오죽하면 지금도 **미래를 위해 현세를 포기하고 오체투지**를 하며 칼날 같은 믿음과 종교적 위안으로 사는 **안쓰러운 곳**…!

혹자는 또 인종의 용광로(?)라며 '중앙아시아'를 대단하게 생각하지만, 그곳은 **정착이 아닌, 끊임없이 이동했던 곳**인데, 대체 **이곳에서 어떤**(?) **문명이 잉태**되었는지…?

그런데 이 땅의 이상한 역사가들은 히말라야산맥의 북쪽 *파미르고원 그러니까 **생명체가 번성할 조건을 갖추지 못한, 거친 바람에 춥고 소금기의 땅에, 더구나 지진대 위에 앉은 고원에 온−통 지구인이 몰려 살았다**고 하면서, **지상낙원, 우수한 문명**이라고…, 높고 춥고 힘들면, 성지(聖地)고 문명이 나오나요?

혹자는 또 반박합니다. **현재보다 2~3도 높았던 8천~4천 년 전의** 몽골은 강수량이 풍부했던 **비옥한 농경지**(?)였다고! 그러니 **몽골이나 세계의 지붕으로 불리는 티베트고원**(해발 3천400m 이상)이 **인류문명이 처음 시작**(?)한 곳이고 **인류의 성지**(聖地?) **맞다고!**

약 2500km(동서) 만년설 천산 출처: 네모 속 여행, 옛날 낙원(용의 기원지)이었
다고 주장하는 곤륜산(7167m), 티베트의 오체투지 출처: 거칠부

그래요? 그럼, **문명의 성지**라면, 풍부한 동·식물의 알과 씨로 지
구상에서 가장 완벽한 먹이사슬의 땅이었겠고 많은 사람이 살았을 **초
밀집지대**였을 것이고 그래서 구석기와 신석기문명이 꽃을 피웠을 것
이었을 텐데, 그렇다면, 초기 집단문명의 흔적인 **고인돌이나 무슨 뿌
리어미문명**이 있어야 하는데… 있나요? 그래서 저들의 문명이 **지금
현 인류의 의·식·주 문화**(삶)**에 무슨 기여**(?)를 해왔는지요?

없-잖아요! 아니잖아요! 티베트에 피라미드들이 있다고요?
그것도 **후대에 이 땅의 한국인이 지나가다 만든 것이고**! **문명과 문
화란 기후뿐만 아니라, 연속성이 있어야** 되는 법인데, 저 땅들은 한
때는 비옥했을지 몰라도…, 그래요. **문명과 문명을 잇기 위해 힘겹게
지나친 길목이었을 뿐**입니다. 이런 깜냥으로 우리의 역사가 바로 보
이겠습니까? 이 또한 우리의 역사를 더 힘겹게 했을 뿐이지요!

과학저널 〈사이언스〉(2014.11.20)는 영국 케임브리지대학과 중국, 미국 과학자들의 연구보고서를 발표하여 지금까지 인류가 어떤 오류에 빠졌었는지를 일깨웁니다.

'2만 년 전 티베트는 동물을 사냥하기 위해 간헐적으로 인류가 들어갔을 뿐이고, 5천200년 전에는 절반 상주 형태의 정착이 이루어졌고 정주하기 시작한 것은 고지대 적응력이 강한 곡물(밀, 보리, 조, 수수 등)을 재배하고 가축(돼지와 양 같은)을 키울 수 있었던 3천600년 전으로 추정된다.' 그래요. 겨우 3천600년 전경, 어디로부턴가 배워온 농경과 이미 가축화된 개, 돼지와 양을 갖고 와 시작했을 뿐인데, 무슨 시원문명이겠습니까?

여기에 세계최대의 과학단체 중 하나인 〈미국지리학협회(1851)〉가 참여하는 〈내셔널지오그래픽〉 채널의 스펜서팀은 티베트 옆 타림분지(타클라마칸사막)에서 발견된 미이라를 조사(2007)하여 지금은 위구르인(842년)이 정착해 있는 '타림분지의 최초의 정착민은 5000년 전 파미르산맥에서 이동했던 키가 크고 파란 눈과 긴 수염, 붉은 색과 금발의 인종이었으며 동아시아인이 이주한 것은 약 3000년 전이었음'을 밝혀냅니다.

그래요. 옛날 비옥했다고 알려진 사막도 5000년으로…! 하물며 이 근처에 더 고지대이고 더 춥고 더 열악했던 '파밀산맥이나 히말라야산맥에서 7만 년 전 인류가 싹터 높은 문명을 갖고 1만 년 전 우리나라로 와 역사를 시작했다고 주장하니…,

이렇게 맹목적이니 '국뽕, 환빠'라고 지탄을 받는 것이지요.

인류문명의 시원지란,

지구상에서 무엇보다 **나무가 울창하고 그래서 동·식물의 먹이사슬이 가장 훌륭**하여 그 증거로 공룡이 살았어야 하고 그리고 **수만 년을 넘어 태곳적부터 많은 사람들이** 살면서 **구석기문명에 이어 처음 신석기문명을 시작했던 유물들이** 쏟아지는 곳, 그러기 위해선 **수차례의 빙하기에도 생명을 지켜 줄 피난처가 될 수 있었던 땅이어야** 하지요.

그런데 우리나라는 중부만 하더라도 사람이 살 수 있는 **동굴이 1천여 개가 넘어 동아시아에서는 우리나라가 유일**하다고 합니다. 인류학자들은 **'인간의 초기 주거지가 동굴'**이었다고 하지요. 여기에 **산림이 우거지고 호수와 초원과 바다와 갯벌이 있어 완벽한 먹이사슬을** 이루어 생명체의 천국이었던 곳 그래서 지구상에서 **처음 농경이 시작**되고 **가축이 시작**되고 **신석기문명의 상징인 그릇이 처음** 나오고 고래와 고기를 잡으며 **해양**(바다)**문명을 시작하며 고인돌 같은 거석문화의 흔적을 남겼던 땅**(해안가)이었으니, 상식적으로 그(the 시원문명) 땅이 어디겠습니까!

한국인이 잊은 인류의 첫 둥지(#)-'우리나라'

우리가 별 뜻 없이 말하는 #**우리나라**는 단순한 our+country의 조합이 아닌, **울**(울타리)+**이**(사람)+**나르**(물가) 즉 지금 지나의 동쪽과 남쪽과 한국이 땅으로 이어진 **'거대한 평원을 흐르는 큰 물가를 울타리처럼 크게 둘러치고 살았던'**, 첫 한국땅의 어원(語源: 말의 기원)을 간직하고 있던 보배와 같은 말이었고 아울러 다른 민족(기원: 3000년 전?)

과 달리 **우리 겨레의 형성이 물가의 모래톱에 결**(결)**을 이루었던 곳에서 삶과 문화를 함께 처음 시작한 사람**(에)이라 하여 '결에' 지금의 '겨레'라 불려 왔음을 알 수 있는, 그래서 '우리나라와 겨레'는 **한국인의 둥지**(수만 년 전 물가의 삶)**를 이해하고 한국인의 정체성을 고스란히 간직하고 있는 씨앗** 같은 말이었음을 알게 합니다.

실로 '인류의 첫 울타리(丼), 인류 최초의 나라'라는 엄청난 자부심을 간직한 고유명사와 같은 말이었으니, 처음 **물**(강, 바다)**가에 살았다는 것은 많은 위험을 초월하며 뛰어난 지혜와 능력을 소유했던 사람들이 인류의 시원문명을 시작했**다는 것을 뜻합니다. 그래서 丼나라라는 **호칭은 아무 국가나 쓸 수 없는, 우리나라만 쓸 수 있는** 말이었지요.

만약 지나(중국)나 역사가 일천한 미국 등 다른 국가에 **'나라'와 같은 표현을 쓰는 것은 역사를 잘 모르는 것을 넘어 우리의 시원역사를 모욕하는 것**이 되는 것이지요.

그래서 먼 옛날, '우리나라'의 수많은 강들이 모여 흘렀던 큰 강을, 마치 **하늘로 올라간 천손**(한국인, 동이)**이 사는 강**이었던 하늘의 강, 은하수(漢)를 이름하여, **'한강'**(漢江: 은하수강)이라 불렀던 것이지요. 그래서 이 한강(서해의 중심을 흘렀던)이 바다가 되자, 지금의 한머리땅으로 올라와 **한**(漢)**강**이라 이름 붙였던 것이고 크고 위대한 생명(해, 알)의 강이라 하여 **'아리수'**라 하고 큰 용(미르)이 용트림하는 것 같다 하여 **'미르내'**라 하고 나무가 우거진 푸른 땅(靑丘)을 흘렀던 강이라 하여 **'청구하'**(靑丘河)라 하면서 그때 큰 우물(丼 well)처럼 둘러치고 살았던, 거대한 낙원의 땅을 전설처럼 기억하려고 했던 것이지요.

그래서 **조선**(朝鮮)의 '**조**'(朝)**가 역사를 시작했던 아침**이라는 뜻 이전엔 본디 '물가의 사람들'이라는 뜻이었음을 이글(동이의 글, 지금의 한자)의 옛 문자인 〈금문〉에 한결같이 **물**(氵, 川)**을 표시하여 후손에게** '물의 역사'를 일깨우셨던 것이구요. 그리고 물이 들어와 밀물과 썰물이 생긴 땅이 본시 조선의 땅이었기에 '**조수**'(潮水: 조선朝의 바닷물氵: 해면이 높아졌다 낮아졌다 하는 바닷물)라는 말도 생긴 것이라고 합니다.

4천 년 전의 지리서라는 ***산해경**(山海經)도 "**동해**(우리의 서해)**의 안쪽, 북해**(발해)**의 주변에 나라가 있으니, 조선이라 한다.**"(東海之內 北海之隅 有國 名曰 朝鮮) 라고 하여 (단군)**조선이 물가**(강과 바다)**의 나라**였음을 기록하고 있지요.

1만8천 년 전, 대만 밑까지 이어진 우리나라 출처: KBS 역사스페셜, 서해 수심도(20~60m) 출처: ocean color ado.edu 물줄기 추정 원저자: 박용안, 朝의 金文의 해와 오른 쪽 물 출처: http://www.internationalscientific.org/CharacterASP, 알 · 씨 출처: pxhere

인류의 문명, 알·씨를 품은 땅

이렇게 **축복받은 기후**에 어느 곳보다 다양하고 풍부한 먹거리로 먹이사슬이 완벽했던, 지구의 낙원(paradise), 그래서 조상으로부터 전해진 신성한 말, '**우-리-나라!**' 여기에서 **백성**(百姓: 인류의 성씨)이 나오고 사람의 역사가 시작됩니다! 태곳적 먼 옛날 조상이 거쳐 왔다며, 전설 같이 전해들은 생명의 땅, 남쪽 고향땅을 부메랑처럼 **다시 찾은 바이칼 사람**이 있었습니다. 이들에는 지금의 **유럽인들의 조상들도** 있었지요.

이들은 이 땅에서 인류의 강자 중 강자를 만납니다.

일반적으로 **다른 땅**이 1채취(따거나 캐어냄)를 주로 하며 **농사를 짓는 정주**(주거지를 정착)형태 또는 2**목축을 하며 풀을 찾아 떠도는 단순한 생활의 형태**였다면, 우리 땅에서는 높은 산(山)이 있고 세계 최고의 대형갯벌, 그리고 바다까지 모두 갖추어져 이 땅의 사람들은 **정주민족**으로서 1채취와 2**농업활동**은 물론 때론 3**고래까지 처음 잡았던 해상민족**이었고 4**험준한 산악과 바다**에서, 그것도 **협동수렵까지 해야** 하는 수렵민족에, 5개를 비롯한 가축을 처음 키워 유목생활의 토대를 **마련**하게 했던, 지구상 모든 삶의 특질을 모두 갖고 있는 **보기 드문 사람들**을 만난 것이었지요.

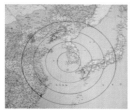

육지였던 서해가 해(바다)가 되면서 우리나라의 문명이 퍼짐(원의 확산) 출처: 윤복현 교수, 높은 산과 潮水(밀물과 썰물)가 빚는 갯벌 출처: 모바일한경, 고래의 천국 우리나라 출처: 위키백과

인류학자들은 '문명은 유목문화와 농경문화의 **충돌지점에서 발생**'한 다고 단순하게 말하지만, 사실 이 말은 유목가축문화가 생긴 후일 뿐,

인류의 첫 문명(신석기문명)의 시작은 **유목문화와 농경문화가 함께 일어난 곳, 그것도 발달된 구석기 시대를 이어서 나온 땅**이었습니다.

이 땅은 다른 곳에 비해 **일찍 시작된 구석기 삶을 이어**, 이미 1만 5천 년 전부터 채집 · 수렵생활이 아닌, 최초로 씨들을 개량하며 논농사인 **벼농사를 시작**하고 식량채집이 아닌 식량생산을 하여 **최초로 토기**를 만들어 저장하고 씨 뿌릴 줄 알았으며 **인류최초로 배를 만들어** 맘모스보다 **더 큰 고래를 사냥**하고 **개를 비롯한 가축들을 처음 길러 고기공장을 운영**하며 자급자족했던, 개척정신과 도전정신 속에 **지혜를 갖춘 강인한 사람들**이었습니다.

토박이 한국인들! 그래서 8천 년~1만 년이라는 다른 민족의 신석기문명보다 **만 년 이상이나 앞서 인류 최초로** 신석기혁명을 태동시켰던 사람들, 인류문명의 자궁 같은 땅(井:우물. 우리나라)이었지요. 그래요. 바이칼에서 온 이들은 **뛰어난 문명인을 만난 것**이었지요.

인류학자들에게는 **큰 의문**이 있었습니다.

자연석 화강암인 한국의 고인돌이나 암벽에 뚫려 있는 **무수한 구멍**(성혈)들이지요. 큰 구멍은 지름 11.5㎝에 깊이 10㎝나 되는데…, 누구는 **별자리**라고 하고 누구는 **여성의 성기**를 나타낸다고 하는 **알구멍들!** 다 맞을 겁니다. 왜냐하면, 이 모두가 생명을 살리는 해(太陽)신앙으로 시작하여 농경과 해(海바다)문명을 시작하면서 해(sun)신앙을 새(鳥)로 상징한 천손신화를 만들고 해(海)문명을 물고기로 상징하며 난생신화로 전해왔던 것은 모두 알로 다산을 기원했었기 때문이었지요!

그래서 우리나라가 #천손신화와 #난생신화가 중복되는 지역인 것은 이 모두가 함께 일어난 유일한 곳이었음을 웅변하는 것입니다. 그래요. 인류의 알과 씨가 모여 살았던 곳이며 이(알)들이 퍼져나갔던 땅이었음을 방증하는 흔적들인 것이지요.

난생설화(남)와 천손설화(북)의 기원(함께 일어난 지역) 출처: 한민족의 기원(선비), 고인돌
위의 성혈들 출처: 김원희 교수, 출처: 검파형 암각화의 비밀

이렇게 한류와 난류가 합치듯, 이들의 **바다와 초원의 경험**이 합치고 **산악과 초원의 경험**이 합치고 **북방**과 **남방사람**(동이)들이 **가장 많은 사람들**(인구밀도)로 다시 만나 **시너지효과**를 내고, 마치 **용트림하듯 거대한 조화**(태극)를 이루며 **동과 서, 남과 북의 경험**(오행)으로 인류의 신석기 문명을 **신명나게 꽃피우게** 됩니다.

그래서 세계적인 여류 민속학자 R.S.H 자리카시노바(러시아)가 "**한반도에는 구석기시대에 벌써 '사람'**(신석기 사람)**이 살았고,** (다른 곳에 비해 이미) **신석기시대에는 일찍이** 한국적인 문화의 독특성을 **발전시켰다.**" 라고 주장하지요.

맞아요. 지나가 자랑하는 의학이론서인 *황제내경에도 '**동방**(한국)**은 지구가 형성될 때,** 최초로 문명이 발생한 곳'이라고 했잖아요. 이렇게 공동체의식을 형성하면서 **백성**(百姓: 많은 씨족)**을 이루고 겨레를**

탄생시키고 인류의 문명·문화를 잉태하면서 인류의 **역사**(歷史: 벼禾 농사하던 사람들禾禾의 이야기)**가 시작**된 것입니다.

그러나 이런 **인류의 정체성**은커녕, 이러한 **지질학**이나 **천체학, 인류학, 언어학**을 모르는 이 땅의 역사(문화)가들은 '**겨레**'가, '**우리나라**'가 '**조선**'이 무슨 뜻(다 물水과 관련된 말)인지도 **모르면서, 우리 겨레가 파미르고원 위 천산**(텐산)에서 기원했다는 둥, 중앙아시아의 **알타이**로부터 기원했다는 둥 **몽골**(바이칼)에서 기원했다는 둥 오인하고 심지어 민족사학자라는 자들마저 **우리 땅을 신개척지로, 문명이 없던 변두리 미개한 땅**이었다고 말합니다. 그래서 강단학자처럼 1**북쪽에서**(?) **와야 천손**이고 2**기마민족**이라고 해야 **강하고 위대한 줄 착각**하면서 또 다른 식민사관에 빠트려 **한국의 정체성을 더욱 혼란**시킵니다!

만 년 이상의 역사 속에서 온갖 문명·문화를 창달한 장쾌한 겨레사를 겨우 6000년 전 처음 야생마로부터 길들여지고(BBC뉴스 2012.5.8) 3000년 전만 해도 지금처럼 말이 크지도 않고 힘도 없어 허리가 아닌 겨우 **엉덩이에 탈 수밖에 없었던 때**, 그리고 **등자**(발받침) **같은 전투에 필수적인 기본문명**도 없어 '**기마민족**'이란 말조차 없었는데, 굳이 기마민족이라 우기면서 **깊은 뿌리문화도 없는 북쪽의 떠돌이 유목문화**(3천 년 역사)**를 천손문화**로 오해하고 **북방을 고집**하고들 있으니, 게다가 북쪽의 유목문화의 기원조차도 우리나라 땅에서 시작된 가축문화와 개문화에서 시작된 것(울산암각화)임도 모르고 있으니, 참으로 개가 웃고 소가 웃을 일이지요!

*황제내경 '소문'의 디지털 사본 출처: 위키백과, 파미르고원(평균6100m이상, 2008년 6월
사진) 출처: 위키백과, 영특한 우리 천손이의 마고반점(2019. 5.19) 출처: 박상민 앨범

〈국립문화재연구소〉는 '**한민족기원 규명조사**'라는 이름으로 한반도 거주 고대인류의 기원을 찾기 위해 **고대부터 근대까지 출토된 고인골**(427점)을 몽골 고인골(585점)의 유전자(DNA)와 비교분석한 결과, **우리 겨레가 고대몽골인과 관계가 깊다는 관념과 그래서 학계의 주요 학설로 통용되던 '북방 단일 기원설'이 근거가 없었던 이론**이었음을 밝혀내면서 한국인과 몽골인은 **청동기시대 이전에 이미 유전학적으로 분리된 인종**이라는 결론을 내립니다.(2006.12)

이 말이 무슨 의미인 줄 아십니까? 쉽게 말하면, 뒤집혀진 것이지요. 우리 한국인은 **역사가 짧은 북방기마족이나 몽골에 의해 형성된 사람들이 아니고**, 유전적으로 북쪽의 베이징 한족과 만주족, 재팬인과 매우 가까운 것으로, **몽골이 오히려 훗날 한국에 의해서 형성되었을 것**이라는 것을 방증하는 것이지요.

그러하기에 지금 세상에 알려져 있는 '몽골반점'이란 옳지 않은 표현이었습니다.

서쪽 끝 영국이나 스페인, 프랑스, 북구유럽을 비롯하여 헝가리, 터어키 등에서 푸른 반점(Blue market, 마고반점)**의 형질이 한국의 문화**

와 함께 나타났던 것이며 **몽골에게 점령된 적 없는 재팬이나, 몽골과 직접적인 교류가 드물었던 동남아시아나 심지어 몽골이란 부족이 생기기 훨씬 전에 갔을** 북미인디언과 멕시코, 남아메리카 원주민에게까지 발견되고 이들의 문화에서 또한 **한국의 문화가 나타나는 것은** '푸른반점'(Blue Mark)이 사실은 **이 땅의 알들 즉 천손 한국인의** 한반점이었다는 방증들이지요. 우리나라가 천손신화와 난생신화가 처음 시작되어 퍼져나간 유일한 땅, 알씨의 나라였음을 기억해 보세요.

오호, 통재(痛哉)라. 할미와 손녀가 뒤바뀐 것이었습니다.

아, 하늘을 잊은 하늘겨레여! 그래요 **우리의 푸른 반점이 몽골로부터 유래된 몽골반점이 아닌,** 많은 인종이 모여 인류의 신석기문명을 시작했던 **우리 땅으로부터 나간 유전형질**이었음을 시사할 수 있는 말이라는 것입니다! 그래서 예부터 한국인에게 내려오는 말이 있잖아요. '삼신할미(마고할미)가 우리 천손의 아이를 세상으로 내보내기 위해 엉덩이를 때렸기 때문'에 생겼다고.

이제야 조상님의 이야기가 가슴에 와 닿네요. 그러니 이제부터는 '한반점, 마고반점'으로 불러야, 우리에게 생명을 주신 조상님에게 환부역조(換父易祖)의 패륜을 면할 수 있을 것입니다. 우리 천손이 날 보고 "I SEE YOU!"(알씨유! 이제 당신을 봅니다!)라고 하네요!♡

"조국(祖國)을 위해 피 흘려 죽어갈 때, 당신의 조상(祖上)은 무엇을 하였는가?
이제, 긴 침묵을 벗고 역사의병(義兵)으로 동참하자!"
-역사의병 다물 박종원

알, 씨(혈통, 근원)**를 잉태했던 주인, 동방!**

동방(東方)의 '동녘'(東)이란 木(나무)에 日(해)가 들어 비추는 모습이지요.

나무는 생명의 근본이요, 해는 생명의 원천이요 시작이니, '동방은 태양이 떠올라 생명을 탄생시키고, 문명을 시작하였음을 상 징하는 글자'였습니다. 그래서 동방은 광명(환)이고, 뿌리이고, 시작 이고, 고향이고, 주인이고, 젖줄이고, 어머니였지요. 그래서 이 동방 사람들을 하늘의 자손, 천손(天孫)이라 한 것입니다. 모든 씨(것)들이 밝게 시작된 동방의 땅, 그래서 환(한=광명)국이라고 했지요!

이렇게 밝은 해(日)가 씨가 되어, 날씨(해의 마음, 기후)가 되고 하루 (日)가 되었습니다. 여기에 성씨(姓氏)란 이 땅의 어머니(女 여성)인 마 고로부터 시작되었기에 성(姓)에 씨를 붙여 해와 어머니와 같은 마음 을 기대하며 왕(王)이라는 의미로 써왔던 것이지요. '숙희씨, 희수씨, 예니씨, 정림씨, 세니씨, 영환씨, 상민씨, 복희씨(伏羲氏)…'

이렇게 날(해)씨에 의해 각종 도구(씨)가 퍼져나가 기술(씨)이 되고 과학(씨)이 되고 씨(재료)줄에 날(하루하루의 수고)줄이 입혀져 옷(피륙: 사람의 문화)과 그물(최초의 고래잡이 문화, 해양문화의 시작)이 생기고 각 종 식물이 배양되어 종자씨(최초의 벼 개발 및 콩 등의 잡곡의 원산지: 최 초의 농경의 기원지)로 퍼져나가고 동물들이 길들여져 가축씨(개와 가축 의 기원지)로 퍼져나가고 한국인의 말씨는 언어씨(언어의 기원지)로 글 씨와 문자씨(문자의 기원지) 등으로 문명·문화의 씨가 퍼져나갑니다.

우-씨! 그러면서 이 땅의 해의 마음씨는 종교(애니미즘, 토테미즘, 샤 머니즘의 기원지)와 철학(풍류문화)의 씨(바탕)가 되고 해의 움직임은 바

퀴(수레의 기원지)**와 수레**(고인돌문화에서 유래)**와 배**(창녕의 인류최초의 배)
의 **움직씨**(동력)로 퍼져나가며 **인류의 문명문화**를 꽃피운 것이지요.
옛날의 지구 첫 문화제국의 알씨들의 K-pop이었지요.

이것이 세상에 전하는 '동(東)이 트다!' 라는 말의 실체입니다!
그래서 훗날 **이 씨들이** 퍼져 **서쪽 끝 영국과 노르웨이까지** 가면서 인
류의 신석기혁명을 **차-례-로 일으켰던** 것입니다. 남쪽 '**우리나라**'의
마고문명(인류의 첫문명)**을 시작으로, 만주땅**(홍산문명→황하문명)**으로,**
중앙아시아(마한조다르문명)**로, 수메르**(메소포타미아문명→이집트문명→인더
스, 그리스문명)로…, 마치 파~도~타기(wave) 하듯 말이죠! 지금 **유럽
인의 유전자에 동아시아 유래의 유전자가 상당부분** 드러나는 것은 이
때부터의 문명전파로 혈통이 섞인 때문이지요.

이렇게 '**해의 씨와 해의 상징인 올**(알: 이 땅의 문명과 사람)로서(씨)
문명·문화를 시작하며 세상을 밝고 편하게 그래서 이롭게 한 것'
이 바로 **한겨레의 '개천'**(開天: 하늘이 열리다)이고 그 **이념이** '**홍익인
간'**(弘益人間世: 인간세상을 두루 이롭게 하라!)이었으니 옛날 사람의 문화
(people's culture)를 가지고 **우리 땅을 중심으로 퍼져나갔던** '**거-대한
한류'**(K-wave)가 오롯이 우리 말 '동이 트다'에 있었던 것입니다.
그래서 BBC(영국의 공영 방송사) 라디오 방송은 '**한국, 조용한 문화
초**(super)**강대국'** 편을 마련하며 "진정한 K-pop은 과거의 한국문화
에 있었다!"라며 유튜브 채널로까지 방영했던 것이지요. **인류사를
이끌어온 영국**이기에 다 알고 있는 것입니다.

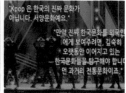

東이 트다!' 출처: WIKITREE, 제팬 도쿄돔 한류 출처: SM엔터테인먼트, BBC
라디오 방송 번역문 출처: 유튜브 '한국, 조용한 문화 초강대국' 편

문명의 태동, 아시아!

그래서 서양은 **인류문명의 태동을 암시하는 말**로 '아시아'(Asia 해가 떠
오르는 곳)나 '오리엔트'(Orient 해 뜨는 곳, 동방)라 말하고 **로마는 '빛**(문
명)**은 동방에서**' 라는 말을 전해 오면서 **자기들**(문화와 선조)**이 온 곳이
동쪽이라** 말해 왔던 것입니다.

동양의 고전인 *예기(禮記-곡례편) 역시 **"주인은 동쪽 계단, 손님은
서쪽 계단으로"**(主人就東階 客就西階)라는 기록을 남겨 옛적부터 동(東)
이 주인이라는 생각이 있었음을 보여줍니다. 이러한 자부심에서 우
리는 글을 **동쪽에서 서쪽으로 썼던** 것이고 벼슬문화 또한 **영의정 다
음 우**(서쪽)**의정이 아닌 좌**(동쪽)**의정으로** 했던 것입니다.

그래서 지나(중국)는 지금도 **주인을 '주동'**(做짓다 東동쪽 주어똥), 집주
인을 '**방동**'(房집주인[fang dong])이라 하고 대회의 **주최국** 또한 옛날
도(道)와 문명을 열었던 동쪽의 주인을 생각하여 '**동도국**'(東道國 똥따오
구어), '**동도주**'(東道主 똥따오주)라 말해 오면서 지나땅의 원주인이 본디
동(東)쪽 사람들이었고 스스로는 주인이 아닌 이 땅으로 들어온 객(客

나그네)이었음을 말로 이어오고 있는 것이지요. 따라서 **역사는 왜곡할 수 없는 문화**(文化)**와 언어**(言語)**로 보아야** 하지요! 그러니 이 책은 차이나인이 먼저 보게 해서는 안 됩니다!

지금은 한국인의 기억에서 사라진 '**부상**'(扶桑↔咸池)을 두고 **신**(神)**의 나무**라는 **뽕**(桑)**나무**, 그 나무가 지천이었다는 **동쪽**(지나족의 위치에서)**의 대평원의 우리나라**를 말하지만, 또한 '**해와 달이 처음 떴던 곳**'이라는 뜻으로 전해지고 있는 것은 어둠 속에서 해가 뜨듯이 그렇게 인류문명이 처음 태동되었던 곳을 전설처럼 일깨우기 위한 말이지요.

***다시 동방으로**(리 오리엔트)의 저자 **프랑크** 역시 "**세계문명의 근원**은 **동양**이었고 **동양역사의 시작**이 곧 **세계역사의 시작**이었다."라고 했던 것이나 〈유네스코〉에서조차 '**인류**(문명)**의 기원**이 이집트인이 아닌 **한국인**'이라고 발표(2006.3.23)한 것은 한결같이 '**아시아지역에서 고대문명이 태동**'하였음을 일깨우고 있습니다. **오리엔트**는 사실은 이집트나 중동이 아닌, 문명과 문화의 주인(主人)이었던 **옛 우리나라**(井)를 뜻함이었지요. 지금 **지구인의 65%가 아시아인**입니다.

*다시 동방으로 출처: 나마음, 예기(禮記) 출처: 김선태, 동서언어의 뿌리역사 강의 中 출처: 강상원 박사님, 주최국은 東道國 출처: 구글

강상원 박사님은 '지금의 우리가 무엇을 해야 하는가?' 묻습니다.

"훗날 우리나라를 떠나간 이들이 지금의 이라크(IRAQ)땅 유프라테스 강과 티그리스강이 만나는 곳(메소포타미아; 두 강 사이)에 문명을 다시 건설했던 것이 수메르문명이었는데, 그 지방을 '우르'(UR, 땅) 즉 우리 땅(land)이라 하며 울(井)을 짓고 우리의 역사를 남긴 것이었다.

그러나 세상은 이러한 사실을 모르고 **수메르지역을 인류의 첫 거주지라** 하고 **첫 문명**이라 하며 **우리 또한** 덩달아 **남의 문화**로 알고 있으니, 우리가 우리를 모르고 우리의 역사나 문화를 모르면, 바보 멍충이가 되는 것이다. 나라의 정책을 세우는 자들이 **풍선이나** 띄울 것이 아니라 이러한 사실을 알고 나라의 격(格)을 높여야 한다."

'우리나라' 왕(王)들의 땅!

매머드, 털코뿔소, 동굴사자, 검치범 등 **신생대 빙하기 동물들**을 이어 **동물의 왕**인, 지상의 최고 포식자 **범**(tiger〉lion)은 물론 하늘의 최상위 포식자(왕)인 **수리와 매** 그리고 바다의 최상위 포식자(왕)인 **범고래와 향유고래**에서 **지구상 가장 큰 동물인 대왕고래**(30m이상, 170ton : 아프리카코끼리 6ton)까지 **우리 땅에 존재했음**은 그 어느 곳보다 오랜 세월 속에서 **다양한 생물이 광범위하게 존재**했던, 진정한 먹이피라미드(사슬)가 이루어진(최고의 환경) 왕들의 땅이었음을 의미합니다.

그때도 지구상 어느 곳보다 많은 사람들이 살았던 땅이었다고 합니다. 70%가 산지인 우리나라가 **지금도 세계 1위의 인구밀도**인 이유이고 **지금 지구상에서 IQ 1위의 땅**일 수밖에 없는 이유이지요.

따라서 **많은 아이디어와 정보가** 나오고 **발명과 혁신과 소통이** 이루어졌던 땅이고 두뇌(IQ)가 가장 뛰어난 존재들의 땅이었지요. 조류 중 최고의 지능을 가진 **까마귀**(40~90)에서, 가축 중 가장 뛰어난 **돼지**(65)와 **개**(60), 무엇보다 영장류를 제외하고 동물 중에서 가장 높다는 **고래**(범고래: 90, 돌고래: 80, 코끼리: 70)… , 왕들이 살던 땅이었지요! 그리고 **두뇌가 가장 뛰어난**(슬기슬기인간) **많은 인종의 사람들이 몰려 살았던 땅**이었답니다.

그래서 **만물의 왕들이 살던 땅을 다스렸던 사람**이기에 '만물의 영장'이라 하고 **이 땅의 주인**을 왕의 왕인 **대왕**(King of Kings, 大 또한 원래 왕, 王中王), **천제**(天帝: 하늘의 황제), **상제**(上帝: 가장 높은 곳의 임금)라 불렀고 여기에 **오-랜 역사의 땅**이었기에 신(god)들의 땅, 군자, 신선의 땅이라 불렀던 것이지요.

그래서 우리는 나라도 하늘을 뜻하는 환국(桓國)이라 했습니다. 훗날 **환**에서 **한**(韓), **한**(漢)이 나오고 훗날 만주나 몽골벌판으로 가 **한**(汗 HAN), **칸**(KAN)이 되었으며, 훗날 서구로 건너가 **킹**(KING)이 되었던 것이지요.

혹자는 또 '**지나땅이 왕의 땅이고 가장 살기 좋은 땅**'이었다고 하네요. 에휴! 지금 **과학이 발달하고 교통이** 되니까 에어콘이나 온열기 속에서 관광도 다니면서 사막과 기암절벽을 보고 탄성을 올리며 쉬고 오지만, **먼 옛날에는 사람이 살 수 없는 쓸모없는 땅**이었지요.

무엇보다 **수질이 나빠** 지금도 직접 먹지도 못하는 땅이 많고 더군다나 **지나의 강은 넓고 물살이 세고 탁해 부가가치가 낮고** 게다가 저들의 동쪽 해안이라는 곳은 온통 진흙갯벌(우린 모래와 진흙이 조화된)이어서 생물군이 다양하지 못하고 지진도 흔했던 땅이었기에 그래서 **범도 고래도 없었던 곳이었는데,** …! 이제 지나의 배들이 왜? 우리 한국해안까지 고기 잡으러 오는 지- 아시겠죠?

먹이사슬 위 수리 출처: 알라딘, 서울의 조밀한 아파트군 출처: UPI뉴스, 바다의 왕
향유고래 출처: 오픈이슈 갤러리, 신선 출처: 靑南 권영한 아미타불

'**범이 살았다**'는 것은 생명체가 살기 좋았던 가장 오랜 땅이었고 '질서와 조화가 있었던 땅'을 의미합니다. '크르르릉' 하는 범의 소리는 지상의 동물들에게 오금이 저리게 하고 몸을 얼어붙게 하며 **세상의 질서를 세우는 소리**였지요. 18Hz 이하의 초저주파에서 나오는 낮~은 소리는 **최상위의 포식자**(왕)로서, 무자비한 살육이나 도살이 아닌 **조화로써 먹이를 조절하고 질서를 이루라**는 지엄한 경고였습니다.

그래서 우리의 선조들은 범을 인간을 지키는 **산군**(山君)**님**이라 부르면서 오만하지 않고, 조화와 질서를 존중하며 사셨지요. 이것이 이땅의 **임금**(검)**님이 백성을 한없이 사랑할 수** 있었던 이유였으며 더불어 **아시아인에게 자연애**(自然愛)**와 효**(孝)**의 질서**가 강하게 이어진 이유도 범이 아시아에만 살았던 것과 무관하지 않은 것입니다.

"자기 조국을 모르는 것보다 더한 수치가 없다."

Gabriel Harvey(1556?~1630)

백수의 왕이며 범 중의 왕이라는 시베리아범! (BBC, NGC, LA타임즈, 워싱턴포스트) 미국의 동물학자들이 인정하는 **지상최강의 동물**로, **최대길이 4m, 400kg이 넘었던 체중**에 **시속 80km**(cf: 사자의 평균크기: 약1.65~2.5m, 160~250kg, 시속 64km)였다는 백두산범(시베리아범, 아무르범=흑룡강범)**이 살았던 땅**으로서 만물의 영장인 사람과 지혜를 다투었던 곳이지요.

울산의 〈반구대 암각화〉에는 선사시대 함정에 빠진 범, 새끼를 밴 범 등 **총 14마리의 범**을 새겨 우리에게 익숙한 동물이었음을 알려줍니다. 조선왕조 태종과 세조 때에도 **범이 경복궁과 창덕궁에 침입**(*조선왕조실록)했을 정도로 많았던 '**범의 나라**'였지요.

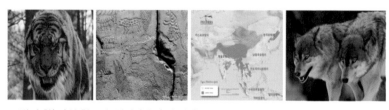

범의 왕(王)인 한국범, 영화 〈대호〉의 범 출처: 뉴 제공, 울산의 〈반구대 암각화〉의 범들
재현 출처: 경주박물관, 범의 영역 출처: 레모넬메실, 이리(狼랑) 출처: 상아맘

지금, 온 세상의 산천초목과 뭇 생물을 떨게 했던, 범 중의 왕(王)인 한국범**의 '크르르룽 어흥~'** 하는 소리가 더 이상 들려오질 않고 바다의 왕인 향유고래를 잡던 그 기백도 사라지고 나니, 새의 왕(王)인 봉황이 **왜, 벽화로 그려져 있는지**─도 모릅니다.

그래서 사람의 왕(王)인 천손(동이인)으로서 이러한 **동물의 왕들과 함께 살기 위해 지구상 최고의 도구와 무기를 처음 만들며** 인류의 문화를 잉태하게 되었던 것이었지요! 이것이 **지나와 왜가 수시로 이 땅의 혈**(穴)**자리에 쇠말뚝을** 박아 왔던 이유이며 우리가 이걸 다 잊고 살기에, 세계는 **우리를** ×**무시하는** 것입니다.

일제가 한국의 혼(魂)**과 기상**(氣像)**을 없애기 위해 역사를 고치고 이 땅의 고래와 한국범을 멸족**시킨 지금, 이 땅의 백성들은 **초원에서 사자만 보았던** 유럽인들을 따라 **사자를 백수의 왕**이라 부릅니다. **추위가 무섭고** 산이나 숲의 **범이 두려워 쫓겨난 것**뿐인데. 그리고 〈동물원사파리〉에서 겨우 사자와 몸집이 비슷한 **북부벵갈범**을 보면서 한국범을 생각하고 '왕의 진정한 위엄'을 까맣게 잊고 있습니다.

고리(려)**의 풍습·제도·언어** 등을 소개한 宋의 책 *계림유사에는 "**호왈감 보+남절**"(虎曰監 蒲南切), 즉 "(고리인의) 호를 살펴 말하면, **보에서 ㅂ과 남에서 암**(神)**을 취해**(ㅂ+암) **밤이라** 말한다." 라고 하여(이두식 표기법) 고리 때에는 **밤**(붐, 범)이었음을 알 수가 있습니다.

지금, 이 땅의 영웅들은 다 잊히어 주인(王)의 호방한 정기와 신성함(엄, 암은 신을 뜻함)**은 간 곳이 없고** 나약한 **한학자와 일제**에 의해, 더 이상 이 땅의 신선(神仙)과 함께 하며 '**신**(神검)**으로 불렸던 범**'이 아닌 그저 들판에 사나운 **이리**(狼랑)와 혼동되면서 '**호랑**(虎범 狼이리)**이**'라 불리고 있을 뿐이지요.

"**역사를 빼앗으려는 자의 독설**(毒舌)**과 폭력보다 백 배 더 무서운 것은 제 역사에 대한 소름끼치는 침묵**(沈黙)**과 무관심과 무식이다.**" - 다물

"신기루의 이야기도 아니고

하늘을 돌아 떨어진

별의 이야기도 아니고

우리 모두

잊혀진 얼굴들처럼

모르고 살아가는

남이 되기 싫은 까닭이다. "

-박인환의 詩 '얼굴'에서

"가장 중요한 것은 마음으로 봐야 잘 보인다는 거야. "

*어린 왕자 중에서

2부
한국인이 잊은
이 땅의 사람들

2부: 한국인이 잊은 이 땅의 사람들

인간은 **선조로부터 피와 뼈와 문화**(文化)와 **정신**을 이어받는다.
그래서 **백성은 역사의 시작이요, 역사의 맥**(脈: 혈맥)이라고 한다.
위대한 백성은 큰 역사를 이루어 후손에게 영광을 주지만, 어리석은
(얼이 썩은) **백성은 미약한 역사로 후손을 수치스럽게** 한다. 그런데, 우
리 땅을 지켜왔던 이 땅의 선조들은 어떤 분들이셨을까?

흔히 자조 섞인 말로 말했던 '**다른 땅보다 늦은 문명·문화로 열등
한 사람들**'이었을까?

그래서 지금의 '**엽전·헬**(hell)**조선·국뽕**'이라는 말로 **서로에게 끝
없이 상처**를 주며 사는 것이 우리 사회의 **숙명**일까? 그런데 우리는
'**우리**'에 대해 <u>무엇을 얼마나, 제대로 알까?</u> 그저 '외국인의 눈에 비친
우리'에서 한국인의 참모습을 찾을 수 있지는 않을까?

"세계유일의 분단국(휴전국)에서 살지만, 평화롭게 일상을 즐
기는 **대범한 나라,** 지구상에서 가장 기(氣)가 강하다는 말을 듣
는 사람들! **마음만 먹으면, 뭐든지 다 해내는 사람들! 약소국엔
너그럽지만, 유태인과 세계초강국들을 우습게 여기며 '–놈'** 자
를 붙여 말하는, 세계에서 유일한 사람들!

지구상에서 누구도 흉내 내지 못할 **경제기적을 최단시일에
뚝딱** 이루어버린 나라! **인터넷과 반도체, 전자와 조선, 초고속**

인테넷망이 세계 1위인 나라! 지구상에서 유일하게 문맹률 0%
대의 나라! 세계의 우수대학에서 **우등생 자리를 휩쓸고** 다니는
사람들, 지구에서 **평균IQ 105**를 넘는 유일한 나라!

　세상의 모든 소리를 낼 수 있고 신과 소통했던 신(神)의 언어
와 문자를 이어온 유일한 나라!

　지구상에서 **완벽하고 독보적 알파벳**(문자의 총칭)**으로서** 모든
언어가 꿈꾸는 최고의 알파벳, 알파벳 중의 별(star, 명품)**로서**
지금까지의 인류의 모든 발명품 중에 최고발명품으로 선정된
한글이라는 문자를 사용하고 **인쇄술까지 발명**하여 **책을 처음**
펴낸 나라! 세계에서 **국기**(태극기)**가 가장 아름답고 국가**(애국가)
가 가장 평화스러운 나라…, 세계인이 **가장 사랑하는** 민요 '아
리랑'의 나라…!"

　아시아에서 유일하게 K-pop으로 세계를 석권하고 그것도
전 세계인으로 하여금, **동쪽의 조그마한 나라의 언어**(한국어)**로**
떼-창을 부르게 하고 '얼~쑤, 지화자~'라는 감응을 불러올 수
있는 나라…!"　　　이 땅 에너지의 주인은 누구였을까?

역사의 맥, 백성(百姓)의 시작

참으로 불가사이한 한국인들! 그런데 **이 모든 의문의 키**(key)**가 오롯**
이 우리 땅과 사람에 있었습니다! 압록강 옆, 요동반도 위쪽(요령성 영
구 대석교시)에서 발굴(1974년 경)된 *금우산인(金牛山人)!

원시부엌까지 갖추며 불(火)씨 관리에 능숙했던 호모사피엔스(머리가 깬 인간, 슬기인간)화석이었지요. 탄소연대측정 결과 28만 년 전의 한국인(동양인종)의 시조모(始祖母)로 추정되는 초기 호모사피엔스! 그래요. 전 세계에서 불관리를 가장 잘했던 한국인의 조상이었으며 호모에렉투스(200만 년 전~, 호모사피엔스 전 멸종했다는 직립원인)와 호모사피엔스(20만~5만 년 전)의 사이, 즉 초기 호모사피엔스로의 인류진화의 과도기적 단계를 보여주는 유골이었지요.

인류학계는 충격에 빠집니다.

아프리카 에티오피아에서 발굴(1997년)된 16만 년 전 초기 호모사피엔스인 '이달투'보다 앞선 사람이기 때문이지요. 우리 땅이 다른 지역보다 훨—씬 일찍 '생각하는 인간'의 단계에 진입했을 가능성을 인정받은 것입니다. 즉 아프리카를 떠났던 호모에렉투스 중, 어느 곳보다 가장 진화한 호모에렉투스에 의해 직접 호모사피엔스(아프리카에서 온 호모사피엔스가 아닌)로 진화했을 가능성을 보여 주는 유골이었을 뿐 아니라, 처음부터 이 땅에서 그 힘든 빙하기를 이겨냈을 가능성이 찾아진 것이었기 때문이지요. 서양이 가르쳐준 인류학에서의 아시아는 호모에렉투스도, 호모사피엔스도 최소한 몇 만 년씩 늦게 들어온 미개지, 인류학의 변방이었을 뿐이었는데…?

여기에 2002년(4월)에 30만 년 전, 함경북도(화대군 석성리)에 살던 *화대사람의 화석이 용암 속에서 발견되면서 결국 한국은 28만 년(금우산인)을 넘어 세계적으로 최초의 고인(古人)인 호모 사피엔스(현생인류)가 출현한 발생지의 하나로 부각됩니다.(스페인 30만 년)

문제는 우리 강단사학계가 수수방관하는 사이, 지나학계는 '**차이나문명의 원류는 발해만의 발해문명**(랴오허문명)**이고 중화민족의 기원**은 (베이징인보다 진보적인 특징을 가진) **28만 년 전의 금우산인**(진뉴산인)**부터 였다**'고 발표하며 **한국인의 시조모를 가로채** 갔다는 것이지요.

금우산인의 유골 복원(심양의 요녕성박물관) 출처: 주간조선, 호모 에렉투스의 불
출처: redmaria.tistory, 평양 력포사람의 복원모형 출처: 국사관논총 제29집

평양 력포구동굴에선 호모 에렉투스와 현생인류(호모사피엔스 및 네안데르탈인)**와의 연결고리역인 *호모 하이델베르겐시스**(약 60~10만 년 전까지 생존)**로 추정되는, 10만 년 전 *력포인**(6~8세 소녀의 두개골)**마저 발굴**(1977)된 적이 있습니다. 그동안 '호모 하이델베르겐시스'(현 인류의 뇌용적, 평균 신장 180cm, 근육질의 몸)가 없는 것으로 **아시아를 인류학의 변두리로** 무시했었는데, **한국땅에도 호모 하이델베르겐시스가 있었던 것이지요.** 아하, 그래서 **한국인이 원래 컸던 것입니다.**

아시아 최초의 사람 발자국!

제주도에선 '**2만5천여 년 전** *사람(호모사피엔스) 발자국화석(100여점)'

이 말(馬 20여 점), **온대코끼리**(20여 점), **사슴**(1000여 점), 무려 **15센티가**
넘는 새발자국(250여 점) 및 **수천 점의 생물체화석**과 함께 발견됩니
다.(2001~4, 서귀포시 상모리·사계리) **짠! 5만여 년 전**(3만 년에도 유럽의
대부분이 빙하였을 때)에도, **지구상에서 우리 땅은 참 살기 좋은 곳이었**
나 봅니다.

세계인류학계는 또 충격에 빠졌고 〈문화재청〉이 주최한(2004.10)
〈사람발자국 및 동물화석 국제 심포지움〉에서 마틴 로클리 교수(콜로
라도대)는 '**제주도가 아시아 전역을 통틀어 최초로 고대인의 발자국이**
발견된 곳'이라고 말합니다. 그간 **무시되었던 아시아 제주도에서!**

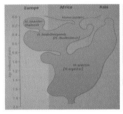

아시아를 인류학의 변두리로 만든 자료 출처: www.sciencemag.org, 「제주도사람발자국
화석의 비밀」과 마틴 로클리 교수 출처: KBS 〈역사스페셜〉

따뜻한 인간을 사랑한 땅

무엇보다 약 **4만 년 전**의 **후기구석기시대**에 살았던 신인 *흥수아이
(1982년 충북 청원 두루봉동굴, 발견자 김흥수의 이름 붙임)의 발견은 **후손의**
가슴을 찡하게 했던 사건이었지요. 특별히 **세계의 고인류학계에서 주**
목하는 것은 이 땅의 구석기와 신석기를 이어주는 고리역할의 인간이
라는 점과 네안데르탈인처럼 국화꽃을 가슴에 얹고 주위에 여러 종류

의 꽃을 뿌리는 등 **죽은 자를 소중히 여기는 장례(**葬禮**)로 매장**되었기 때문입니다. 어느 가을, 부모를 울리고 떠난 우리 땅의 아이이지요.

　*두루봉동굴은 구석기인의 돌(石)연장과 더불어 이미 **멸종된 동물**과 거대한 **동굴곰, 열대동물**인 코끼리 상아, 쌍코뿔이, 사자, 하이에나, 큰 원숭이, 꽃사슴 등 무려 **46종의 화석과 동물뼈**, 그리고 **약 20만 년 전**, 세계에서 가장 오래된 인물조각상이라는 '사슴뼈 얼굴 조각상'은 구석기시대 사람들의 **주술(**呪術**)과 정신문화를 이해**하는데 귀중한 자료였다고 하는데…!

　이렇게 우리나라 구석기 시대 연구의 획을 긋는, 지구상 몇 안 되는 구석기유물의 보고요, **인류의 소중한 유산**이고 **귀중한 관광자원**이지만, 지금은 폐광을 핑계로 **20m의 웅뎅이 깊은 물에…!**

충북 청원군 흥수아이(5~6세, 1m20) 출처: 충북인뉴스, 꽃이 뿌려진 흥수아이 출처: 문화유산채널, 두루봉동굴의 20만 년 전 사슴뼈 사람얼굴 출처: 국사편찬위원회

　여기에 **평양 승리산동굴 아래층**에서 발굴(1972)된 **10만 년 전** *덕천사람은 고인(네안데르탈인)에서 볼 수 있는 **원시적인 이빨**의 특징을 갖춘 오른쪽과 왼쪽 어금니, 반면에 **어깨뼈는** 고인임에도 현대한국인과 유사하여 **고인의 특성**과 현대 한국인의 특성을 **모두 갖춘** 귀중한 유물이었지요.

승리산 위층에서는 4~5만 년 전의 *승리산신인(아래턱뼈)이 발견(1972)되었는데, 높은 머리와 하관부가 넓은 **오늘날의 한국인 특징**을 그대로 전하는 호모사피엔스사피엔스의 유골이었습니다.

그리고 **평양시 만달리**에서 발견된(1979 두개골 1개, 아래턱뼈 2개, 골반뼈 2개 등) 2~3만 년 전의 *만달인은 후기 구석기시대의 **현생인류 단계의 인류화석**으로 가죽으로 **옷**을 지어입고 **언어**를 사용하고 **불**(火)을 지배하며 **조립식 도구**까지 만들었던 사람들이었습니다. 이 땅의 **고인돌과 피라미드**를 비롯 **집이나 배, 조립식 낚시** 심지어 유일하게 **청동검**까지 조립문화(의 원조)였던 이유가 괜한 것이 아니었지요.

이러한 **우리 땅 사람들의 발견**은 한국인의 가슴을 더욱 벅차게 했습니다. 이들은 <u>대를 이어 한국인의 특징</u>을 이루고 살면서, '**조립식 도구**'까지 만들 정도로 **높은 제작기술**을 갖추고 **흑요석**(칼날돌) **석기에 자루까지 달아** 많은 동물과 거대한 **맘모스까지 사냥**했던 뛰어난 지능과 높은 문화를 갖춘 호모 사피엔스사피엔스(슬기슬기 인간)였으며 무엇보다 유전자적으로 **현대 한국인과 똑같고 조상의 여러 특성**을 갖고 있는 '한국인의 선조'(先祖)였기 때문이었지요.

20만 년 전 우리 땅의 꼬끼리 상아 출처: 충북인뉴스, 평남 승리산사람의 복원모형 출처: 북한유물유적도감, 만달인 복원모형 출처: 국사관논총 제29집, 후기 구석기 시대 이 땅의 예술품 출처: KBS역사스페셜

이런데도 우리 땅에 '구석기 시대(1만 년 전?) 역사가 없었다' 구요? 더구나 **우리나라 땅**은 가장 오랜 역사의 땅으로서 **대부분 산성 토양**이라고 합니다. 그래서 **흙이 산기**(산성기운)를 품고 있어 **유물이든 인골**(인골 잔존 기간 150년 정도)**이든 금세 삭아서 없어진다**고 하는데, 이만한 인골과 유물이 나오는 것은 우리 땅이 **엄청난 인구와 유물의 땅**이었음을 웅변하는 것이라고 합니다.

삼천갑자 동방삭의 땅

이러한 우리 땅의 발견들은 세계적인 사건이었습니다.

그러자, 예전의 A. C. Wilson(캘리포니아대) 박사 등이 '**20~17만 년 전, 아프리카 이브**(최초의 호모사피엔스 여인)**의 유전자**(미토콘드리아DNA)**를 받은 단일후손만이 아프리카를 벗어나 세계로 퍼져나가 현 인류의 공통조상이 되었다**'고 발표(1987년 〈네이처〉)한 학설과, 미국의 유전학자 스펜서 웰스 또한 *The Journey of Man(인류의 여정 2004)에서 '**이브는 17만 년 전, 아담**(최초의 남성)**은 6만 년 전 혈통들만** 지금까지 살아남았다. **인류 최초의 남성과 여성은 아프리카인**(?)**이다**' 라고 발표하며 마치 아프리카 한 곳에서만 **호모 사피엔스**(현 인류)**가 기원한 것**처럼 회자되던 것에 **의문을 제기하는 큰 사건**이었지요.

그런데 지금의 **인류학에 대한** 솔직한 양심의 발언들이 쏟아집니다. N. Takahata 박사는 "**언제, 어디서, 어떻게 인간이 출현했는지, 충분한 화석 기록이 없다.**" 라고 말하고 프랑스의 미셸 브뤼네(푸아티에

대) 교수는 "우린 **인류 진화의 첫 장을 쓰고 있을 뿐이다.**"라고 하고 David Pilbeam(하버드대) 교수는 "나를 포함해서 학자들은… **어둠 속에서 헛손질을 하고 있는 것 같다. 우리의 자료는 너무나도 빈약하고 파악하기 어려워서 이론을 세워 볼 수가 없다.**"라고까지 회의적으로 말합니다. 이렇게 인류학자들조차 '**인류학**은 아직 **걸음마 단계**이고 **인류가 살았던 정확한 연대는 아직 알 수 없다**'라고 하는 정도이지요.

왜냐하면, **단순하지 않은 인류의 이동 과정**을 지금껏 발견된 **단 20여 개의 인류유골로 추측**하고 있을 뿐이고 여기에 **유전자로 추적할 수 있는 한계마저 기껏해야 15~20만 년**으로 단순히 유전학적 지식만으로 혈통과 민족을 정의하는 연구는 무리라는 생각에서이지요!

영화 '인디아나 존스'의 실제 모델인 로이 앤드루스와 공룡뼈화석 발굴 출처: 공감신문.
천손이의 걸음마 출처: 박상민 앨범, 아바타 나비족의 인사 'I SEE YOU'
(알씨유: 이제 당신을 봅니다!) 출처: 영화 아바타

여기에 북한학자 장우진의 '**한**(환)**겨레는** 한반도에서 **발생**된 이래 **고유한 혈청학적 유형을 이루고 혈연적 공통성을 발전시키며 진화해 온 민족이었다**'는 **혈청학적 연구**(적혈구혈액형인 레주스식Rejuseu 혈액형 중 D항원의 양성자가 99.71%로 세계적으로 가장 높다)**가 발표**됩니다.

이 연구는 **한겨레가 우리나라에서 형성된 이래 고유한 혈청학적 유형으로 혈연관계를 이루고 발전해 온 사람들**이었다는 증거였지요!

여기에 우리 땅(한머리와 만주)은 이 고유한 사람들에 의해, **최소한 100만 년 전의 구석기**에서 중석기, 신석기가 일관되게 계승되면서 '**신석기 4대문명**'이라는 **세석기와 마제석검, 거석문화와 빛살무늬토기, 채도**가 모두 중첩되는 세계 유일의 장소였습니다.

여기에 **농업혁명의 시작이라는 벼농사문화와 신석기 혁명의 상징인 개를 처음 가축화**하여 수렵을 시작하고 또한 **신석기혁명의 시작이라는 토기를 처음 제작한 땅**이었다는 것은 '우리 땅이 인류의 시원지'임을 누구도 부정 못할 증거였던 것이지요.

그래요. **우리 땅은 천혜의 자연과 풍부한 식량자원**을 토대로 한 문명발생의 최적지(북위 15°~45°)로서 **100~70만 년 전부터 후대까지 전 시대에 걸친 유적들**이 발굴되고 **세계적으로도 특이**하게 전기 구석기인인 1**원인**(*호모 에렉투스: 직립인)에서 가장 이른 2**고인**(*호모 사피엔스, 금우산인, 검은모루동굴인, 력포사람, 덕천사람)으로, 후기 구석기인인 3**신인**(*호모 사피엔스사피엔스)**으로 이어져 일관되게 진화**(古인류가 단절되지 않고)하며 **몽골리안과 아리안인종, 유럽형 등 여러 인종과 섞이며** 서서히 **우리 고유의 한국인의 겨레가 형성되면서** '인류의 뿌리문명'을 열게 된 것이지요!

따라서 20~17만 년 전에 인류(소위 아프리카 이브의 후손)가 아프리카에서 출발하여 지구의 끝인 한반도까지 도착했다는…?

그래요. '아프리카 가설'은 많은 의문을 갖게 된 것입니다. 왜냐하면, 우리 땅엔 20만 년 보다 훨씬 전의 호모사피엔스가 있었고 이들이 대를 이어 살고 있었기 때문이지요.

그래서 우리의 선조는 '삼천갑자 동방삭'(三千甲子 東方朔)이란 말을 써왔던 것입니다. 지금은 **삼신**(마고)**할머니**와 같은(?) 시대에 살았던 **'동방삭이란 사람이 3천 갑자를 살았다'**는 전설로 변해 전해지지만, 사실은 음-, 그러니까 전설로 왜곡되어 전해지지만, 사실은 **해**(日)**가 나무**(木)**에서 즉 문명이 떠올랐던 동**(東)**방의 역사**(삭)**란**, 3000×60(갑자)**=18만 년**, 우리 땅 동방(東方)의 역사가 다른 곳과는 비교가 안 되는 땅이었다는 자부심을 드러내는 말이었습니다. 그래요. 그 유명하다는 외국의 학자들조차 현 인류의 어버이의 땅의 깊고 오묘했던 역사를 배제한 채 연구를 했기에 빚어진 오류였던 것이지요!

이러한 점에서 윤내현교수와 윤복현교수를 비롯한 남한과 북한의 학자들은 서양학자 중심의 인류의 〈아프리카 단일기원설〉을 부정하고 〈**다민족기원설**〉에 의거한 〈**본토**(한국땅)**기원설**〉을 주장합니다.

미국 워싱턴대 앨런 템플턴 교수와 미시건대의 고생물학자들 또한 인류의 '아프리카 이브 기원설'을 부정하고 있으며 인류학자이자 탐험가로서, 영화 〈인디아나 존스〉의 실제모델로 유명한 **로이 채프만 앤드류스**(뉴욕자연사박물관장)와 **에른스트 해켈**(Ernst Haeckel) 등의 학자들은 **'많은 곳에서 인류가 기원'**(다민족기원설)했으며 심지어 **'현생인류**(지혜로운 사람)**의 기원이 아프리카가 아닌** 아시아(아시아기원설)**였음**을 주장하지요. 사람이 아닌 '문화인은 아시아에서 나왔다'는 것입니다!

그리고 '호모 사피엔스의 기원도 알려진 **20만 년보다 훨~씬 전**이 었을 것' 이라고 말합니다. 여기에 **W.M.브라운 교수**(캘리포니아대학) 는 "**36~18만 년 전에는 아시아**에는 대협인(호모사피엔스)이, 유럽엔 네안데르탈인이 있었다. 아시아의 대협인이 **네안데르탈인을 소멸**하 고 **황색인, 백인, 흑인의 조상**이 된 듯한 **유전인자가 있다.**"

그래요. 이 말은 **네안데르탈인을 소멸했다고 알려진 뇌가 컸다**(현 대인보다)**는 크로마뇽인이 아시아**(우리나라)**로부터 나온 사람들**이었을 것이라는, 그래서 크로마뇽인의 후손이라던 유럽인의 자부심을 와르 르 무너뜨리는 충격적인 발언이었지요.

여기에 남부의 하버드로 유명한 에모리(Emory U, 윤치호 선생이 애국 가 작사한 곳) 의대의 월레스(Douglas Wallace) 교수팀마저 '**Eve가 살았 던 곳**은 아시아지방 중국(?) 남동부(옛 한국인의 땅)**였을 것**'이라고 주장 을 하면서 지금까지의 인류학이 부정되기에 이릅니다. 〈KBS 다큐멘 터리팀〉이 '**코리안 이브는 여럿이었음**'을 방영했던 이유이지요.

*(**우리 땅**이 인류 최초의 문화 발상지였으나 **남한정부**는 주장은커녕 재팬과 지 나 그리고 서양의 **눈치만 살피며** 찍소리도 못하고-, 여기에 **강단**(학교)**사학자** 들은 **왜곡된 역사책만 되풀이** 하면서 **오히려 지나의 동북공정을 돕고** 있는 것이 문제이지요. 이것이 '**우리나라**'예요!)*

"**극동의 성배**(聖杯)**민족을 찾아 경배하고 그들을 도우라.**"

-루돌프 슈타이너(1861~1925)

한국인의 형성

우리 한국인은 어떻게 형성됐을까요? 유전학자 스펜서 웰스는 '모계 DNA 분석 결과 한국인은 만주족과 북방한족, 재팬인과 상당히 친연성을 갖고 있으나 반면 남성(Y)염색체 분석 결과는 (시베리아, 바이칼이 아닌) 동남아시아나 남중국(옛 우리나라)으로 쌀농사를 기반으로 이동하며 정착했다' 고 말합니다. 단국대 김욱 교수 또한 '우리 겨레의 뿌리가 50% 이상 그 기원이 남방과 관련 있음을 확인하게 된다.' 라고 발표(동아일보 2006.7.21)하여 우리의 정체성의 근원이 이른 벼농사로 인류의 신석기 혁명을 선도했던 남방계였음을 알게 합니다.

울산과학기술원(UNIST) 〈게놈연구소〉와 영국 · 러시아 · 독일 등 〈국제 연구팀〉은 동간도 블라디보스토크(러) 위쪽 *악마의 문(Devil's Gate) 동굴에서 약 7천7백 년 전 신석기시대 고대인(1973 발견)의 게놈(genome 유전자 족보) 분석을 완성합니다. '동굴인이 한국인의 조상과 거의 같으며 현대 한국인의 조상이 북방계보다 남방계에 더 가까운 남방 · 북방계의 융합으로 형성되었다' 이 사실은 〈사이언스 어드밴스〉에 발표되지요.(2017.2.1) 그런데 이곳은 아시아에서 가장 오래 된 직물이 발견된 곳이기도 합니다.

악마의 문 동굴 출처: TV조선, KBS 뉴스광장

남남북녀(南男北女)

혹자는 우리나라의 '**남남북녀**'를 단순히 남쪽엔 남자가 잘 생기고 북쪽엔 여자가 예쁘다 라고 알고 있으나, 정말 그럽디까? 여기에는 인류의 수수께끼를 푸는 엄청난 비밀코드가 있었습니다. **인류학자들의 공통적인 주장**은 '**사람**(호모사피엔스)**은 더운 남쪽지방에서 생겨나**(남방기원설) **점차 지구상의 넓은 지역으로 퍼졌다**'는 것이지요.

그리고 **한국인의 경우, 크게 2갈래로 형성**되었다고 하지요.

하나는 **히말라야산맥 북쪽을 돌아 시베리아를 거쳐 내려왔던 1북방계**와 또 하나는 **인도양과 아시아 남쪽해안을 따라 이동해 온 2남방계**였다는 것입니다. 잠깐, 동남아 해안을 거쳐 온 남방인이 **지금의 동남아인**은 아니었습니다!

차근차근 보죠. 1-1**북방 몽골로이드 유목계 한국인**(타원형의 긴 얼굴, 높은 광대, 긴 코, 쌍꺼풀이 없는 가는 눈), 여기에 1-2**북방 유럽계 한국인**(신석기시대까지 한반도와 몽골에 걸쳐 살았던 유럽인 선조의 일부), 그리고 **일찍이 땅에 정착하여 농경과 목축과 고래잡이를 시작했던** 2-1**남방계 한국인**(세모·네모난 얼굴, 짧고 넓은 코, 쌍꺼풀의 큰 눈)과 2-2**남방계**로서 우리 **땅을 지나 만주를 거쳐 북쪽 흑룡강**(아무르강) **쪽으로 동시베리아 평원지대에 도착한 뒤, 수렵과 유목민으로 피부가 희어져** 다시 부메랑처럼 이 땅을 찾은, **북방계가 되어버린 한국인** 등이 있습니다.

그래요. 1만2천 년 전 온난기로 빙하가 녹자 우리 땅의 초원은 물로 사라지고 북쪽에 새로운 초원이 생기면서 **이 땅에서 시작된 가축들을 몰고 초원길을 따라 북쪽으로 이동**하여 아무르강으로, 바이칼

호수로 올라갔던 사람들이 있었던 것이지요. 그래서 **아무르강**(아–물, 흑룡강) **지역이 우리와 문화가 유별나게 비슷하다**는 것이고 나아가 이제마(1838~1900) 선생의 **'사상의학'**(四象醫學: 체질에 따른 맞춤의학)이라는 위대한 업적의 유전적 근거 또한 설명될 수 있는 것이지요.

유럽인보다 흰 피부 한국인

한국인이 예부터 한국의 미인(美人)의 기준을 '칠흑 같이 **검은 머리와 눈썹**에 **백옥**(白玉)**같은 피부**'에 두고 **투명하고 매끄럽고 흰 얼굴과 몸을 선망**했던 것은 열등의식이 아닌, 우리가 오히려 유럽인보다 흰 피부를 가지고 있었기 때문이었습니다.

〈북한사회과학원〉은 **'한국인**(현재)**의 피부색이 아시아인종 중 가장 백인종에 가깝다**'라는 연구보고서를 내놓습니다. **피부지수 0**(백인)**~4**(흑인)에서 **한국인은 0.55**(재팬 0.85 북중국 1.06 남지나 1.49)로 **한겨레는 어쩌면 유럽인**(오히려 빨갛고 더 검다)**보다 더 흰 피부**를 가진 **이가 많다**는 것이지요. 혹자는 한국인의 **50% 이상**이 **남방을 기원**으로 하고 있다고 하여 세계적으로 검을 것으로 알고 있지만, 실은 이미 이 땅으로 북상하여 점차 **희어진 남방계사람들**, 그리고 북쪽으로 갔다가 **북방계가 되어 하애서 돌아온 북방남방계**, 여기에 오랫동안 햇빛이 부족한 **북방에서 지내며 하얗게 되었던 원래의 몽골로이드와 유럽계**, 결국 이들이 **황해평원에서 만나** 우리(동이)의 겨레를 형성했기 때문이었습니다.

모든 인류(황인, 백인, 흑인이건)의 **유전자가 99.9% 일치한 형제**(겉으

로 드러난 차이는 0.1%)라고 하지만, **남북**(南北)**과 동서**(東西)**의 몸과 맘들**
이 누리마루(세상의 하늘)였던 한머리 우리 땅에 모여 만물이 화합하듯
태극(太極) **속에서 큰 조화**(cosmos 어울림)**를 이루고 호모 사피엔스**(현생
인류)**다운 문화를 시작했다는 것이** '남남북녀'**의 진정한 의미이지요!**

그래서 '음양'(陰陽)의 상징이 되고 혹은 '**천지인**'(天地人)**의 어울림이**
되면서 한국인의 상징인 '태극'(◉)의 기원이 되었던 것입니다. 따라서
기러기(원앙새)나 표주박에 '**청실 · 홍실**'을 얽어 붉은 실(신부 쪽)과 푸
른 실(신랑 쪽)이 되어 **상생의 연**(緣)**을 맺는 '전통혼례'나 또 우리와 조**
화를 이룰 아주 귀하고 소중한 손님을 모실 때, 불을 밝혀 왔던 '청사
초롱'이 다 남남북녀의 문화에서 비롯된 것이지요.

광복70년 광화문광장에 태극기 출처: 태극기를 부탁해, APEC정상회의장 청사초롱
출처: 정책브리핑, 전통혼례 출처: 그린로즈컨벤션, 평창동계
올림픽 개회식 청사초롱 출처: 노컷뉴스

이 땅의 백성(百姓)들

충주댐으로 수몰마을이 된, 청풍명월의 마을, *제천시 황석리(13호 유
적지)에선 **고인돌에서 돌검과 함께 유럽인의 조상으로 여겨지는 인골**
(BCE970 or BCE450~410)**이 발굴**됩니다.(1965) 예수는 물론 공자나 석
가모니보다 어쩌면 **소크라테스**(ㄱ)**와 같은 시대에 살았을 사람들!**

인골 분석을 맡은 서울대팀(의대 나세진·장신요 박사팀)은 "인골의 **신장은 1m74 정도, 두개골과 쇄골, 상완골 등 모든 부위에서 현대 한 국인보다 크다.**" 라고 발표하고 김병모(한국전통문화학교) 총장은 '두개 장폭지수(이마에서 뒤통수의 길이 : 귀와 귀 사이의 길이의 비율)가 **한국인의 경우 100대 : 82~80**(단두형 cf서양인 73~70장두형)인데, *황석리 인골 의 지수가 66.3인 것으로 보아 이 인골은 **한반도로 이주한 초장두형 북유럽인**일 것'이라는 결론을 내립니다.

　얼굴 복원 전문가인 조용진(한서대) **교수** 또한 '왼쪽 이마가 볼록하 고 코가 높으며 얼굴이 좁고 길며, 이가 큰, **북방계통의 서양인의 얼 굴형과 거의 같았으며 황석리 인골의 특징을 가진 사람들**이 지금도 남한강변인 원주와 충주 지역에 집중적으로 살고 있고 제천의 산간지 역 사람들에게도 나타난다.'고 말합니다.

　그리고 강원도 **아리랑**(알이랑)**의 고향**, *정선군 아우라지에서 고 인돌과 함께 출토(2005년)된 사람 **뼈** 또한 서울대 신동훈 교수(의대 해부학)의 인골 유전자분석 결과, '**3천 년 전 키 170cm 정도의 남성 으로 영국인과 비슷한 DNA 염기서열**이었다'고 하고요. 또한 *부산 가덕도에서 7천 년 전 신석기시대의 유골 48구 중 일부가 **7천 년 전 독일 중부지역에서 발굴된 유럽모계유전자**(H형)**와 같은 유전자의 유 럽여성**이었고 **굴장**(태아처럼 팔다리를 구부려 옆으로 묻음)**과 도기**(그릇) 는 **옛 독일 것과 같다**는 것이 보도됩니다.(KBS파노라마 2014. 9)

　그래요. **인도·유럽어족**의 근원인 아리안족의 유골과 거의 유사 했던 것이었지요.

충북 제천시 황석리 서양체형 인골 출처: 황영일 교수, 복원상 KBS1-TV 역사스페셜, 정선 아우라지 인골 출처: 강원문화재연구소, 가덕도에서 7천 년 전 유골 아리안의 굴장(우) 출처: KBS파노라마

윤복현 교수는 "**부산 *가덕도에서 발굴된 유골**(BCE5000)은 **아시아 지역 유목민족**으로, 인도 · 유럽으로 이주하여 백인들이 사용하고 있는 **영어의 기원이 되는 인도-유럽어족을 형성한 아리안**(아리랑)**족의 유골구조와 거의 유사함**이 증명되었다. **아리안족이 바로** 한반도인들의 후예들임을 입증한다." 라고 말합니다.

그런데 **동경대와 중국과학원이 공동으로 연구한 학술지**에 "2500년 전, (한국인의 옛 변방인 지나땅 동쪽) ***산동성 임치**(臨淄 Linzi)**사람들의 유전자가 독일인이나 북유럽계와 가깝다**. 차이나의 전국시대를 겪은 후 2000년 전의 ***임치사람들은 중앙아시아 사람들의 유전자와 가깝다**." 라는 논문이 발표(2000.08.10.)되면서, 우리 땅의 '**서양인유골의 출토의 미스터리**'가 베일을 벗습니다.

아, 이랬던 것입니다! 큰 울타리 '우리나라'(서해와 남해가 바다가 되기 전부터)에는 **지금의 일부 서양인의 조상뿐만 아니라** 진화된 인종들이 모이고 흩어지면서, **시 · 공간적으로 함께 살던 땅**이었던 것이지요. 그래서 *부산 가덕도에서 다양한 부장품만큼이나 **많은 인골들이**

각기 다른 매장법이 발굴되었던 것은 **많은 인종의 씨족집단들이 함께 문화를 공존하고 있는 소통의 사회였을 가능성**을 말해 줍니다.

그래요. 지금은 미세먼지를 우리에게 뿌리고 우리의 바다로까지 들어와 횡포를 부려 안 좋은 이미지를 주고 있지만, *임치사람들이 살았던 산동성은 대대로 '우리나라'의 서쪽으로서 한국인이 살아오던 밝은 땅(밝달)의 일부였을 뿐, 임치에서의 '서양인유골의 출토는, 한머리땅에서 구석기 시대 출토된 유골의 2/3 가량이 장두형(서양형)이었던 우리 땅의 궁금증과 맥을 같이 하는 것이었습니다. 그래서 한국을 찾은 외국인들은 한결같이 '한국인이 동양인 중에서 키가 가장 크고 피부가 하얗다'고 말하는 것이지요!

아, 이미 7천 년 전부터 많이 동쪽에서 이동했다는 서양인들(훗날 아리안)! 지금의 유럽인의 조상들이 이 땅에서 선한국인과 함께 어울려 살다, 이 땅이 점점 더 바다가 되자, **중앙아시아로, 더 서쪽으로** 험한 기후와 박토임에도 **하염없이 떠나갈 수밖에 없었던 사람**(알이안, 아리안)들의 애틋한 역사일 수 있었음을 알게 합니다. 여기에 거대한 시원국(단군조선)마저 망하고 점차 북방 몽골계인들이 본격적으로 남하하자, **일부 유럽인의 조상과 혼혈된 많은 인종의 사람들**이 또 다시 **2500년에서 2000년 전 사이에 우리 땅을 떠나갔던 것**이지요.

이것이 **신석기 시대**에 와서 우리 땅에서 급격히 **장두형의 비율이 줄어들고**(떠나가고) **단두형**이 되는 현상의 이유입니다. 서기전 6세기 무렵까지도 함께 만물과의 조화를 생각하고 사람을 애틋이 여기며 태양(을)을 숭배했던 밝은 백성들이었지요.

지금 **유럽인들 중 아리안족임을 자부하며** 살아가는 이들이 많다고 하고 전 세계인이 뜻도 모르면서도 '알이랑'(아리랑)을 **가장 아름다운 곡으로 꼽는 이유**가 이런 까닭일 것입니다.

한국인만의 말, 백성(百姓)!

1**百**(많은) **가지의 씨족**(氏族=姓)이 복잡다단한 과정으로 모여 2**밝게**(白) **이루어진 땅의 사람**이었기에 예부터 우리는 '국민'이라 말하지 않고 '백성'이라 말해왔던 것이지요.

에른스트 오페르트는 그의 *금단의 나라: 조선기행(1880)에서 "**한국인은 차이나인이나 재팬인보다도 크고 튼튼한 체격**이며, 일반적으로 **얼굴이 기분 좋은 인상**을 주고 **정열적인 성격**을 지니고 있다. -중략- 만일 조선인들이 우리의 복장을 하고 있었다면, 그들을 **유럽인으로 착각했을지 모른다.**" 라는 기록을 남겨 **우리 땅이 크고 밝고 건강한 사람들의 조화로운 땅**이었음을 알게 합니다.

지금 반쪽의 대한민국으로도, 찬란하고 놀라운 한류를 일게 하고, 늦은 경제개발에도 **세계의 경제기적**을 일구고, 외적의 침범 때도, 힘겨운 **IMF 때도 함께 단결로 이겨내었던 것도, 세계 제1의 두뇌**로 각종 대회에서 두각을 나타내고 스포츠에서 큰 서구인과도 **당당히 대결**할 수 있는 것이 다 우리가 백성의 나라였던 까닭입니다.

> **"어제와 똑같이 살면서 다른 미래를 기대하는 것은 정신병 초기증세다."**
> −아인슈타인

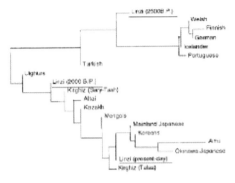

2500년~
2000년 사이
산동반도
임치인의

변동 동경대, 중국과학원 공동 학술지 출처: http//tech.sina.com.cn, 조선후기 풍속화가
신윤복(申潤福: 1758 ~?)의 미인도 2008 출처: 간송미술관

백성은 현 인류의 뿌리겨레

요즈음 '우리가 단일민족이 아닐 수도 있다'는 발표로 크게 실망하거
나 우리의 정체성을 의심하는 분위기도 있으나, 유럽에서 민족적 혈
통에 자부심이 제일 강하다는 **프랑스조차 3대**(약 100년)**가 프랑스에
서 거주하고 있는 사람**(순수 프랑스인의 기준)**이 20%도 되지 않았다고**
합니다.

반면, **우리 한겨레는** 현 인류의 문명·문화를 시작한 오랜 태곳적
뿌리겨레임에도 겨우 **서너 갈래**(?)**로 겨레를 형성했다는 것은 대단히
집약적인 나라였음을 알 수가 있지요.** 한마디로 세계에서 한겨레 같
은 민족의 구성은 거의 없다고 하며 **아시안 중 한국인이 유럽인과 가
장 닮지 않았다는 것** 등으로 우리는 단일겨레라 해도 결코 무리가 아
니라고 합니다. 우린 세계인에게 우리 **한국인의 유전인자와 문화를
전파했을 뿐, 동쪽 끝에서** 뿌리겨레의 본질을 **지켜왔던** 세계에서 유

일한 단일겨레인 셈이지요.

인류사 왜곡의 단초

여러분, 지금 많이 혼란스러우시죠? 작가 헤르만 헷세의 *데미안에
는 이러한 글이 있습니다. "태어나려고 하는 자는 하나(자기)의 세계
를 파괴하지 않으면 안 된다." 라고. 그리하여 기존의 틀(가치관, 인식)
을 깨고 '아프락사스'(양면을 인식하는 신)를 향하라고 합니다. 편견에
빠져 평생 편협한 인식의 틀에서 벗어나지 못하는 한국인에 대한 일
갈이지요.

아프리카에서 발견된 *돌연변이 원숭이(600~350만 년 전)!
영국인 비틀즈의 노래인 'Lucy in the sky with diamond'가 울리는
중 발견되었다고 하여 *Lucy라는 서양의 이름을 갖습니다. 원숭이
와 인간(호모)의 중간, 징검다리 과정, 즉 인간으로의 시작이라는 화
석(오스트랄로 피테쿠스)이 아프리카에서 발견됨에 따라 아프리카가 당
시 지구상에서 유일하게(?) 살기 좋은 지역으로서 '현생인류(호모 사피
엔스)의 기원지였을 것'으로 알려지게 되지요.
또한 인류 최초의 여성(루시)과 남성(이달투)을 서구종교의 주인공

인 *아담과 이브라 명명하면서 현 인류의 문명이 마치 서양에서 기원한 것 같은 오해를 빚게 되고 여기에 아시아는 '현생인류(네안데르탈인과 호모사피엔스)의 중간고리역(하이델베르겐시스)이 없다'고 단정하면서 인류학의 변두리로 내몰아 버립니다.

이렇게 영국을 비롯한 유럽과 미국의 주도하에 인류학이 시작되면서, '동양의 역사는 아프리카의 변방이며 서양사의 가지'인 것 같은 고정관념에 빠지게 되고 20C 들어 세계의 질서가 유럽의 원칙에 길들여지면서, 자연 '서양의 문명 · 문화는 일류(top) 선진문명이고 서양에서 멀어질수록 미개한 문명'이라고 세뇌됩니다.

이렇게 '근동(가까운 아시아), 중동, 극동(먼 아시아)'이라는 오리엔탈리즘(Orientalism: 아시아다운 것=아시아열등의식)에 젖어 살게 되고 여기에 '한국의 역사란 중국의 변두리역사에 지나지 않을 것'이라는 왜곡된 역사교육으로 인해 우리는 주인(主人)의 역사를 잊고 나그네의 역사로, 인류문명과 거리가 먼 지구의 변방국가로 전락합니다. 어느덧 중심(中心)을 잃고 유럽을 기준으로 말하는 '극동의 동북아시아'라는 말을 아무 생각 없이 하며 살아가고 있는 것이지요.

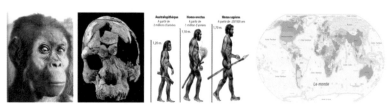

오스트랄로 피테쿠스 아파렌시스(남쪽 원숭이 루시) 출처: egloos, 16만 년 전 호모사피엔스 '이달투(형님)' 출처: 동아일보, 인류(Homo)의 진화과정 출처: 해리씨 코멘터리, 유럽인 머릿속의 극동아시아와 COREA 출처: 프랑스판 세계지도 안계환 인류문명연구소

오리엔탈리즘(동양적 열등의식)의 굴레들(5)

여기에 *동·식물의 종(種 씨 seed)의 학명이 희랍어(그리스어), 라틴어(로마어)로 표기되면서 어느덧 '생명과 인류의 기원지는 아프리카(?)' 또 '학문·과학의 시작과 모든 길은 유럽(?)'이라는 편견이 굳어집니다.(예: 호모Homo: 사람-희랍어, 에렉투스: 곧게 선-라틴어, 사피엔스 Sapiens: 생각하다-라틴어)

그리고 지구의 첫(?) 문명인이라고 알려진 **수메르문명을 백인문화**로 끌어들여 **인류의 종교와 문명·문화**가 백인에게서 전파되었다는 **기독교중심의 서양역사관**을 깔아 서구백인문화의 우월주의를 깊게 심어 놓습니다.

게다가 하늘의 별과 별자리는 〈국제천문연맹〉이 창설(1919년)되면서 전 세계의 하늘(별자리)을 통일시키죠. 그때 **서양별자리 88개가 세계의 공통 별자리**로 됩니다. 사해(온 세상)를 돌며 물을 나누어 주는 한국인의 별, *북두칠성은 한국인의 물국자가 아닌 **서양의 큰곰자리**의 **꼬리부분**으로 알려지고 하늘의 태양을 지키는 천손 한국인의 별인 *삼태성(삼형제별)은 **역시 큰곰자리의 발바닥**이 되면서 잊혀-집니다.

이렇게 **하늘을 맨 처음 관찰하고 하늘의 질서를 지켜왔던 천손 한국인**은 *자기의 별(북두칠성, 삼태성, 견우성, 직녀성…)마저 다 잃어버리면서 하늘의 큰 정신과 꿈과 상상력을 잊으면서 **고독해져갔지요.**

여기에 **서양의 서기(西紀)연혁이 강요**됨으로써 마치 '**문명·문화의 중심과 시작은 서양**'이라고 인식되고, **한 해의 시작을 로마시절**

에 쓰던 양력 1월1일로 시작하여 달력을 넘기고, **설날을 구정**이라, 마치 천덕꾸러기 부르듯 하고 **하루의 기준은 영국의 그리니치 천문대** (Greenwich observatory)**의 시각**을 쓰고 그것도 재팬의 동경의 시간을 빌어쓰는 사이 우리는 '시간(時間: 역사)의 주인자리'는커녕 재팬의 셋방꾼으로 전락하고 맙니다.

이렇게 **인류사의 왜곡**은 **진화**하게 된 것이지요.

영국의 사상가 베이컨(Francis Bacon)은 '극장의 우상'(偶像)을 발표하여 학문적 패러다임의 지배로 인해 자신의 소신이 없이 **권위나 전통을 무비판적으로 맹신하는 편견들**을 우려하면서 이 **고질적인 우상들로부터 자신을 지키지 않으면**, 진리조차 얻을 수 없는 곤경에 빠질 것을 경고했었는데…!

그런데 우리가 누굽니까? 책 하나 안 읽고도 석학(碩學)의 입을 틀어막을 수 있음을 자랑할 수 있고 심지어 조상님의 자부심으로 전해온 '배달'(倍達: 인류문명을 밝힌)이란 글자마저 **치킨이나 짜장 배달**(配達)하는 말로 바꾸어 쉽게 '**배달의 민족**'이라며 **농까지 할 수 있는**… **떨리도록 무서운 몬스터로, 견고한 고집통, 무뇌**(無腦)**의 좀비로 추락**해버린 사람들 아닙니까!

그래서 4년마다 열리는 지구축제인 올림픽(Olympic)의 성화가 **그리스 헤라신전에서 채화**되어 전 세계를 도는 영상을 보고 **쿠베르탕 남작**(1863~1937)에게 감사하면서, 마치 **유럽의 어머니로부터 불**(문명·문화)**을 받는 순한 사생아**가 되어 '**스포츠와 철학과 문화의 뿌리가**…

서양에서 비롯되었다'고 무한한 숭배를 드리지요.

그러하기에 허리우드 영화에서 서양인은 언제나 군림하는 주인이고 **동양인은 하인이나 세탁소 허드레 역할을 아주 당연하게**(오리엔탈리즘) 받아들이고 이젠 겨레를 말하고 역사와 문화를 말하면, **오히려 모자란 사람이나**, 역겨운 치한처럼 여기는…, 그래서 이젠 우린 왜곡된 역사에 분노할 줄도 모르는 사람들이 되어버렸습니다.

아, 역사의 사생아로 패배의식의 굴레를 못 벗어나는 한국인들…!

큰곰자리의 꼬리 북두칠성 출처: *박석재의 우주이야기, 올림픽성화 점화 출처: 런던 올림픽, 영국 그리니치 천문대 출처: 포토로그, 미국동화책의 이솝우화 '금도끼은도끼' 출처: 나무위키, 제목 '죄인들' 일제강점기 칼로 옥죄어진 조선인들 출처: DongA. com

이렇게 우리가 **하늘**(의 별)과 **인류문명·문화의 시작**(start)과 **시간**(時間)과 **공간**(空間)을 **하루의 시작**을 서양에 내주고 얼을 잃는 사이, **인류의 역사는 본말**(本末 뿌리, 잎사귀)**과 주객**(主客 주인, 나그네)**이 바뀌며 진정한 조상을 잊게 된 것**이지요.

지금도 우리의 아이들은 조작되고 윤색(과장되게 꾸미거나 미화함)된 '**그리스·로마신화**'와 **이솝**(Aesop)**우화**로 그리스를 동경하면서 동양을 무시합니다. 그것이 어디에서 유래된 이야기인 줄 모르고…! 그래서 어릴 적부터 **자신의 배꼽이 그리스와 로마인 줄 알고**

어른이 되어서 **제 조상의 신화를 미신이라고 조롱**하고 **미련한 곰** (bear)**이었다고 저주를** 퍼부으면서 조상과의 **탯줄을 끊고 자신의 역사와 뿌리에 눈 감고 귀 막으며 '이방인'**(stranger)**으로 되어갑니다. 이렇게 **한국인은 자신의 정체성**(identity)**으로부터 도망치는 데 평생을 다 써 버립니다.** 그래서 깊은 인류사를 모르는 재팬인이 지은 * 로마인 이야기라는 책이 베스트셀러가 되어 **한국인을 더욱 어두운 동굴로** 가두고 있는 것이지요.

지금껏 사대모화사관이나 식민사관, 또 서양 중심의 오리엔탈리즘의 눈으로 배웠던 역사(문화), 거기에 **북쪽의 기마인종만이 천손이고 위대한 역사**라는 '편견의 틀'에서 벗어나지 못하는 한, 우리는 결코 겨레의 아름다운 혼을 볼 수 없기에 밝은 미래를 후손에게 넘겨 줄 수 없을 것입니다. 사실 지금의 한국인들은 **어디서부터, 어디까지가 우리의 참역사**인지 가늠조차 못하고 살아가는 실정이지요!

그러나 여러분들이 이 글을 함께 해 주신다면,
'서양의 그 유명한 이솝우화가 인도의 고전을 가미한 것'이었음이 세계의 학자들에 의해서 드러나듯, 언젠가 가려진 우리의 거대한 역사도 **엄청난 모습으로 세상에 드러낼 날**이 멀지 않을 것입니다. 이제 더러운 잠에서 깨어 조상을 찾으면 참 좋겠습니다!

한국인이여, 아프락사스!

"고정관념이 멍청이를 만드는 거야!"

정주영 현대그룹 왕회장(1915~2001)

백남준, 한국인을 깨우다!

자신(自信)감과 자부(自負)심과 자존(自存)감으로 지구촌을 놀이터 삼아 진정으로 자유로웠던 한국인이 있었습니다. 범지구적 전자굿판을 한 판 크게 벌이며 **인간과 인간의 진정한 참여와 소통을 일깨우고 자연과의 하나됨**으로 우주적 상생(相生)과 화합(和合)을 촉구했던 세계적인 선구자, 그래요. 1984년 1월 1일에 벌어진 위성아트쇼 '굿모닝 미스터 오웰'을 통해 이 날이 전지구촌의 소통으로 밝은 세상이 시작되는 첫날, **진정한 21세기의 시작**이라고 선언하며 **인터넷시대를 예고했던 한국인!** 그래서 세상은 그를 '문화황제'라고 불렀습니다.

이미 1962년, "황색재앙, 그것이 바로 나다"(Yellow PERIL! C'est moi) 라는 편지(to마키우나스)로써 과거 황색유목정복자였던 **아틸라와 칭키스칸에 대한 유럽인의 트라우마**(공포)를 건드리며 **백인중심사회의 헤게모니에 정면으로 도전장을 내었던 한국인 백남준**(1932~2006)을 기억합니다.

세상을 거느렸던 '단군'을 닮고 싶었던 글로벌 노마드(유목민) **작가!** 그는 1965년, 독일 아헨공대에서는 '**황색 의자들**' 이라는 퍼포먼스 중 엉덩이를 까 자신의 선명한 반점(한반점, 마고반점, 삼신반점)을 보입니다. 백남준은 이렇게 황색인종의 혈통을 무한히 자랑스러워하며 서구사회에서 **자신의 인종적 정체성을 밝히는 커밍아웃**(coming out the closet: 벽장 밖으로 나오다)을 행합니다.

> "무엇을 하려면, 우선 열등감이 없어야 한다." - 백남준(1932~2006)

아이폰과 인터넷과 sns시대를 예고했던, 그래서 누군가 말했듯 '천 년을 써먹을 문화자본'을 우리에게 일깨우고 떠난 슈퍼 한국인 백남준, 서양의 신화와 문화의 고정관념을 과감하게 깨고 문명의 축을 서양에서 동양으로 바꿀 수 있었던 백남준의 당당함, 저 자신감의 근원은 무엇이었을까?

일흔네 살, 먼 이국땅에서 눈을 감을 때, 응얼거렸던 '**아리랑**'과 '**엄마**'는 그가 한국인에게 제시한 커밍아웃의 화두는 아니었을까? 한국인의 정체성이 오롯이 담긴 '**아리랑과 엄마**(마고)'를 찾아 조국 대한민국이 문화의 시원국으로서 **또다시 세상을 당당하게 이끌라고!**

아메리카의 **나바호**(Navajo)**인디언**은 임종에 이르렀을 때, **노래를 부르며 죽는 풍습**이 있습니다.

1984년 백남준이 연출한 생중계 위성쇼 〈굿모닝 미스터 오웰〉 사진 · 도판: 백남준 아트센터, '황색의자들' 한반점 제공: 백남준문화재단, 세종문화회관 '백남준 그루브-흥(興)' 지구본을 맨 "황색재앙, 그것이 바로 나다" 출처: 김형순, "진정한 K-pop은 과거의 한국문화" BBC라디오방송 번역문 출처: 유튜브 '한국, 조용한 문화초강대국' 편

"선진국치고 자부심 없는 나라는 없고 (문화적) 자부심 없이 세계화할 수 없다!" -세계의 석학들

3부
우리나라,
인류의 문화와
역사가 시작된 땅

3부: 우리나라, 인류의 문화와 역사가 시작된 땅

한국, 구석기 문화가 없는 변두리 땅인가?

'인류사의 99.8%를 차지하는 것이 구석기시대'라고 한다.

재팬과 서양의 학자들은 말했다. **"한국은 구석기시대가 없었다!"** 그러니 **구석기시대가 없다는** 것은 **문명의 뿌리가 없던 땅**이라는 말이며 문명을 다른 민족에게서 빌어왔다는 것을 말함이다. 문화의 식민사상…!
'**한국은 예부터 열등한 땅으로** 살아 올 수밖에 없었다'는 논리였다.

차이나(China)는 조롱한다. '한국은 예부터 **대국 중국의 고대문명에 젖줄**을 대고 대대로 문명·문화를 구걸하며 빌어먹던 변두리의 소국(小國)이었는데, 본디 문화라는 것이 있겠는가?'

유럽인(European)도 비아냥거렸다.

'**한국**이란 나라는 대대로 차이나와 재팬의 지배를 받으며 노예(식민지)로 살아온 쬐그만 나라인데, 더구나 **과학문명의 땅 유럽과도 가장 멀리 떨어진 극동**에 있지 않는가? 지금도 동족끼리 갈려 싸우고 있는 어리석은(얼이 썩은) 나라에서 무슨 돼먹지 않게 구석기문화냐!'

그래서 *문명의 충돌(The Clash of Civilizations)로 세계적 석학의 반열에 오른 새뮤얼 헌팅턴(하버드대 교수)마저 8개 세계문명에 지나와 재팬은 인정했어도 **한국의 문명은 결코 보지 못 했으며** 저명한 동양학자인 라이샤워(미)도, 이사벨라 버드 비숍(영 지리학자) 역시 '**한국의**

전통문화는 중국 문화의 패러디(모방)'정도로 보았을 뿐이다.

그러나 영국의 역사학자 에드워드 · H · 카(1892~1982)는 *WHAT IS HISTORY? 에서 **"역사는 해석이다!"** 라고 한다. 그렇다. **우리가 배운 우리의 역사는 남**(우리를 알지 못하는 서구와 우리를 왜곡하려는 지나와 왜)**들의 해석을 통해 변두리 종속의 역사라고 세뇌**당하며 배웠던 **왜곡된 역사**였을 뿐이었다.

이렇게 **한국엔 구석기시대가 없다**(?)는 남들의 잘못된 해석에 의해, 지나의 1**중화**(中華)**사관**과 재팬의 2**식민**(植民)**사관** 그리고 서양의 왜곡된 3**오리엔탈리즘**(orientalism)이라는 3중 굴레가 써진 채, 철저히 인류사의 변방으로, 열등한 문명의 주변인으로 낙오되며 패배의식과 자학 속에서 새끼중화(국)로 만족하며 살아야 했다.

이것이 바로 '**우리**(한국인)**는 인류사의 중심에서 세계문명의 큰 흐름에 기여하지 못했다!**'는, 한국인의 가슴을 무겁게 짓누르고 있는 자괴감이자 암처럼 굳어 있는 콤플렉스이다.

"한국인은 어찌 제 역사를 축소하고 부정하는가?"

영국의 역사학자 에드워드 카(Edward Hallett Carr)는 '**역사는 현재와 과거의 끊임없는 대화**' 라며 한국인에게 경각심을 일깨우지만, 지금 **한국은** 참역사와 참문화를 모르는 자들이 너무도 많기에 **터무니없는 잘못들이 끝-없이 반복되고** 지금 '차라리 중국이 되어버리면 좋겠다'는 **막말까지 하는 자**(者: 놈)들마저 생기는 것이다.

"두려워- 아무도 말을 하지 않으니, 내가 말한다.
두려워- 아무도 쓰지 않으니, 우리 역사 내가 쓴다." -역사의병 다물

'우리나라', 인류의 시원문화를 잉태하다

정녕, 우리 땅에는 **구석기가 없었나?** 우리의 조상과 문화는 **어디서 왔을까?** 진정 밖으로부터 문명을 구걸한 **열등한 땅**이었고 우매한 조상들이었을까? 그렇다면, 미래의 후손들도 차이나를 문명을 잉태한 어머니의 나라로 받들며 '中國'(문명의 중심)이라 말하고 '大國'으로 섬기며 계속 저들의 小國으로, 주변인으로 살아야 하나? 운명처럼!

그런데 '구석기가 없어 문명·문화의 뿌리가 없다(?)'던 한국은 같은 동아시아권은 물론 전 세계 어떤 범주의 문화에도 포함되지 않는 **독자적이고 독보적인 문화와 언어가 존재**하고 있는 것은 무엇일까?

그러나 어리석은 후손을 깨우침인지, 우리 땅에선, **신석기는 물론 이전의 구석기 문화들**이 공주 석장리에서, 대동강의 검은모루동굴, 단양의 금굴과 수양개… 등에서 차례로 발견되면서 **인류사의 수수께끼** 같았던 **의문들**이 마침내 하나하나 풀리기 시작한다. 역사의 왜곡으로 한국의 역사에는 존재하지도 않았고 그래서 서로 남이 된 **조상의 흔적들!** 구석기유적지로 발굴된 곳은 무려 100여 곳, 동해, 서해 그리고 산악지대까지 합치면, 1000여 곳!

놀랍고 놀라운 것은, 우리 땅이야말로 인류사의 비밀을 **오롯이 간직해 온** 어머니의 땅, 인류사의 시원(始原: 시작과 근본)을 간직한 땅이었다는 것이다. 그래서 한국의 역사를 '**몇천 년**(만 수천 년)**의 역사**', 캘수록 깊고 굵게 나오는 '**칡뿌리 역사**'라 했던 것이고 우리 땅 '억장지성'(億丈之城)이 무너져 사라진 역사이기에 '**바람에 새긴 역사**'라고 말해 왔던 것이다.

이 땅의 구석기 첫 등장, 공주 '석장리'

1964년 홍수로 무너져 내린 충남 공주 '석장리' 금강 상류에서 발견된 **뗀석기 1점**, 미국의 앨버트 모어부부(Albert Mohr 대학원생)에 의해 한국땅의 선진 구석기가 세계역사에 등장하는 순간이었습니다. **27개의 층층- 층위 중 강바닥 맨 밑층은 30~50만 년 전의 구석기…!**

초기의 구석기에서 후기의 정밀한 구석기까지, 무엇보다 **구석기의 만능칼**이라는 **아슐리안 주먹도끼**(1968년 남한 최초) 7~6만 년 전의 석기제작기술 중 가장 발달된 **돌날떼기 구석기유물들**, 여기에 인류문명의 **첫 도구**, 문명과 야만을 가르는 돌, 신이 내린돌, 고대의 반도체라 불리는 **'흑요석'**(검은 유리돌 Obsidian)까지 쏟아지지요.

특히 땅바닥과 벽에 홈을 파서 새겨놓은 **고래**(whale)**상**과 돌을 떼어내어 아가미 · 눈 · 비늘 등을 새겨 만든 **물고기상**이 나왔습니다. 그래요! 우린 고래와 물고기가 넘쳤던 **이 땅의 토박이**로서 **고래잡이**를 하고 **예술활동을 했던** 호모 사피엔스사피엔스(현생인류)**의 적통**(嫡統)이었던 것이지요. 또한 8천 년 전 세계최초였다는 우리의 **고래잡이도 8천 년 전을 훨~씬 뛰어넘는 때**였을 것임을 알게 했습니다.

지구에서 가장 용감하고 지혜로웠던 구석기예술인이었지요.

여기에 **최소 5만270년의 나무숯**…, **1만 년 이전의 역사는 없다던 땅**이…? 더 놀라운 것은 구석기인의 머리털을 분석한 결과, **'지금 이 땅에 사는 우리의 머리카락과 같다!'**는 것이었지요. 이렇게 공주 석장리는 **구석기 시대**(한국땅에 없다던)**가 있었음을** 알려 준 첫 번째 유적지가 되어 〈세계구석기 축제〉마저 열립니다.(2018년)

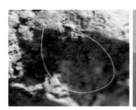

공주 석장리 출토 머리카락 출처: 한국민족문화대백과사전, 교과서에 구석기 등장
출처: Flatinum, 대동강유역 검은모루동굴 전경 출처: 이야기한국사

평양 '검은모루(黑隅) 동굴 유물' 북한의 국보!

그리고 2년 뒤(1966년), 더 혁명적인 발견이 이어졌지요. **평양시 상원
군** 대동강유역 '검은모루동굴'(북한 국보문화유물 제27호)에서, 석장리의 50
만 년을 뛰어넘는, **약 60만 년**(유럽 주장)~**100만 년**(재측정 후 북한 주장)
전, '**뗀석기**(깨뜨린)**유물**'이 발견됩니다. <u>우리 땅에서 살았던 문화(文化)</u>
<u>의 첫(가장 오랜) 흔적</u>이지요. **뗀석기란 목적과 의도를 생각하며 만든
사람의 첫 도구**이기 때문에 그냥 돌덩이(깨진 돌)가 아닙니다.

  '**도구는 인간 스스로 진화의 출발**을 마련한다'(인간이 만든 도구에 의
해 인간이 진화되기에)는 면에서 인류사에서 큰 의미를 둡니다. 이렇게
'한국엔 구석기시대가 없다!' 던 재팬과 서양학자들을 무색케 하며 **한
국의 인류사를** 무려 60만~100만 년 전**으로 올리게 됩니다.**

검은모루동굴의 구석기유물들 주먹모양 도끼, 외날찍개, 찌르개, 돌망치 출처: *국사관논총
제29집(이융조), 검은모루동굴 구석기 유물 출처: 조선반도고대사연구

여기에 검은모루동굴의 15개의 수직동굴 함정에서 발견(1998)된 2천여 점의 짐승뼈 화석(멸종된 17종 포함 29종)은 1강이나 늪지 짐승(족제비, 물소, 해리)에서부터 2산림성 동물(곰, 멧돼지, 표범)에, 3초원성 짐승(소, 말, 꽃사슴, 큰뿔사슴, 동굴하이에나)뿐 아니라 4열대·아열대지방 짐승(원숭이, 코끼리, 물소, 큰쌍코뿔소)의 뼈화석까지 당시(약 70만 년) 우리의 땅이 열대·아열대성기후(지금의 아프리카나 동남아 같은)였을 뿐만 아니라, 삶의 조건을 고루 갖춘 천혜의 지역이었음이 밝혀집니다.

검은모루동굴의 구석기유물들– 거대한 큰쌍코뿔이 아래턱뼈 출처: KBS역사 스페셜, 큰쌍코뿔이와 큰뿔사슴, 상원말 아래턱뼈 화석 출처: egloos, 평양 력포동굴에서 나온 말 아래턱뼈 화석 출처: 류경

〈한국학중앙연구원〉은 '평양의 검은모루유적의 지층과 동물화석, 석기 등은 한반도 구석기시대 전기문화의 자연환경, 동물의 분포상과 석기제작술을 선명하게 나타내주고 있어 적어도 한국땅이 중국과 일본을 잇는 동북아시아 선사문화의 중심지(中心地)였음을 밝히는 고고학계의 최대 사건이었다'고 발표합니다.

〈국가지식포털〉 또한 '검은모루유적이 석기의 연대와 동물화석의 연대가 잘 어울리어 나타나고 더구나 큰쌍코뿔이처럼 멸종되는 17종의 동물과 구석기시대 전기인 60만~40만 년 전, 인류에게 큰 역할을 담당했던 말(馬 horse 일명 상원말)과 소(牛)가 번성했으며 습들쥐

(mouse) 같은 오랜 종이 함께 있어 동물상이 변하는 이른 시기에 속하는 '인류 여명기'(黎明期: 시작)의 뉴적지로서 **인류발생**(호모사피엔스 20~30만 년 전)**의 첫 시기 이전부터 이미 사람**(선행인류, 호모 에렉투스)**이 살았다**는 사실을 실증해 준다.'고 발표하고 '베이징원인(약 50만 년)이 나왔던 **북경**(옛 우리의 땅)**보다 앞선 시기**(홍적세중기 초)**의 동물들로 인해 최소 70만 년 호모 에렉투스**(전기구석기인, 신석기인간의 뿌리인간)**의 한 일파가 이 땅에서 살았다**'는 사실도 발표합니다.

결론적으로 **우리나라 한머리땅**(한반도)**의 역사의 시작이 대륙**(중국 땅)**보다 늦은 것이 아니라, 오히려 앞섰던 것이지요.** 검은모루동굴인들이 여러 인종으로 발전하여 유골을 남기면서 **사냥과 채집, 농경과 어로생활**을 하며 한국인의 주류가 된 것이고 이들이 만주와 시베리아, 중앙아시아로 **퍼져 초원세력이 되면서 세계의 역사를 움직이게 되었다**는 것입니다. 이제 **검은모루동굴의 구석기유물**을 '북한의 국보 1호로 하자'고 말하는 이유를 아시겠지요? 모든 것이 거꾸로 였던 것입니다. 우리 땅이 **대륙의 변두리 · 주변문화가 아니었던 것이지요.**

단양 '금굴'의 초기 맷돌

세월이 흘러 1980년대 충주댐 건설로 인해 단양 도담리의 '금굴의 선사유물'들이 빛을 보며 세계 인류학계의 주목을 다시 받게 됩니다.

1**전기구석기층**(~약70만 년 전~)과 2.**중기구석기층**(약10만 년 전), 3**후기구석기층**(2만5천 년 전) 그리고 구석기에서 신석기로 옮겨가는 4**중석**

기문화(1만1천 년 전)까지도 확인되구요. 5신석기층에서는 빛(햇)살무늬
토기, 바늘, 송곳 그리고 남해안 투박조개로 만든 장신구 등이 출토되
고 마지막 6청동기문화층(일반적 약4천 년 전)에서는 민무늬토기와 간(마
제)석기 등 각 시기별 문화가 출토되면서 우리 땅이 활기찬 구석기문
화에서 신명난 신석기문화로 시대를 이어 이어졌던 선사문명의 발상
지'였으며 세계적으로 유례가 없는 소중한 유적지였음이 밝혀집니다.

　여기에 사슴 등의 온대성 짐승을 비롯 한대(동굴곰, 이리, 늑대)와 열
대(쌍코뿔이, 짧은턱하이에나, 짧은꼬리원숭이, 사자, 하이에나)성 짐승뼈화
석 약 40종의 출토와 함께 전 세계의 미스터리로 알려진 '맷돌', 그 맷
돌의 초기 형태였던 '갈돌'까지 출토되었던 것이지요.

단양 금굴유적지, 금굴 출토 갈돌 출처: Culture & History Traveling, 발달된 뗀석기 좀돌
날몸돌출처: 수양개선사유물전시관, 한국 구석기 유물의 산 증인
이융조 교수출처: 문화유산채널

단양 '수양개유적지' - 지구 최대의 석기제작소

무엇보다 단양 애곡리 '수양개유적지' 유물의 발견은 우리를 가슴 뛰
~게 했습니다. 서기1980년 7월21일입니다. 그날 밤 760mm를 비를
맞고 후손에게 이 땅의 찬란했던 구석기유물들을 보였던 것이지요.

　3만 년 전을 전후로 동북아시아(한국인의 조상이 살았던 지역)에서는

매우 발전된 석기제작기술이 출현합니다. 3만 년 전이면, 유럽은 빙하로 뒤덮여 있었고 북부와 중부를 제외한 남부엔 네안데르탈인이 점령했기에 **현생인류는 거의 없었을 때**이지요!

그런데 우리 땅에선 인류최초의 기계장치이며 '구석기문화의 꽃'이라는 **좀돌날몸돌**(細石刃核, micro-blade core) 세석기제작기술이 이미 출현했던 것입니다. 인간의 두뇌가 발달되고 기술이 축적된 무리에서는 석기가 더 작고 더 날카롭고 더 얇게 변화되었는데, 그래서 '좀돌날몸돌기술'은 구석기문화의 수준을 가늠하는 척도이며 현 인류의 과학기술의 뿌리라는 의미를 갖는다고 하지요. 지금의 **컴퓨터 반도체의 발명**과 맞먹는 것이라고 할까요! 그래서 석기시대 최고의 발명품, 구석기시대의 하이테크라고 하는 것입니다.

모루돌(돌을 올려놓는 받침돌)에 **몸돌**(좀돌날을 떼어내기 좋도록 만든 1차원석)을 **망치돌**(내려치는 돌)로 쪼아 **돌칼이나 작살, 화살촉, 돌낫 등 좀돌날**(細石刃 micro-blade 날이 선 작고 가는 돌)을 이전 시기보다 수십 배 이상 만들어내었으니 **대량생산의 개념**으로 고안된 **2차가공기술의 단계**까지 이르렀음을 의미하는 것입니다.

인류학자들은 '**인류문명은 돌과 함께 시작되었다!**'고 말합니다.

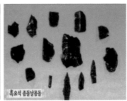

돌날몸돌, 흑요석좀돌날몸돌, 슴베찌르개, 출처: 문화유산채널,
흑요석좀돌날몸돌 출처: 수양개선사유물전시관

그런데 단양 수양개에선 200여점의 '**흑요석제 유물**'이 출토되고 6지구 중 **1지구**(1만8천 년 전~1만6천 년 전)에서만 **무려 50여 곳의 석기제작소에서 좀돌날몸돌. 슴베찌르개, 후기아슐리안형 주먹도끼와** 함께 **10만 여점 유물**(등록유물만 3만 점)이 쏟아진 것입니다.(앞으로도 엄청난 발굴이 예상됨) 이 중 **구석기를 대표하는 유물인 '슴베'**(칼과 화살촉, 낫이나 호미 등에서 자루나 살대 속에 들어가는 부분)와 좀돌로 만든 창날이나 화살촉 또는 작살로 사용한 '**슴베찌르개'는 정교함에서 타의 추종을 불허할 만큼 우수하였다**고 하니 지금의 한국인의 놀라운 기적들이 이러한 문화유전자의 선조 **덕분**이었던 것이지요.

히로유끼 사토 교수(동경대, 日 박물관장)는 "**수양개 제6지구**에서 발견된, 한국에서 가장 오래된 슴베찌르개는 **4만 년 전을 거슬러 올라갈 가능성이 높아**, 동아시아에 있어서의 가장 오래된 돌날문화이다. 재팬에 전시되어 있는 좀돌날들도 사실은 다 **일제강점기 때 빼앗아 온 것**으로 모두 'made in korea'였었다." 라고 부러워합니다.

구석기유물을 품고 있는 땅으로 **전 세계적으로도 드문 석기 밀집도**를 보여 주고 있지요! 오늘날의 기술문화를 탄생시킨 초석이자 근간이 된, 아시아 최대의 석기 제작소였음이 밝혀진 것입니다.

그래서 당시 **단양땅 수양개지역**이 인류의 최첨단 공장지대로 그것도 세계 최대(아시아 최대는 곧 세계 최대)의 산업단지였다는 말은 이러한 **수요가 필요했던 만큼의 최고로 인구가 밀집된 땅**이었다는 것을 말함이지요.

그러고 보면, 수양개에서 1만8천 년 전의 인류최초의 자(尺)가 **출토**되었던 것도 **대-량생산으로 공급하기 위해 물건을 규격화**하고자 했던 필요에서 나왔던 발명품이었던 것이며 충북 단양군 삼태산 중턱 '구낭굴유적지'에서 인골과 함께 발견(1986)된 사슴뼈, 범뼈, 하이에나 뼈 등 **수 만 개의 동물유골들**(90%가 사슴뼈)을 두고 '**구낭굴이 뛰어난 도구들을 사용한 지능적인 구석기 시대 전문사냥꾼들의 베이스캠프였다**'는 말이 다 뜬금없는 말이 아니었습니다.

그런데요~, 수양개 1지구에서 젖소의 정강이뼈에 '**고래모습의 물고기**'를 그린 유물(1만8천 ~1만6천 년 전)**이 또 출토**됩니다. 여기에 충북 제천의 점말동굴에서는 **약 6만6천 년 전 중기구석기층**에서 미술의 기원이 될 수 있다는 코뿔소뼈에 새겨진 '**얼굴 형상**'이 출토(1973)되지요. 그래요. **공주 석장리의 7~6만 년 고래**(whale)**상의 땅바닥 유적**과 '홍수아이'가 살았던 충북 청원 **두루봉 동굴**에서 세계에서 가장 오랜 인물 조각상으로 출토(1970대)된 '**사슴뼈에 새긴 얼굴 조각**'(약 20~10만 년 전 유물, 고 손보기교수 주장)과 '**3만5천 년 전 얼굴돌**'(수양개)과 함께 **우리나라 구석기시대를 대표하는 예술유물**이었지요.

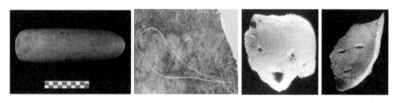

인류최초의 자 단양군 눈금돌 출처: 문화재청, 젖소의 정강이뼈의 물고기(고래) 출처: 우리역사넷, 두루봉 동굴 사슴뼈 얼굴 조각 출처: 우리역사넷, 단양군 수양개 3만5천 년 전 얼굴돌 출처: 한국선사문화연구원

그런데 '우리 땅의 사람 얼굴 유물들'은 인류최초의 벽화라던 스페인의 알타미라 동굴벽화(1만7천?, 1만5천 년 전?)와 프랑스의 라스코 동굴벽화(1만7천?~1만1천 년 전?)에서도 발견되지 않은 것으로 체코의 **상아에 새긴 얼굴**(2만6천 년 전)이나 오스트리아의 **빌렌도르프의 비너스**(2만 년) 등보다 **더 가치 있는, 세계적으로 우리나라 구석기의 위상과 의미를 부여하는 유물**이라고 합니다.

왜냐하면요. 전문가들은 사실적(寫實的)인 그림보다 **인간의 추상능력으로 상징화한 그림과 조각이 더 지능화된 것**이라고 말하기 때문이지요. 그래서 스페인의 알타미라 동굴의 멋진(시각적으로 아름답지만) 들소벽화보다 **더 가치가 있다고** 말하는 겁니다.

우리 땅의 **이러한 예술품은 수많은 암각화와 함께** 인류의 예술이 시작된 땅이었다는 반증에 힘을 싣게 됩니다.

더구나 이곳 **수양개유적지**는 '**신석기**(1만 년) 이전은 숫자나 단위같은 추상적인 개념을 모를 것'이라던 고고학자들의 통념을 비웃듯, 1만8천 년 전, 0.4cm 간격으로 23개의 금을 그어 **추상화된** 세계최초의 돌자(20.6cm 돌멩이)마저 출토되었던 **고도의 지능을 갖춘 사람들의 땅**이었기 때문이지요. 우리 땅-, 이런 곳이었습니다! 그래서 '**단양**'(丹陽: 남쪽의 붉은 태양)을 예부터 신선(神仙: 오랜 역사 속의 불가사의한 사람들)들이 살았던 곳이라 말해왔던 것이지요.

> "까마득한 날에 / 하늘이 처음 열리고 / 어데 닭 우는
> 소리 들렸으랴" – 이육사(李陸史) '曠野'

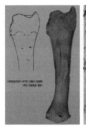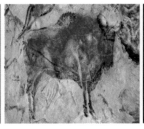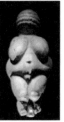

말똥굴의 약 6만6천년 전 코뿔소뼈에 새겨진 '얼굴 형상' 출처: Culture &History Traveling, 알타미라 동굴의 들소벽화 출처: http://www.travelbook.de/europa, 석회암의 빌렌도르프의 비너스 출처: 위키백과

좀돌날몸돌 왜 중요할까요?

세계적으로 유례가 없이 뛰어나고 다양한 유물 중에서도 세석기문화의 기계장치인 **좀돌날몸돌은 후기 구석기인들의 이동루트**를 알 수 있는 유물이기 때문이지요. 그런데 **출토되는 지역이** 우리나라를 중심(中心)으로 하여 북중국, 몽고, 시베리아의 예니세이강, 아르탄강 일대와 일본 이렇게 동북아시아(↘)와 동쪽(↗)으로 알래스카, 캐나다, 미국의 북미지역으로 마치 **우리나라를 몸통으로 새가 날개를 펼치는 듯한 모습(↘0↗)**이었지요. 신석기 이전, 구석기 때부터 이미 이 땅에서 화려하게 꽃핀 한류(K-wave)가 **온 세상으로 퍼져 나가** 인류의 축**이 되어 수레바퀴를 돌렸던 곳임을** 일깨우는 것이지요.

혹자는 **시베리아의 예니세이강, 아르탄강 일대가 세석기문화의 최초(?)**라고 하지만, 글쎄요? 이러한 **한국의 구석기문화를 배제했고**(지금까지의 연구로도 우리를 따라올 수 없음) 더구나 1만3~4천 년 전부터 해저가 되어버린 서해와 남해에 이른 시기의 **유적 발견의 가능성을 배제했다는** 점을 감안한다면, **우리 땅의 발굴을 더 기다려야** 할 것입니다.

지금 자그마한 대한민국이 짧은 세월에 경제기적을 일구고 **가전제품과 반도체, 각종 산업에서 세계를 리드**할 수 있고 **세계기능올림픽에서 19회나 독보적인 1위**를 차지하는 것이 뜬금없는 것이 아니었지요.

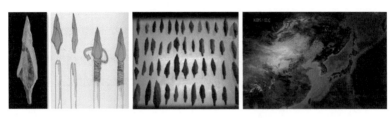

구석기의 꽃 세석기 유물들 슴베찌르개(좌), 창(우) 출처: 수양개선사유물전시관, 슴베찌르개 출처: 문화유산채널, 좀돌날 출토 분포도 출처: KBS 역사스페셜

인류사를 다시 쓰게 한 아슐리안 주먹도끼!

"What is this?" 1977년 4월 경기도 연천에서 세계 고고학계가 발칵 뒤집히는 사건이 벌어집니다. 한탄강 유역 전곡리에서 데이트 중이던 한국여성은 **차돌 하나**를 주워 미군병사에게 건넵니다. "이게 뭐죠?" 고고학을 전공한 보웬 병사(美, 애리조나주립대)의 눈이 갑자기 빛납니다. 바로 세계 고고학계의 정설이 엎어지며 구석기역사를 새로 쓰게 된 데이트 사건이지요. **약 30만 년 전 것**으로 추정되는 아시아 최초의 구석기시대 만능칼이라는 '**주먹도끼**'(최초는 1968 석장리)였습니다.

돌도끼 하나 갖고 뭔 난리냐구요?

전곡리의 돌도끼는 **그냥 도끼**가 아닌, 한 손에 쥘 수 있고 **양날**이 있어 (고기를) **분리**하고 **자르는 칼의 기능**과 (적을) **찌르고** (흙을) **파고 찍는 기**

능을 고루 갖춘, 그야말로 **구상**(構想: 치밀한 계획을 세워 생각)**과 설계가 필요했던 전천후다용도의 지능적 만능도끼**이기에, 그래서 맥가이버칼에 비유되며 '유럽을 벗어난 **아시아는 미개해서 발달된 석기가 나올 수 없다.**'(美 모비우스의 학설)고 하였던 '**아슐리안 주먹도끼**'(100만~10만 년), 프랑스의 **생 아슐**(St. Acheul) **유적에서 처음 발견된 이래, 유럽의 자랑이고 프랑스인의 문화적 자부심의 원천**이 되었던 바로 그 도끼였기 때문이었지요! 이때 오스트랄로 피테쿠스(원숭이 인간)의 상징적인 호칭을 '루시'로 명명했던 세계최고의 인류학자 **데스몬드 클라크 교수**(버클리대)**까지** 달려 왔습니다. 이 사건은 세계고고학계에 혁명을 일으키면서…

한국의 식민사관을 벗기고 인류사를 다시 쓰게 합니다.

경기 연천 전곡리를 비롯하여 파주, 양평, 단양 등 **무려 30여 곳에서 고도의 문명수준을 가늠하는 가장 진보된 구석기가 줄줄이 출토**되면서 **한머리땅**이 아시아에서 가장 오래된 인류의 주거지**였음**이 드러납니다. 영국은 주먹도끼 1점을 갖고가 〈대영박물관〉에 한국실을 마련하여 전시하면서 우리나라의 위상을 알리는데, 우리 역사학계는 아직도 깊은 잠으로 '**한국사의 미스터리**'로만 취급하네요. 에휴-!

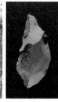

그렉 보웬의 한탄강 유적 발견 장소 출처: 미군신문 성조지(1977), (전)전곡리 주먹도끼, (후) 대영박물관에 전시된 주먹도끼 출처: 수양개선사유물전시관, 검은모루동굴 주먹도끼 출처: 문화나루, 후지무라 신이치의 제팬 구석기유물 날조현장 출처: 마이니치 신문

또한 북녘땅 요하의 10곳에 비해 **한머리땅 구석기유적지는 발굴된 100여 곳**을 포함하여 남해와 동해, 서해 그리고 산악지대에 고르게 분포되어 좁은 이 한국 땅에 구석기유적이 무려 1000여 곳 이상 이라고 하니, '한국에는 구석기 시대가 없었다!'는 재팬과 서양학자들의 주장은 허구를 넘어 인류의 시원사를 감추는 커다란 음모였다고 할 수 있습니다. 그러나 정작 우리의 유물들이 얼마나 소중한 것들인지, 얼마나 세계가 부러워하는지를 모릅니다! 지성인조차 한글을 '뜻 없는 소리글자'로 언어계통은 '알타이어'로 잘못 알고…, 지금 시원을 알 수 없는 유물들로 그득하지만, 정작 지금의 **한국인에겐 먹고사는 것 외엔** 아-무 생각도 관심도 없는 일이지요.

반면, 재팬은 미야기(宮城)현 유적발굴현장에서 **발굴단장인 후지무라 신이치**(東北구석기문화연구소)**가 구석기를 몰래 땅에 묻는 장면**이 〈마이니치신문〉에 의해 폭로되면서(2000.11.5) 재팬의 40만, 50만, 60만, 70만 년 전 구석기유물들이 **다 사기극**이었음이 밝혀지지요. 한국의 문화의 뿌리가 너무 부러워 **일제 때 훔쳐간 이 땅의 뿌리유물**을 제 땅에 묻어왔던 것이지요.

"조국을 살다 가신 조상들의 생활이며 사상, 남겨 놓으신 문화, 유물에 대하여
우리는 목메이게 울먹이며 한 자 한 자, 뜸을 뜨듯 배웠지.
뜨겁고 간절한 화상, 핏줄로 스며드는 쑥뜸 연기에
우리는 말 못할 그 무엇의 숨결과 체취가 사무치게 그리워 저리고, 데인 자리
상처의 아픔에 자지러져 몸서리쳤네." - 일제하의 조선인 최명희의 〈혼불〉에서

'상상력이 없는 자는 날개도 없다!'

상상력의 날개를 달고 우리의 땅을 보면, 이러한 발견은 이 땅이 인류의 문화를 시작한 근원지였음을 알게 합니다. **베이징원인**(1921 발견, 북경 또한 옛 우리의 선조가 살던 땅)**보다 더 오랜** *뿌리인간(호모 에렉투스)**이 이미 우리 한머리땅의 선주민으로 존재했음**이 밝혀지면서 **우리 땅의 사람들이 얼마나 오랜 역사를 갖고 진화해 왔나**를 알게 합니다.

이를 뒷받침하듯, **한국인을 포함한 동북아시아인과 미대륙 원주민에게는, 호모 사피엔스의 유골에선 발견되지 않는, 치아의 '쇼벨구조'**(shovel shaped incisors), 즉 앞니 안쪽이 삽처럼 오목하게 파여 있는 삽모양 이가 전해지는데, 이는 멸종됐다는 **호모 에렉투스**(호모 사피엔스 전 인류)**의 유전자가 전해진 것**으로, 먼 옛날 우리 땅(북경 부근)의, 지혜로웠다던 선조 '베이징원인'의 특징에도 나타나는 구조였다고 하지요.

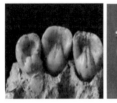

동북아시아인의 쇼벨구조 출처: 김경렬전문의 개인블로그, 북경인 출처: 재활의학과 전문의 김경렬, 네안데르탈인, 데니소바인 출처: Pikaia, 삼천갑자동방삭 출처: 땅거미 질 때

이렇듯 우리나라 땅(아프리카가 아닌)**에선 적어도 백만 년 전부터** 조개를 캐고 사냥하고 채집생활을 하면서 **호모 에렉투스와 네안데르탈인, 데니소바인, 호모 사피엔스가 어울리고** 그래서 **유럽형, 동북**

아시아인, 혼혈된 옛 아리안인종 등 여러 인종이 섞이며 어느 땅보다 많이 진화하면서 우리의 '겨레'가 형성되었음을 알 수 있습니다!

먼 옛날, 민족(民族)이란 개념도 없었던 구석기시대 이래 이 땅은 동물과 식물을 비롯하여 사람에 이르기까지 생명체의 낙원으로서 **지구상 어떤 곳보다** 많은 인종이 모여 먼저 문화를 시작하고 **겨레를 형성했던 곳**이었음을 알게 합니다.

우리나라 한머리(한반도)**의 역사의 시작**이 오히려 북쪽(만주)과 서쪽(지나)**대륙보다 앞섰으며** '결코 대륙의 주변문화가 아니었다'는 사실을 일깨우며 한국의 중화사대사학자들을 머쓱하게 합니다. 더불어 '한국인은 근본과 뿌리가 없어 우매하다!'는 **식민사관**(植民史觀)**을 일거에 무너뜨리는 통쾌한 발견**이었기에 그때 감격으로 눈물을 흘리신 분(생각 있는)들이 많았다고 합니다.

아, 모든 것이 정-반대였습니다!

그래서 북한과 일부 차이나의 학자들은 '**한국의 구석기**(약 1만 년 이전)**문화는 서쪽의 구석기문화와** 독립적으로 **발전한 것**'이라고 주장하고 지나의 인류학자 왕 웨이(Wang Wei)마저 '**구석기시대의 중국대륙은 후진성을 면치 못했다**'고 인정했음에도 불구하고 아, 정신이 불구가 되어버린 한국인은 모든 문화(文化 culture) 즉 성(姓)씨와 선진문명, 사상과 예(禮)와 도덕까지 **몽땅 중국에서 들여와 배웠다**(중화사대주의)고 하고, **과학과 학문과 예술마저 서양에서 들어왔다**(오리엔탈리즘)며 '열등의식과 식민사관'에서 벗어날 줄 모르네요!

그래요! 지금부터 2천5백 년 전 지나의 **전한**(前漢) **시대, '삼천갑자 동방삭**(三千甲子 東方朔)**의 이야기**'는 한국인으로 하여금 '**지금 무엇을 찾아야 하는지**'를 일깨웁니다.

한(漢)의 왕 무제가 동방삭(154~92BCE)에게 묻습니다. "**인간이나 땅이 한결같이 그 근본**(뿌리, 祖宗)**이 있다면, 온천하의 뿌리는 어디**가 되겠습니까?" 라는 질문에 동방삭(字: 曼淸) 왈 "**세상 모든 사물의 시작, 즉** 발원성지는 이웃나라 해동국(海東國: 한국)이옵니다. 모든 만물의 시작과 끝이 간방(艮方)에 있는데, 이 간방은 지구 중심부에서 볼 때 바로 **해동국이 있는 위치이옵니다.**"(*한서 동방삭전)

인류최초의 신석기문명의 땅

그럼에도 **많-은** 한국인은 '우리나라'를 이렇게 알고 있습니다.

-지구의 **끝모퉁이** 중국과 일본에 가려진 **극동의 작은 은둔의 나라!** 먼 옛날부터 대륙에서 패배한 사람들이 모여 **대륙의 선진(?)문화의 혜택을 끝없이 받아왔던** 열등한 변방문화의 땅!-

그런데 온갖 왜곡으로 난장이(microplasia)가 되어버린 우리의 역사, 변방이라던 이 땅에서 마침내 베일을 벗고 **인류사에 엄청난 충격을 주며 한국사가 전면으로 나서게 되는 사건들이** 벌어집니다! 뿌리 깊은 **구석기 시대를 이은** 화려했던 신석기 문명의 유물들이 **우리 땅 여기저기에서** 나타났던 것이지요.

'신석기 혁명의 시작'이라는 **농경과 목축을** 지구상에서 처음 시작하고 **돌을 갈아**(마제석기) 많은 연장과 도구들을 만들어 **집을 짓고 옷을**

만들어 입고 불(5~6백도)을 이용하여 최초로 그릇을 만들어 물을 담아 집 안에서도 물을 이용하여 주거혁명을 이루고 완전정착을 했던 우리 땅! 그리고 세(細)석기와 마제석검(石劍), 거석(巨石: 고인돌, 선돌, 피라미드)문화에 이어 신석기의 꽃이라는 빛살(햇살)무늬토기 그리고 채도(彩陶)마저 만들어 '신석기의 4대지표가 되는 문화'를 모두 이룬 땅! 그래요! 세계최초로 인류의 신석기문명이 시작된 곳이었습니다.

사필귀정(事必歸正)이라 했던 가요! '인류문명사의 거대한 흐름'이, 결코 서양학자들이 주장하듯 서(west)쪽에서 동쪽(east)으로의 이동이 아닌, 해 뜨는 동쪽에서 시작하여(→) 서쪽으로 이동했던 것'이었음이 연이은 유물의 출토로 밝혀진 것이지요. 왜곡과 편견을 벗고 보니, 모든 것이 시작되고 뛰어났던 땅! 이러한 자부심에서 한국인들은 스스로를 '천손'(天孫: 하늘나라 사람들)이라 했던 것입니다.

신석기의 꽃, 빗살(햇살)무늬토기

1977년, 강원도 양양군 *오산리에서 8천 년(BCE6천 년 전)이 넘는 세계최초의 빛살무늬토기(흔히 빗살무늬)와 곰족의 토템인 곰 모양의 토우(土偶: 흙으로 만든 사람, 동물의 상)가 발견되면서 세계의 고고학계와 인류학계는 또 대-혼란에 빠지게 됩니다.

그냥 토기도 엄청난 것이지만, 우리의 '빛(햇)살무늬토기'란 모래에 꽂아 세우기 위해 끝이 뾰족했던 토기로서 이는 사시사철 고단백질의 조개를 구할 수 있는 **물가**(강과 바다, 호수)**에서 인간이 정주**(착)**하면서 농사 또한 시작했던, 역사가 가장 오랜 사람들의 문화**였기 때문이었고 여기에 600° 이상 올려야 하는 토기에, 불에 구을 때 터지지 않기 위해 줄을 그었다는 **지혜의 그릇**으로, 또 다양한 무늬와 예술적 감수성으로 '신석기의 꽃, 신석기 예술의 정수'라는 찬사를 받고 있는 당시 인류최고의 발명품으로서 **동유럽과 시베리아**(4400~2500BCE)**를 거쳐 아시아로**(?) **전파**되었다며, 그래서 **유럽의 자부심**(?)**이었던 문화**였기 때문이었지요.

그런데 이 **세계최초의 햇**(빛)**살무늬토기**가 기존의 학설과는 정반대로 토기가 **해 뜨는 동방의 나라에서 출발하여** 만주와 동북아시아, 시베리아를 거치고 **유라시아와 동유럽을** 거쳐 유럽의 끝인 **스칸디나비아 반도 끝까지 햇살처럼 퍼져나갔던 문화**였음이 세상에 드러납니다. 더구나 신석기 청동기시대, **햇살무늬토기인의 이동로**가 해겨레, 밝달(밝은 땅)겨레인 한국인들의 이동**과 거의 일치**하고 있음도 밝혀지지요. 이렇게 햇살무늬토기의 출토는 **실로 인류사의 축**(軸 중심)**이 뒤바뀌는 혁명**이었습니다.

또한 인류의 미스터리였던 '해(☀)문화'가 어디에서 시작되었고 **인류의 문명 · 문화가 어느 땅에서 발흥**하였나를 암시하는 상징적인 연구결과였지요. 아, **헝가리나 핀란드 사람의 반 정도가** 한반점(푸른 반점, 몽골반점: 서구인의 관점)을 갖고 태어나고 그들이 **인도유럽어가 아닌 아시아계 언어를** 쓰고 있는 이유도 이런 때문이었습니다.

서울 송파구 암사동 빗살무늬 토기 출처: 한겨레, 분포도 및 전파지역
(우리나라 영역에서 출발) 출처: KBS 역사스페셜

〈한민족역사정책연구소장〉 황청호씨는 "문명의 힘은 지적지식을 사용하는 데에서 시작한다. 그리고 **인류의 지적지식은 '토기' 사용에서 시작했다.** 신석기인의 **토기제작**은 구석기에는 없었던 최초의 기술혁명 즉 흙·물·불·공기를 복합적으로 다루어 이루어낸 **인류역사상 최초의 합성물**이자 인적지식의 혁명(革命)이었다. 그런데 **세계 최초의 토기사용이 한반도**였다. 그리고 이러한 토기혁명은 **신석기의 꽃이라는 빛**(햇)**살무늬토기 제작**으로 그대로 이어졌다." 라고 말합니다.

빛살무늬 토기가 시작된 땅이라는 것은 지구상 최고문명인의 땅이었다는 것인데 우리 겨레가 살았던 **요동지역**(사해, 흥륭와)**과 발해 연안, 황하의 하류인 하북지역에서도** 비슷한 시기의 빗살무늬토기가 발견(지나 내륙에는 없는 토기)되면서 '만주와 발해연안도 하나의 같은 문화권'이었다는 것이 사실로 밝혀집니다.

"니들은 우-째 구경만 하구 있노?"
'나눔의 집' 김복동 할머니(1926.4.24.~2019.1.28)

햇살무늬토기는 동방겨레의 정체성과 자부심

아침에 떠오르는 해(太陽)는 한국인뿐 아니라 지구인에게 **추위와 공포로부터 지켜주는 신**(태양신)이었으며 특별히 **농경문화가 시작되었던 우리 땅에서는 곡물과 만물에 생명을 주는 신**(God)으로 경배되었고 **햇살**(빛살 ☀)**은** 이들에게 한 없이 쏟아지는 축복이었던 것입니다.

예부터 **솟터**(햇터)**에 솟대를** 세우고 해처럼 밝음을 기원했던 일이며, **설날에 떡국**으로 밝은 생명(태양)을 먹으려 했던 일이며, 훗날 고대조선의 **무천**(舞天 춤으로 밝은 하늘을 맞다), 부여의 **영고**(迎鼓 밝은 해맞이), 삼한의 **소도**(蘇塗 해처럼 밝은 터), 고구리(려)의 **동맹**(東盟 해 뜨는 밝은 동쪽의 땅) 등은 이 땅이 태양축제가 시작되었던 해의 땅이었다는 것을 뜻함이었지요.

그래서인지 우리의 **대표적인 유물에는 언제나 빛이 있었습니다.** 신천(황해남도)에서 출토된 **비파형 동검의 Z자 연속패턴**을 비롯하여 대부분의 **비파형 동검의 칼자루**와 청동기시대의 신물이라는 다뉴세문경(가는무늬 거울)의 할아버지뻘인 **번개무늬 거울에도 번개무늬**(뇌문雷 汶)가 새겨져 있는 점을 들어 이찬구 박사 또한 일찍이 '**비파형동검의 번개무늬**(Z)나 고대조선의 화폐로 드러난 **명도전의 明**(명)**자 문양**은 우리의 밝(明)문화, 빛(光)문화의 **대표적인 상징코드**로서 상고 이래 전래해온⋯ 한겨레의 광명사상(홍익사상)의 **핵심적인 문화코드**였다'고 말합니다.

그러나 **유럽설과 시베리아설**을 개처럼 따라 짖어대었던, 〈조선총독부〉 박물관장 후지다 료사쿠(藤田亮策)가 **인류문명의 새벽을 열었던**

여명기의 천손문화인 해(SUN)문화. 태양신앙(빛살)을 이해하지 못하고 어처구니없게도 겨우 **머리를 빗는 빗**(櫛즐, comb) 모양이라 해서 **즐문토기**(櫛文土器) 즉 **빗살무늬토기**라 부르며 잘못 알려지게 된 문화였습니다. 〈국립박물관〉의 김양동(계명대) 석좌교수를 비롯한 많은 역사연구가들은 "**빗살무늬가 아닌 햇빛을 닮은 '빛'살무늬 토기**로 불러야 한다!" 고 주장하는데, 그보다 '햇살'(☀)무늬토기는 어떨까요?

신천 출토 비파형 동검의 Z자 연속패턴 출처: 국립중앙박물관, 충청남도와 만주(십이대영자 문화)의 번개무늬 청동거울 출처: 나무소리 서각회.명도전의 명자 출처: 대사부, 아사달문양(아침해, 구름 또는 3연성 피라미드, 바다 또는 해 뜨는 산 또는 땅 혹은 불) 출처: STB

세계최초의 섬유질 신석기토기

그러더니 10년 뒤, 이 땅에서 '**인류의 신석기학설**'(인류의 신석기 시작은 빨라야 1만 년이다.)**이 무너지는 사건**이 또 벌어집니다. 유럽 중심의 견고했던 인류사의 가설이었는데…! 1987년, **제주**(고산리)에서는 화산재층 밑에서 **약 1만4천~1만 년 전의** '세계최초의 섬유질 신석기토기'가 출토된 것이지요. 1만 점이 넘는 그릇조각과 석기와 함께. 이 혁명 같은 사건으로 **세계는 또 경악**합니다.

이를 두고 임효재 명예교수(서울대)는 "우리나라는 서기 전 1만~8

천 년 전 사이가 문화적 공백기로 남아 있었으나, **제주 고산리유적이 발견되면서 공백기가 메워지며 구·신석기시대가 연결**되었다. −중략− '이란·이라크 등 중동 중심(?)**으로 인류의 신석기문화가 발생했다**'는 **기존의 학설을 깨뜨린 것**" 이라고 말합니다.

세계최초의 섬유질 토기들(제주도 고산리) 출처: 오동석의 *나는 박물관 간다,제주 고산리 돋을무늬(융기문)토기 출처: 미래한국, 예리코(여리고) 지역과 출토된 편두의 여인 (뼈에 진흙 입힘) 출처: Myth&Wonder

지구상에서 그릇을 처음 만들었던 땅!

지금까지는 **가장 이른 신석기문화의 시작**을 1만1천 년(서기전 9000) 경 예루살렘 북동쪽 팔레스티나의 예리코(Jericho 여리고)와 이라크의 자르모(Jarmo)지역의 농경을 꼽았었지요. 그러나 그들이 신석기(농경)의 상징인 토기를 생산하지 못했기에 '**진정한 신석기라고 볼 수 없다**'는 것이 학설이었는데, 제주도에서 이런 **수메르문명**(Sumer civilization)**의 토기**(7천 년 전)**보다 무려 수천 년 이상 빠른 토기**가 나오고 **최초의 사람의 발자국과 신석기 유적지 중 가장 오래된 집단주거지**(제주 고산리)**와 유물**까지 발견되면서 **한머리땅**(한반도)**이 이들보다** 훨씬 전에 신석기문화를 열었던 곳임이 밝혀진 것이지요. 이로써 **기존의 세계문명사의 흐름**이 완전히 뒤바뀌게 됩니다.

그런데 영국과 미국 과학자들이 **재팬의 1만5천 년 전 조몬토기항아리**(우리 땅과 붙어 있을 때) 속의 바닷생선과 민물고기, 조개 등의 찌꺼기를 분석한 결과가 〈네이처〉지에 발표(2013)되고 NBC 뉴스에 보도되면서 혹자는 **토기를 재팬(?)이 처음 발명**하였다, 혹자는 **아무르 지역(?)에서 우리 땅으로 남하**하였다고 합니다.

그러나, '**문화**'(文化)란 다른 문화와 연계 등 종합적·유기적인 성격이 있어야 하며 여기에 문화환경과 생태계 등을 고려해야 하는 법이지요.

참으로 놀랍고 묘한 것은 신석기의 상징문화 즉 **세석기문화**(파랑), **빗살무늬토기문화**(초록), **채도문화**(노랑), 그리고 고인돌과 선돌 피라미드 등의 **거석문화**(분홍)가 모두 합쳐진 근원지가 바로 우리나라였다는 것입니다. **우리 땅에서 다~ 시작되었다**는 말이지요.

햇살무늬토기 문화권 출처: 한국고대사, 모든 문화(빛살무늬토기–초록, 거석문화권–분홍, 채도문화권–노랑, 세석기문화권–**파랑**)가 모두 합쳐진(시작된) 문명의 근원지 한국땅 출처: 한민족사 비밀코드

그러고 보니, 그동안 한머리땅과 우리 땅과 육지로 붙어 있었던 왜열도(재팬) 동쪽에서 발견된 1만5천~1만 년 전, 야만인이라던 아이누족이 사용했다는 **조몬**(繩文; 끈 문양)**토기에** 햇살무늬가 많은 것이나,

만주 아무르(아- 물, 해 뜨는 동쪽사람의 물, 큰 물, 지금의 흑룡강) 유역(가샤유적)에서 나온 옛 토기 조각이 고산리 토기와 시대도 비슷한 섬유질 토기(1만 3천 년)였던 것이 의아했었는데…!

그리고 인류사의 미스터리였던 수메르인의 경우처럼, '흑룡강의 아무르인들의 고대유물들이 주변과 고립되어 있었고 그 전후가 없다'고 말하면서 '어디서부터인지 여기(아무르 지역)로 왔다'고 했던 것들이…, 맞아요! 저들이 우리와 같은 뿌리의 문화였기 때문이었습니다! 그래서 편두여인의 인형도 온돌유적도 발견되었던 것이었지요.

이제 알(☀:해)겠습니다! 먼 옛날 재팬땅이나 아무르 지역은 모든 문화의 시작이고 중심이었던 옛 한국땅에 근원을 두었던 같은 문화였던 것이었습니다.

사실 우리 땅보다 산성화가 훨씬 덜된 땅이었기에 좀 더 이른 시기의 토기가 보전되었던 것이었을 뿐, 지구상 가장 오래된 토기가 제주도를 비롯한 '우리나라 영역'(남 · 서해안과 연해주와 제팬)에서 생산되었다는 것이 확인되었던 것인데…우리 땅이 인류의 변두리 문명이 아닌 세상의 중심(中心), 문화의 출발지였다는 증거였지요!

고대조선(요서)의 하가점하층문화 채도토기(BCE2천3백) 출처: 이글루스, 조몬토기 출처: 위키백과, 아무르의 얼굴(5–6천전) 편두인 아무르의 비너스 출처: 정석배교수, 아무르 곤챠르카 토기파편(BCE1만2~3천) 출처: 티스토리

이렇게 중동 중심의 세계최초의 신석기토기설(서기전 6000년)이 무너지면서 잉그펜과 윌크슨(Ingpen & Wilkinson)은 "1만2천 년 전의 초기조몬인(옛날 바다가 되기 전, 황해평원에서 살던 우리나라사람)들이 동아시아를 떠나 →메소포타미아에 이르렀다." 라고 주장하게 됩니다.

그래서 우리가 고고학에 아-무 관심이 없을 때, 남해안 일대의 그 많은 조개무지(패총)유적 등에서 이보다 더 오래된 무늬 없는 토기의 존재가 밝혀지기도 했지만, 절대연대를 밝혀줄 자료가 없어 그냥- 묻혀버렸던 사실 등을 전해 듣는 것이 안타깝기만 한 것은 인류의 신석기시대(Neolithic Age)를 처음 여신 분들이었기 때문이지요.

그깟 흙그릇(토기)이 뭐 그리 대단하냐구요?
'신석기시대'란 인류사에서 중요한 창조적 발명들이 나타난 시기입니다. 1마제석기와 2토기로 상징화되지요. 신석기에 접어들자, 매머드 같은 큰 동물들이 멸절하고 작고 동작이 빠른 동물들이 나타납니다. 더 이상 구석기의 원시적인 도구(타제석기)로는 빠른 동물을 잡을 수 없게 되면서 돌을 갈아 만든 정교한 간석기(마제磨製석기: 농기구, 화살촉, 낚싯바늘 등)가 개발되었던 것이지요.

여기에 기온이 따뜻해지고 빙하가 녹아 물이 풍부해지면서 조개를 비롯한 어족자원 또한 급격히 늘게 되자, 더 이상 자연에 의존하여 떠돌며 채집생활을 하지 않고 개를 키워 마을을 이루고 정착하게 되면서 이 땅의 사람들은 인류최초로 질그릇(토기)을 발명합니다.

동물과 다른 진정한 인간으로서 첫 도구와 제도로 처음 사람의 길(way)을 만들어갔던 이들이었지요. 정치철학자 한나 아렌트 (獨, Hannah Arendt)가 '동물은 노동하고, 인간은 제작한다'(Animal laborans, Homo faber.)라고 했듯이, 이 땅의 사람들은 동물에서 벗어나 진정한 영장(靈長, primate)의 길을 처음 시작한 것입니다.

이렇게 '인류역사상 **최초의 발명인 토기를 시작**으로 신석기혁명이 시작된 것이지요. 물을 담아 지금처럼 집안에서 이용하게 되었고 **질그릇에 음식을 익혀 먹음으로써 소화하는 시간과 노력을 덜게** 되었으며 끼니때마다 물을 먹으러 매번 먼 길을 오가는 수고와 시간을 여유롭게 **활용**하였고 사냥하거나 채취하지 않고도 **음식이나 곡물을 저장**하여 먹거리가 부족할 때 먹고 씨를 보관하여 경작을 하면서 **먹거리를 스스로 만드는 농업**(먹거리 공장)**이 가능**해지면서 고달픈 삶에서 벗어나게 되고 **삶의 패턴이 혁명적으로 바뀌게 되면서 풍요로운 신문명을 시작**하게 된 것입니다. 자연에 구속당하던 인류가 마침내 **자연을 이용하고 개발하기 시작**하면서 **진정한 만물의 영장으로서 인류문화사의 큰 전환기**를 맞이하게 된 것이지요. 이렇게 되면서 농업과 어업, 축산 등 생산경제로 발전하고 **문명과 문화형성의 기틀**이 마련됩니다.

그래서 **토기를 처음 사용**했다는 것은 **인류역사상 최초로 인류가** 1**정착**하여 2**기술혁명을 시작**했다는 것을 의미하기에 노벨 경제학상을 수상한(1993년) 더글러스 노스 교수(버클리대)는 이러한 **신석기혁명**을 흔히 '**인류의 첫 번째 산업혁명**이며 **위대한 생산혁명**'이라고 했던 것입니다. **이 위대한 일을 이 땅의 조상이 해냈지―** 말입니다!

이래서 '문화(文化)를 알아야 한다!' 는 것이지요.

이 땅의 사람들이 마제석기와 토기를 처음 만들어 인류의 첫 번째 산업혁명을 일으킨 최초의 신석기인이었습니다. 우리나라는 이 토기 하나만으로도 인류의 중심(中心 core)이었던 것입니다! 토기는 한국인이 인류에게 준 또 하나의 큰- 선물이었지요.

그래서 **우리가 우리의 문화를 알아야만,** 문화굴기(崛起: 우뚝 솟은 산 앞에서의 기분)를 내세우는 지나에게나 콧대 높은 서양에게도 **당당할 수 있어 저들을 설득할 수 있는 법입니다!** 문화는 마치 물(水,)과 공기와 같아서 서로의 갈증을 이해하고 서로를 숨 쉬게 하기에 세상은 문화로 설득해야 하는 법이지요.

이것이 순리(順理)이고 법(法=氵+去)이기에 **이 땅의 지도자는 반드시 빛나는 우리의 문화를 알아야** 정치와 외교, 경제와 국방과 과학, 예술과 스포츠… 등에서 또 지금의 한류(K-wave)에서 한국인을 국제사회에서 당당하게 할 수 있을 것입니다.

'진정한 선진국'이란 **문화적 자부심을 토대**로 하기 때문이지요.

그릇 없이 물먹기 출처: 굿네이버스, 동물의 물 먹기 출처: 키넌 스티어스, 회전하는 물레 위의 토기 출처: e-영상역사관, 김홍도의 풍속화 '물레질과 자리짜기'
출처: 문화콘텐츠진흥원

회전운동의 산물 토기

토기를 처음 만든 이 땅에선 더 많은 토기가 필요했겠지요.

그러자, **손이나 발로 돌리는 원반의 회전운동을 이용하는 도구가** 만들어지는데, 바로 오늘날에도 널리 쓰이는 **'물레'**(녹로)입니다. 이 물레가 인류학자에게 중요한 의미를 갖는 것은 **인류 최초의 회전운동을** 이용한 도구였기 때문이지요.

문화란 뜬금없는(갑작스럽고도 엉뚱하다) 것이 아니지요!

인류최초로 **맷돌**(회전원운동)**을 발명**하여 곡식을 갈고 **물레**(원운동)를 만들어 **토기**를 처음 짓고 인간만의 문화인 **옷을 만들기 위한 실**을 자아내고 **얼레**로 하늘에 연을 풀어 놓고 땅에선 원을 그리며 **강강술래**를 하고 훗날 둥글게 접히는 **접**(는)**부채**를 발명했던 우리 겨레!

그러나 이 모든 **원운동의 발상**은 바로 하늘을 훌훌 떠 움직이는 해였을 겁니다. 그래서 **움직이는 것**(동사)**에 해**(~하다)**를 붙여** 살았던 해겨레였지요! '일하다, 공부하다, 운동하다 … 그리고 해를 수리라 불렀던 사람들이었습니다. 그래서 **해처럼 둥근 바퀴를 수레**(수리의)**바퀴**라 했던 것이었구요. 한글을 아름답다고 여기는 이유도 ㅇ, ㆁ, ㆆ, ㅎ 등 온통 ○(해)가 움직이기 때문입니다.

따라서 〈인류의 3대 발명품〉이라는 '바퀴'**의 탄생이 우리와 무관하지 않다**는 말이 되기도 합니다. 바퀴란 원(해)운동이기 때문이지요.

그러나 정작 **수레**(바퀴)**를 발명**(?)**했다는 메소포타미아의 수메르문명이 당시 토기조차 만들지 못했다**고 하고 또 **토기조차 만들지 못했던 지나가 물레와 바퀴를 발명했다**(?)고들 주장하니, 원 참내…,

무엇보다 우리처럼 수많은 거석을 통나무에 괴어 굴리며(회전) 고인돌과 선돌과 피라미드를 만들었던 기본적인 **원운동의 경험**과 언어와 맷돌 등 **회전문화도 없는, 저들로서는** 정말 뜬금없는 주장들입니다. 이제 감이 잡히시죠? 이래서 '**토기를 우리 겨레가 처음 만들었다는 사실을 안다는 것**'은 지금까지의 인류사가 얼마나 잘못되었는지, 우리가 얼마나 많은 자부심을 간직한 인류사의 주인(主人: 임금, 소유주, 우두머리)**이었는지**를 알게 하는 것이랍니다.

인류 최초의 보석 옥(玉) 귀걸이 출토!

제주도 고산리에서는 **1만 년 전** 인류 최초의 옥(玉)귀걸이가 출토(1987년)됩니다. 강원도 **고성군의 옥귀걸이**(서기전6000)나 세계에서 가장 오래 되었다는 **만주 적봉시**(홍륭와촌 1982년)에서 발견된 옥(서기전 6200~5200)보다 **2천 년이나 빠른 것**이기 때문이지요. 세상은 또 술렁거렸지요. "한국땅은 **파기만 하면**, 태초의 물건들이 쏟아지니, 무슨 **도깨비 조화냐!**"

더욱 놀라운 것은 **제주도 내에는 옥산지가 없었다는** 사실이지요. 이를 두고 하인수 복천박물관장은 "**제주 선사인들은 이미 1만 년 전, 글로벌 네트워크를 형성하며 교역을 하고 있었음을 추측할 수 있다.**"고 말합니다.

그런데 **홍륭와 옥귀걸이에서 쓰인 옥** 또한 450km나 떨어진 동쪽 **압록강 주변**(수암 지역)**의 옥을 옮겨와 가공한 것**이었고 **만주와 제주도**

와 강원도 수암리의 옥귀걸이와 거의 같은 모양이었지요.

이 사실을 두고 우실하 교수는 '8000년 전, 요서와 요동과 한반도 북부가 동일 문화권'이었음을 밝혀냅니다. 아, **빛살무늬토기에서 고인돌과 함께 옥유물에서** 발해와 서한국해를 둘러치고 살았던 '우리나라'가 확인된 것이지요. 이러한 발견으로 세계학계의 관심은 쏟아지고 한국을 새로운 시각으로 보게 됩니다.

남쪽 한머리땅에서 북으로 중심지역이 이동한 '고대조선'의 최소 영역 출처: 네이버 지식백과, 1만 년 전 제주도의 옥귀걸이 출처: 한겨레신문, 만주(흥륭와,사해)지역과 강원도 고성군의 옥귀걸이 출처: KBS1

고대사회의 옥(玉)이란?

옥(玉)은 예부터 동서양을 막론하고 '인류최초의, 최고의 보석'이었다고 합니다. 맑은 하늘과 바다를 닮아 **하느님의 신성**(神聖)과 **영생불멸을 상징**하였기에 신과 소통하는 신물로써, 신에게 봉헌하는 예품으로, 천제에 사용하는 제기로 사용되었고 여기에 인류의 시원문명을 이룬 사람들의 문화적 상징이라는 인류사적 의미가 더해져 **지존신권**(至尊神權)**의 보석**이 되고 **도**(道: 이룸)**와 덕**(德: 베풂)**의 상징**이 되어 **동·서양의 제사장들의 지극한 사랑**을 받아 왔던 것이지요.

그래서 옥(玉)이란 글 자체가 '**지존**(王 **천손**)**이 늘 곁에 차고**(.) **있던 것**'으로 고대 이 땅의 지도자들은 유일하게 귀걸이를 했다고 합니다. **둥근 옥의 원**(○)**은 고대로부터 태양과 진리를 상징**하는 것이었기에!

옥과 옥귀걸이는 시원문명(물질과 정신)**을 일으켰다는 자부심을 드러**내는 마한인(한국인의 원뿌리)들의 상징이었지요. 마침 가장 오랜 옥유물이 우리 땅에서 처음 나온 것은 어쩌면 인류의 문명문화를 시작한 고귀한 신(神)의 나라였음을 알리고 싶었나 봅니다.

옛 지나땅의 족속들은 **옥기를 사용한 동방의 땅을 불사국으로, 군자국**으로 불렀지요. 이것을 공자는 *예기(禮記)에서 "군자는 덕을 옥에 비유한다." 라고, *후한서 동이열전은 "**동이**는 천성이 유순하여 도리(道理)로서 다스리기 쉽기에 **君子國**이고 **不死國**이다." 라고 기록했던 이유이지요.

그런데- 1968년, 정말- 옛 고대조선의 영토(허베이河北성)에서 화려했던 그때의 '**옥갑**'(玉匣: 옥으로 만든 장례용 수의)**이 출토**됩니다. **옥문화의 결정체로 수천 개의 얇은 옥을 금실로 연결하여 시신을 감쌌다**는 '전설의 옥갑'! 사람의 문명을 처음 일으킨 신들의 땅은 영원히 이어나가야 할 불사국이어야 했기에, 사후에도 주검의 부패를 막는, **죽음을 부정하는 상징물인 옥기 부장품을 수장했던 것이지요.**

특히 **후고조선인 부여가** 옥으로 둘러싼 **옥갑으로 제왕의 장례를 치뤘다**는 사실(*삼국지 위지동이전)에서 불사국의 면모를 알게 하고 **천손의 자부심**이 어떠했던가를 알게 합니다. 지나는 옥갑도 또 저들 **한**(漢) **시대의 유물이라고 우기고 있지만, … 쯥쯥-!**

또 이곳에서 많은 고대조선의 유물 중 '옥규'(玉圭)라는 옥유물이 나와요. 더구나 이 **옥으로 만든 규**(圭=笏홀: 임금이나 신을 대할 때 손에 쥐는 것)에는 "명하노니~ 힘써 싸워 하늘나라 황(荒)을 **보호하고 지키라!**"(令 ~ 保衛兵荒) 라는 글귀가 새겨져 있었습니다.

김영식 원장(청파서예연구원)은 **옥규에 기록된 '황'**이란 **한머리땅과 요하 일대의 대황지구**로서 천손겨레가 사는 '하늘나라'를 일컬었던 말이었음을 상기시키면서 황이라는 글자로 **고대조선이 신화가 아닌 실존했던 역사의 나라**였음은 물론이고 **우리 조상이 사셨던 땅이** '문화의 중심'이었음을 증명하는 것임을 알게 된 것이라고 말합니다.

그래요. '옥갑과 옥규'는 대황지역, 고대 한겨레가 살던 하늘나라의 **천손이 빼앗긴 자존심**이었던 것이지요.

하북성 출토 부여의 옥갑 출처: 전륜성왕, 고조선 역사를 증명하는
유물 중 하나인 옥규(玉圭) 출처: 국학원, 브레인미디어

"이 **구구한**(久久: 오래 변하지 않는) 세상이
어찌 자네를 알아 줄 것인가?
자네가 그러한 세상으로 만들어야지!" ─이규보(1168~1241) *역옹패설에서

옥문화에 자부심을 갖는 것은 신기로운 가공기술에도 있습니다. 이진우(연대 공학부) 교수는 **옥을 가공했다는 것은 당시 인류의 첨단가공기술을 보유했음**을 상징하는 것이라 말합니다.

"연옥(부드러운 옥)은 가능하지만, 고대에 철기가 있었다고 가정하더라도, **경옥은 쇠붙이로 가공이 불가능**합니다. 왜냐하면 경옥의 경도(6.5~7)는 다이아몬드(경도10)보다 낮지만, 얽히고설킨 다결정질물질로 치밀한 구조를 이루고 있기에 오히려 **인장강도**(균열되지 않고 버티는 정도 tensile strength)**는 다이아몬드**(7.5)**보다 높은 8**이기 때문이지요. 또 지금처럼 초고강도 절삭철공구도 없기에 고전적인 방법은 **경옥을 빻은 가루를**, 아니면 화산재 성분 중 석영이나 니켈, 티탄과 결정화된 **고운 재를 모아 연마제로 그라인딩**했을 것이라 생각합니다."

그래요! 이미 **최초의 돌문화를 시작**하고 **인류의 마제석기를 만들었던 그 실력**과 농기구를 갈던 **숫돌**과 함께 **인류최초로 맷돌**과 고인돌과 **토기와 바퀴** 등의 **회전운동문명의 경험으로 연마제를 사용하여 그라인딩**(grinding: 회전숫돌로 가공물의 표면을 갈아 반들반들하게 하는 일) **작업**을 했을 것입니다. 이렇게 옥 제품 하나에 6개월 이상 걸렸을 것이라고 하니 **부여옥갑 1벌 만드는데 장인 10명이 3년 이상** 걸렸을 것이라고 합니다. 얼마나 어렵고 힘든 일이며 자부심과 정성이 없으면 될 수 없는 문화인지 이제 아시겠죠. '**이 어려운 것을 우리 선조께선 쉽게 해내셨지-** 말입니다.'

**"아파 보지 않은 사람은 성숙(成熟)할 수 없다.
우리 역사의 아픈 곳을 찾아 실컷 울어 본 적이 있는가?"** - 역사의병 다물

한겨레의 옥에 대해 집착

지존의 왕관은 온통 옥으로 치장하지요. 비치색 곡옥(曲玉: 굽은 옥)으로 파동치는 신라의 왕관은 우리를 신(神)의 세계로 안내하면서, 한국인의 생사를 관장하고 이 땅을 처음 사랑으로 다스린(다 살린) 어머니 (마마) 마고(麻姑 마의를 입은 신선)를 기억하게 합니다. 우리나라의 첫 지도자 마고는 인류시원문명의 상징인, **신성한 옥**(玉)을 차고 있었기에 '옥녀'(玉女)라고 불러왔던 것이지요.

그래서 이러한 신성성을 이어받은, 임금의 자리나 지위를 **옥좌**요, 임금님의 몸은 **옥체**(玉體), 임금의 도장을 **옥쇄**(玉璽), 곤룡포라는 임금님 옷에 **옥대**를 둘렀던 것이며, 그래서 왕과 왕세자는 **청옥**을, 왕비와 세자빈은 **백옥**으로 장식하고 **왕비의 장신구는 마고를 닮아 온통 옥**이었다고 합니다.

무엇보다 **우리의 옷**(한복)**과 아주 잘 어울리어 격조 높은 아름다움과 정취를 내는 보석**이었습니다. 옥귀걸이를 처음 했을 이 땅의 사람들! 여기에 **옥비녀, 옥머리띠, 옥색치마**를 두른 우리의 **여인네들은 천상 곱디고운 선녀**(仙女: 선경에서 산다는 여자신선)나 다름없었지요. 뿐만 아니라 **옥녀, 옥동자, 옥토끼, 옥수**(玉水)**, 옥같이 매끄러운 피부, 옥구슬 구르는 목소리** 그리고 춘향전에도 나오는 옥반가효(玉盤佳肴: 옥소반에 좋은 고기안주) 등 **귀한 것에는 어김없이 옥**(玉)**자를 붙여 왔습니다. 이렇게 백성들이 옥(玉)이라는 이름에 너무 집착하자 일정한 벼슬 이외의 사람은 '옥자 사용을 금한다'는 영까지 내렸음이 〈조선왕조실록〉에 전해질 정도였다고 합니다.

특히 옥(玉)은 **건강에 효험**이 있다고 하여 옛날 다이아몬드나 사파이어 같은 보석보다 더 큰 의미를 갖고 애지중지했다고 합니다. 한의서인 *본초강목에 의하면, 아름답고 비싼 경옥이 아닌 **연옥이 오장의 백가지 병을 다스려 준다**고 하며 **마그네슘이 40%인 옥에서 나오는 기파장**(氣波動)이 혈액순환과 조직을 부활시키고 혈액을 약알카리화하여 노쇠를 방지하는 등 건강에 도움을 준다고 합니다. 지금도 옥돌 침대, 옥매트, 옥찜질방은 물론 쌀에 옥의 기운(원적외선 및 음이온)을 가미한 기능성 옥기쌀까지도 나왔을 정도이니까요!

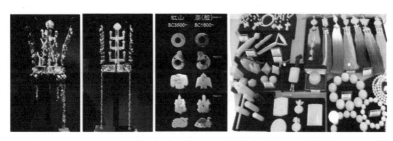

신라의 왕관들 출처: 오두의 역사산책, 홍산문명과 상(殷)문명의 유사함
출처: MBC, 춘천의 옥(玉)제품 출처: 별 특별한 하루

이러한 옥은 옛 우리 땅이었던 **요서를 포함한 만주와 한반도**(춘천) 등지에서는 생산되지만, '**옛 지나에서는** 전부터 보석질의 옥이 산출된 적이 **전혀 없다**'고 합니다. 옥문화를 지나의 것으로 알고 있지만, **사실은 우리나라의 문화였지요**. 세계최고 품질의 옥(연옥)은 춘천에서 나옵니다. 그런데 춘천옥의 90% 이상을 지나가 쓸어갑니다.

> "자신의 나라를 사랑하려거든 역사(歷史)를 읽을 것이며,
> 다른 사람에게 나라를 사랑하게 하려거든 역사를 읽게 할 것이다."
>
> -丹齋 신채호

옥(玉)문화 또한, 인류의 시원문명을 이룬 **사람들의 문화적 상징!** 문명·문화가 하늘만큼 높게 차이 나고 뛰어났기에, 세상은 '하늘나라'(天國)로 부르고 **불사국, 군자국**으로 불렀던 땅! 신기로운 가공기술 등 **첨단과학과 문화를 보유했음은 물론 신과 소통했던 땅의** 주인(主人)의 신물이었기에 지존신권(至尊神權)의 보석이었습니다. 그래서 갖고 싶다고 가질 수도, 가져서도 안 되는 보석이었지요!

따라서 **우리가 옥(玉)문화를 빼앗긴다는 것은** 하늘만큼 차이 났던 천손문화와 시원문명(물질과 정신)**을 이루었던 자부심**과 세상의 주인**이었다는 자부심을 모두 빼앗기는 것**을 상징하지요. 우리가 옥을 차고 걸고 다닐 때, **옛 차이나는 겨우 동남아시아에서 살았던**(상해 복단대 논문), 문명도 낮은 족속이었을 뿐, 더구나 옥의 산지도 없고 옥의 민족도 아니었습니다.

세계의 석학들이 '21세기는 문화가 자본'임을 역설하고 민족마다, 국가마다 **문화주권**(文化主權)**을 주장하며 문화의 전쟁을 벌이고 있는** 지금, 그래서 이미 텅 빈 역사의 곳간이지만, 정작 **우리 겨레가 끝까지 지켜야 하는 것이 무엇인지** 정도만이라도 생각해야 할 때입니다.

'평화(?)롭게 산다고 후손에게 평화(平和)를 물려주는 것이 아니라!' 는 것이 **역사의 교훈**이기 때문이지요. 2차 세계대전이 끝나고 프랑스에선 대대적인 숙청이 있었습니다. 어느 기자는 말합니다. "우린 아무-것도 하지 않았습니다!" 판사는 언도하지요.

"바로 아무것도 하지 않았다는 것이 당신들의 죄요!"

우리 땅에서 발견된 세계 최초의 신석기 유물

그런데 2004년에 세계가 다시 경악하는 사건이 일어납니다. 3만여 점의 구석기 유물과 함께 나온 '신석기 유물 20여 점과 7개의 돌멩이, 숫돌 2개' 방사성탄소연대 측정 결과 2만5500~1만8500년 전 조성된 것으로 추정되는 유적지(전남 장흥군 신북리)에서 '인류최초의 마제(갈아서 만든)석기'와 더불어 갈았던 도구인 '숫돌'이었지요.

이러한 신북유적지의 출토는 '신석기 시작은 빨라야 1만 년'이라는 인류고고학의 상식을 뒤엎고 이 땅이 적어도 다른 곳에 비해 적어도 1만5천 년이나 앞서 인류 최초로 신석기를 시작했음을 알게 했으며 '이란 서부 · 이라크 북부 · 시리아 · 아나톨리아 남부 · 팔레스티나 등에서의 1만 1천 년경에 마제석기의 마제법이 고안되었다'는 학설을 일거에 누르며 한국땅의 역사가 세계 전면으로 나서는 혁명 같은 사건이었지요.

신석기란 돌을 갈아서 썼다 해서 '간석기'(갈다. 마제석기)라 하는 것인데, 이러한 마제석기의 출현이란 신석기의 시작을 알리는 상징이지요. 근데 우리나라에선 신석기시대 중기(BCE3000)에나 갈아서 홈을 낸 돌이 나오는 것으로 알았는데, 무려 2만5500 년이었으니 2만년이나 더 오랜 신석기 유물이었습니다. 그래요. 우리가 우리 땅을 몰라도 너무 몰랐던 거죠! 여기에 석기를 갈았던 숫돌마저 나왔으니, 분명 이 땅에서 신석기를 시작했다는 증거였지요.

마제석기로 인해 인류는 역동적인 삶의 시대를 맞이합니다.

정밀한 조립식 도구 등이 제작되어 동물사냥은 물론 고래를 비롯한 어로어획이 가능해지고 **돌도끼, 돌칼**로 나무를 잘라 집을 짓고 **돌팽이와 돌칼** 등을 만들어 땅을 파고 곡물을 심어 농사를 짓기 시작하고 가축을 기르는 등 **식량생산단계**에 접어듭니다. '**도구의 제작**'이야말로 **인간과 동물을 확실하게 구별짓는 상징적인 사건**이기에 인간을 정의할 때 **호모 하빌리스**(Homo Habilis 능력 있는 사람, 최초로 석기를 제작한 사람) 또는 **호모 파베르**(Homo Faber 도구적 인간)라 말하는 것이지요.

그래서 노벨 경제학상을 수상(1993)한 더글러스 노스 교수는 **신석기혁명**을 영국에서 시작된 산업혁명에 앞서 '인류의 1차 경제혁명'이라고까지 명명했던 것이지요. '**한국인들은 돌 다루기를 마치 떡 다루듯 했다**'는 말이 이래서 전해졌던 것입니다.

숫돌을 처음 썼다는 것은 우리 겨레가 좀 더 정밀하고 창의적인 제작욕구를 가졌던 사람들이었다는 말이지요. 이렇게 **이 땅의 돌멩이들이 세계 인류사를 바꾸게 됩니다!** 이제 '숫돌이 뭐 그렇게 중요한 거냐?'고 말하진 않겠죠?

전남 장흥군 신석기 유물(홈석기, 맷돌, 마제석기) 출처: 동아일보, 오회분 4호묘의 마석신 (돌 가는 신) 출처: 국립중앙박물관, 철사를 갈고리처럼 구부린 뒤 튜브 속 바구니를 꺼내어 먹이를 먹는 떼까마귀 출처: Geoff Robinson

고고학의 미스터리 맷돌!

숫돌과 함께 나타난 홈석기는 무엇을 곱게 갈고 빻기 위해 위나 아래 또는 테두리 부분에 홈을 파서 썼던 돌을 말합니다. 홈을 판 **홈석기 5점**이 바로 전 세계의 미스터리로 알려진 **'맷돌'의 초기 형태**였지요! 이미 출토된 **원시적 맷돌**인 **'갈돌'**(단양의 금굴)**이 발전한 것**이었지요. 아득한 옛날부터 **전 세계에 퍼져 있는** 회전맷돌의 원형을 고스란히 보존하고 있는 초기맷돌이었지요.

그래서 고고학자들은 **고대에 아주 중요한 세력들 즉 소수 엘리트 층만이 사용**할 수 있었던, 이 회전맷돌을 발명한 집단을 찾으려고 애를 씁니다. 그래요! 지구의 진정한 호모 사피엔스(생각하는 사람)와 인류문명의 이동을 알 수 있는 중요한 잣대이기 때문이지요.

단양 금굴 출토 갈돌 출처: Culture & History Traveling, 구한말 상투 튼 조선노인과 맷돌
출처: 서양선교사, 큰 회전 맷돌 연자방아(연자마 연자매) 출처: 우리 말 사랑방

이번엔 또 **웬 맷돌타~령**이냐구요?
고대엔 **온갖 식물의 씨와 잡곡을 가루로 만든 다음 반죽하여 만들어 먹는 문화**였기에 맷돌은 인간의 삶에 결정적 영향을 미쳤던 물건이었습니다. 지금의 믹서와 같은 것으로 집집마다 없어선 안 될 **필수품**이었지만, **아무**(민족)**나 가질 수 없는 물건**이었지요.

맷돌을 처음 만들어 썼다는 것은 **도구의 사용**은 물론 **회전운동의 원리**를 비롯한 **많은 과학**을 익힌 **지혜로운 사람**들이 **마을 공동체**를 일찍 이루었던 그래서 **인류최초로 식물을 재배**하여 **식량을 생산하는 단계의 농경을 시작**하면서 함께 **가축을 기를 수 있었다**는 것을 의미하는 것이며 그래서 우리나라가 풍부한 씨들의 땅이었다는 의미마저 담고 있습니다. **수돌**(天 양)과 **암돌**(地 음)을 **사람**(人)**이 돌려 천지인의 조화를 이루고 상대가 당길 땐 힘을 풀고 풀 땐 당기는, 배려와 조화의 우리 겨레 고유의 전통문화**에서 비롯된 고도의 첨단발명품이었지요.

그래서 우리에게 전해지는 **'떡문화'는 자부심의 문화**였습니다. **우리에겐 남보다 훨씬 이른 시기** 1**인류최초의 마제석기와 숫돌**과 함께 2**인류최초의 맷돌**이 있었기에 3**인류최초로 재배볍씨**를 심었고 4**인류최초로 만든 그릇**(토기, 시루)**과 불**(火)**문화**가 있었기에 세계 유일의 '떡문화'가 전해진 것이지요.

회전맷돌의 기원은 생각했던 것보다 **아주 까마득한 시기**였던 것입니다. 우리를 비롯하여 이스라엘, 독일, 북유럽 그리고 유라시아, 서남아시아, 이란, 아랍, 지나 동남부 소수민족들, 인도, 네팔, 아메리카 등지에서 **지금도 쓰고 있는** 인류최고의 골동품이라고 하지요.
지금까진 **가장 오래된 맷돌이 발견된 곳**을 **서기전5000~3000년 경**, 지금의 서남아시아 이란땅의 **'우라르트'라는 지역**의 'Hurri / Kurri'(쿠리)라는 고대인, 아니면 **인디안**이라 믿고 있었는데, 한국땅에서 가장 오래된(2만 5500년) 맷돌의 초기유물마저 나오게 됩니다.

고고학계는 정말 **어처구니(?) 없는 상황**이 되고 맙니다. 그러고 보니 학자들이 '빛(햇)살무늬토기를 처음 만든 사람들이 **맷돌을 만들었다**'고 했던 것을 생각한다면, **서남아시아의 쿠리가** 옛 한국인을 뜻하는 구리(쿠리)와 **비슷하게** 느껴지는 것이 이상할 것도 없네요.

인류의 신석기시대를 열었다던 **중동이나 유럽, 중국보다 무려 1만 5000년 이상이나 앞서** 먼 옛날, '**우리나라**'가 인류의 신석기문명을 시작한 세계의 중심이었음을 알리는 귀중한 유물이었던 것입니다.

이스라엘, 아랍여인, 바이킹 여성 맷돌, 독일 남부에서 발견된 손잡이(어처구니) 빠진 맷돌(BCE3000년경) 출처: 윤복현 교수

이미 **경남 진주 장흥리 월평과 대전 용호동와 제주 고산리**(1만2천년)에서도 마제석기가 출토되었지만, 이번 발굴로 **1만 년 신석기시대 훨씬 전**에도, 인류의 어머니 마고의 땅 마나라에서는 돌을 맞부딪쳐 곡식을 간 **맷돌**(마나라 사람들의 돌)과 돌을 곱게 갈아쓰기 편리한 **마제석기**(마나라사람들이 만들었다는 돌연장)가 **사용되었던 땅**이었음이 확실해진 것이지요. 이제는 **한국, 마나라가** 인류의 신석기문명을 열었던 나라임을 부인할 수 없게 되었고 이전의 우리 땅의 첨단 구석기유물인 '**아슐리안형도끼**'의 **발견이 우연이 아니었음이** 밝혀진 것입니다.

윤복현 교수가 전하는 **맷돌에 관한 슬픈 전설은 우리에게 잊힌…**

역사를 되살립니다. '1큰 홍수로 세상 사람들이 2다 죽고 **오누이만이 산꼭대기에 살아남았더랍니다.** 그래 **남매는 결혼**을 해도 좋은지 신에게 묻고자 3**암맷돌과 수맷돌**을 굴렸더랍니다. 그런데 떡하니 붙기에 이를 신의 허락으로 여겨 결혼하여 오늘날 4**인류가 세상에 다시 퍼져나갔다는** 이야기랍니다.' 그런데 같은 전설이 5**서한국해를 사이에 둔, 중국 동남부 소수민족에게도** 전해지고 있다는 것입니다.

이 전설을 저는 이렇게 해석합니다.

1서기전 1만2천~8000년 사이 **온난화로 인한 서해평야의 침수로** 2평원에서 **우리나라가 물에 잠기자, 많은 마나라 사람들이 이 땅을 떠나**가고 **섬으로 고립되면서 황당하고 말도 안 되는 일들**이 벌어지는데 3산으로 올라 채집생활에서 얻은 **씨앗을 이미 우리가 발명했었던 맷돌로 갈아 먹고 살았던 사실**을 일깨우고

그래서 5**지나 동남부**가 당시 **한머리땅과 같은 문화권**(우리나라)이었음을 알게 하고 4**살아남은 이들이 포화상태의 이 땅에서 문명을 갖고 세상으로 퍼져 나갔음**을 알려주는 **상징적인 전설**로 지금까지 **미스터리였던** '인류 이동설과 그 이유'(지구대홍수)를 일러주는 **아주 귀중한 이야기**였던 것이지요.

이렇듯 **맷돌과 관련된,** 가장 이른 시기의 신화소와 문화가 **우리 한겨레에 남아있다는 것은 어쩌면 '어처구니'**(맷돌을 돌릴 때 잡는 손잡이)**가 없어 인류사를 알 수 없었던 세계에 어처구니**(세계의 역사를 풀어주는 실마리)**를 건네주는 이야기**는 아닐까요?

혹자는 **어처구니를 우리의 왕궁의 처마에 얹어 악귀나 화재를 쫓으려고 올려놓는다는**, 지나의 삼장법사나 손오공, 저팔계, 사오정 등 **잡다한 상**이라고 하지만, 서원문명을 상징하는 맷돌**과 관련된 우리**의 말이 어찌 **역사가 짧은 지나**(중국)**에서**(?) 유래되었다 하며 **우리의 깊은 건축의 역사마저** 어찌 명(明) 때의 지나의 오승은이 지은 공상소설인 ***서유기**(西遊記 1570년경)**에서**(?) 유래되었다고 주장하니, 저학년 초딩도 아니고. 정말 **어처구니가 없는 어처구니**네요! 웃기죠?

이게 지금의 **우리 역사와 문화**랍니다.

침술과 의학의 발상지, 우리나라

갈고 다듬는(마제) **기술이 오죽 오래 됐으면 돌로 바늘까지 만들었겠습니까!** 함경북도 경흥군 송평동 패총에선 **최소 5천 년이 넘는 폄석**(貶石: 침으로 쓰인 돌침)**을 비롯하여 골침 · 석촉 등이 발굴**(1929년)되어 〈국립중앙박물관〉에 보존되고 있습니다.

인류학자들은 고대사회가 지금보다 청결하지 못한 생활로 **종기가 많았을 것**으로 추정합니다. 이때 **염증 생긴 피부를 찔러 수술하는 외과적인 치료기구가 폄석**이었다고 하네요.

침의 효시였던 폄석은 신석기시대의 산물로서, **청동기시대에는 잠석**(箴石)으로, 이어서 **철기시대의 철침**(鍼)으로 발전되어 지금의 침술의 태동을 상징하는 첫 의료도구였던 것이지요. 그래서 폄석은 **최초의 숫돌**(연마 도구)**이 어째서 이 땅에서 출토되었는지, 이 땅의 문화가 얼마나 깊고 뛰어났는지를** 알게 합니다.

심지어 8000 년 전, 옛 우리 땅(홍륭와 유적)에서 수십 점의 옥(玉)과 함께 나선형 연마로 작업된, 구멍의 직경이 같은 수술 흔적의 치아까지 나왔으니…, 조사를 맡았던 재팬학자는 4년간의 연구 후 기자회견(2008. 2)에서 옛 한국의 문화를 부러워하면서 이렇게 발표합니다.

'이 치아의 연마 흔적은 모두 같은 도구를 사용한 틀림없는 인공수술 흔적'이라고. 그래요. 인류최초로 옥(玉)을 가공한 분들이셨으니 치아수술이나, 가는 돌침인 폄석의 연마가 가능했던 것이고 치아인공수술 또한 다른 땅과 달리 모두 인류최초의 맷돌과 숫돌과 바퀴 등 앞선 마제(갈고 다듬는)문화가 어우러져 가능했던 그라인딩 작업(회전운동)으로서, 고도로 발달된 신석기문화의 흔적이었던 것이지요. 고구리는 〈오회분 4호묘 벽화〉에 숫돌에 갈고 있는 '마석신'(磨石神)을 그려 그때를 증명하고 있습니다.

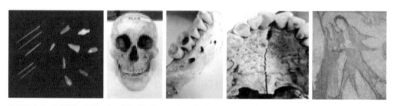

함경북도 송평동 패총의 폄석 출처: 국립중앙박물관, 요서흥륭와문명 유적지 수술 흔적의 치아 제공: 우실하 교수, 오회분 4호묘 벽화 마석신 출처: 국립중앙박물관

그러나 얼마 전까진 7000 년으로 추정되는 두개골 수술유물이 유럽에서 발굴되고 4500년 두개골 수술흔적이 지나땅에서 발견되어 오늘날 한국의 의학 또한 지나와 서양에서 들어온 것으로 알았었는데… 그래서 지나의 시조라는 헌원을 의학의 아버지(효시)로 알았고 화타(華陀:

漢 145~208, 지나의 외과수술의 아버지)를 **신의(神醫)라 하여 최고의 명의로 알고 신처럼 떠받들어 한의원마다** 모셨었는데, 이보다 더 단단했던 **8천 년 전의 치아의 수술로 인해 이 모든 것이 허망**하게 된 것이었지요!

　의술의 효시(?)의 기록이라고 지나가 자랑하는 *황제내경 소문(서 기전403~221 최초본 제작설)과 *산해경의 저작연대 또한 고조선 후기 인 점으로 미루어, 이미 **우리에서 발전된 침술이 고대조선 때 중원 땅 지나에 전해진 것**을 기록한 것이 틀림없을 것이라고 많은 학자들 은 말합니다. 왜냐하면 **헌원(黃帝 BCE 2692~2593)이 썼다(?)고** 알려 진 **황제내경조차 헌원**(헌원도 원래 동이였다)이 **치우천왕**(14대 한웅 BCE 2707~2599)의 **국사**(천왕의 스승)인 자부진인(紫府眞人)에게서 받은 *음 부경(산황내문경)을 **모사한 것**임을 **갈홍**(284~364)이 *포박자를 지어 전하고 있기 때문이지요.

　한헌구(전 의료보험연합회) **상임감사**는 침구(침과 뜸)의 최고 경전 이라는 *황제내경 中 영추경(靈樞經)의 **실체**를 지나학자 용백견 (1900~1983)이 쓴 *황제내경 개론 中에서 '송(宋)이 1093년 **고려에서 얻어온** *침경鍼經을 **바탕으로 史崧**(사숭)이 **개편**하여 당시 9권 본을 **24권으로 만들었다'**는 기록과 *송사(송조실록) 철종본기의 "**고리에서 헌상**(얻어온)한 *황제내경을 **천하에 반포했다"**(高麗所獻 *黃帝鍼經 於天 下) 라는 기록을 찾아내어 침술의 종주국이 본시 '**한국**'이었음을 문헌 적으로 입증해 내지요. 다들 훌륭하십니다. 또한 **지나의 고사서들도** 한결같이 침술의 발상지가 **요동, 동쪽사람에서 발생·발전**되었다고 기록하고 있는 것을 본다면, **다 우리의 역사**였던 것이지요.

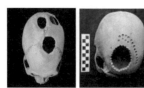

지나의 수술흔적 제공: John W. Verano, 남미 페루(다니엘 쿠린 교수 발굴) 1000년 전 두
개골출처: 국제신문, 백제 귀부인의, 수술 후 다시 재생된 흔적이 있는 53호분의 두개
골과 53호분 · 49호분 두개골 X-ray 사진(국립부여박물관 제공) 출처: SBS뉴스

또한 염증과 더불어 **추위와 음식으로 오는 질병**이 많았다고 합니다.
그래요. 우리의 선조는 **인류최초로 농경을 시작**하고 바다로 나가 **고
래를 처음 잡고 해양문명을 개척하신 분**이셨지요. 다시 말해서 동 ·
식물의 성분이나 동물과 고래의 뼈 등의 구조에도 해박하신 분들이었
다는 말입니다.

여기에 우리 땅이 원산지였던, 지천으로 깔린 '**쑥으로 뜸**(炙)**치료**'
를 시작했고 **온돌 같은 열치료**를 생활화했으며 **음식을 덥히**고 소금
으로 **염장**을 하고 **발효를 시켜 소화**를 돕고 **쑥떡과 쑥국**을 즐겨 속
을 덥혀 건강을 지켰왔던 슬기로운 **겨레**였지요, 때마침 우리 겨레인
'**동이**'(東夷)가 만물에 능통한 사람이었음을 강상원 박사님은 **산스크
리트**에서 찾아내주십니다.

지금 우리가 세계에서 유일하게 **나물을 먹고 수많은 약초를 정리**
해 놓고 **모든 해산물을 먹는 사람**들이라는 것은 지구상 나무(木)가
처음 시작되었던, 그래서 동(東= 木+日)방이라고 불렸던 땅의 **오랜
역사에서 비롯**된 것이었고 여기에 한겨레 특유의 탐구정신이 더해
져 연유된 것이었지요.

그래서 지금도 "건강하게 '쑥쑥' 자라라!" 라는 비나리(축복의 말)를 이어오는 사람들이지요. 백 번을 양보하더라도 '우리 땅이 이른 의학의 발상지 중 하나' 였다는 것은 틀림없는 역사일 것입니다!

동양 최고의 의학서라고 인정받고 있는 허준의 *동의보감이 우리에게 괜히 전해진 것이 아닌데, 이러한 의술의 뿌리인 나라에서 아직도 동양의술은 물론 침술과 뜸술마저도 지나(China)가 종주국인 줄 받들고 있고 침구(鍼灸: 침과 뜸)술은 정식의학이 아닌 대체의학으로 밀려나고 침구행위를 '부정식품단속 특별조치법'으로 적용하여 탄압을 해왔으니, 이 뼛속까지 박혀있는 중화사상의 종 근성과 사대사상을 어찌한단 말입니까? '우리'를 너무 몰라서, '우리의 문화와 역사'를 너무 모르는 공무원이고 국민들이니… 에휴-! 어린 조카가 불렀던 판소리 춘향가가 제 마음을 아려오네요. "쑥대-머리 귀신형용~"

인류최초의 단위, 도량형 -자(尺)!

그리고 세월이 흘러 2014 6월 충북 단양군 〈수양개유적지〉에선, 또다시 세계를 경악하게 하는 사건이 벌어집니다. 20.6cm 작은 돌멩이! 0.4cm 간격으로 22개의 금(24단위)이 그어진 '눈금돌'이지요. 무려 1만8천 년 전의 세계최초의 자(尺)였습니다.(3만9천년: 신용하교수) 신석기(1만 년) 이전은 '숫자나 단위 같은 추상적인 개념을 모를 것'이라던 고고학자들의 이론을 우습게 만든 혁명적인 발견이었지요.
'돌자'(尺)가 또 뭐 대수냐구요?

충북 단양군 눈금돌 출처: 문화재청, 저울과 저울통 출처: 국립중앙박물관,
고구리의 최고의 성축조방식인 육합쌓기 출처: 역사스페셜

'자'(尺척)라는 것은요! 규격화와 계량화가 시작되는 첫 도량형(度量衡) 기구로서 추상적인 수(數)와 단위의 개념을 기호화하고 표준화했던 인류사에서 아주 어-마-어-마한 유물이었습니다. 수학과 기하학에 관한 기본적인 인식을 갖고 있었다는 의미였지요.

'자'는 길이뿐 아니라 무게를 재는 기준이 되어 제기와 악기의 제조와 천문기구, 건축, 의복 등에 적용되면서 세상의 기준을 세우고 표준화를 하여 질서를 세우고 문명의 세상을 인간의 관리영역(주인, 주체)에 두어 세상을 재단(재거나 자르다)하고자 했던 욕망의 상징으로서 온갖 제도를 생기게 하는 첫 걸음이 되는 기구이기 때문입니다. 그래요 하루를 24시간으로 1년을 24절기로 여겼던 지구인의 비밀이 풀렸던 것이지요!

아, 그래서 3만 년 전, 구석기문화의 꽃, 석기시대의 최고의 발명품, 인류최초의 기계장치라는 좀돌날몸돌(細石刃核, micro-blade core)로 세(細 작고 섬세한)석기의 대량생산(약 20배)을 이룬 것이나 그리고 이미 1만 8천 년 전 50여 곳(수양개 5지구에서만)의 아시아최대의 최첨단 석기제작소(공장)를 갖추어 구석기를 대표하는 유물인 슴베석기를 번성시켰던 것이 우연이 아니었으며 또한 유일하게 조립식 검(劍: 돌검, 청동검) 등의 <u>조립식 문화</u>가 이 땅에서 처음 시작되었던 것도 뜬금 없는 문화가 아니었습니다. 여기에 훗날, **세계최고의 성**(城)**축조 방식**으로 평가받는 **고구리의 '육합쌓기'**(안의 돌 하나가 빠져도 둘러싼 여섯 돌이 감싸 무너지지 않음)도 모두 **규격화로 대량생산을 가능하게 했던 문화였었던 것 모–두** 규격화된 자(尺)**에서 시작되었던 것이었지요.**

용(龍: 동양에서 유래된 상상의 신물)**으로 상징되며 고대 메소포타미아의 주신**(主神)**이었던 '마르두크'**(Marduk)**가 왠지 낯설지가 않는 우리 말 '말뚝'으로 들리는 것을 이상하게 생각해야 할까요?**

강상원 박사님은 바로 **표준의 위치를 정해주는 것이** '말뚝'이었고 **표준을 정해주는 존재**(왕, 주인)가 **'말뚝이'였음을 산스크리트어에서 같은 음, 같은 의미로 찾아내 우리 땅이 '세상의 표준을 정하고 임금의 법**(조칙)**이 나왔던** 첫 인류(주인)의 땅'**이었음을 확인시켜 줍니다.**

천손의 정통성 '신척'(금척 金尺)

혹시 우리나라에만 전설로 전해오는 **'신척'**(금척 金尺)을 아십니까?

세상에 **제도를 처음 만들어** 세상을 이(夷)끌었다는 신(神금, 금)의 자(尺) 신척, 검(금)척, **금척이야말로 신의 뜻으로 천권**(천제국의 권한)**을** 잇게 하고 천손의 정통성을 **인정하는 신물**(神物)**이었다고 합니다.**

신척을 빼앗아 천손의 정통성을 가로채려는 **한**(漢)**의 사신으로부터 금척을 지키려고 가짜 무덤 수십여 기**(경주 금척리, 일제 때까지도 52기)**를 만들어 어딘가에 묻어 지켜왔다고 전해오는 신척이지요.**

그래서 천손의 땅에서 일어난 신라의 첫 임금 **박혁거세**가 **꿈에 신인**(神人)**으로부터 받았던 것**이고 **이성계** 또한 **꿈에 신인으로부터 금척**(夢金尺몽금척)을 얻었기에 조선을 개국할 수밖에 없었다는 정당성을 꾸며 백성의 마음을 얻으려 했던 것이지요. 삼봉(정도전) 또한 **몽금척이란 노래**(악장)를 짓고 정인지, 권제, 안지 등은 **용비어천가**(龍飛御天歌; 용이 날아 하늘 뜻을 받드는 노래, 세종 27년 1445) **83장**을 지어 '이 나라가 어떤 나라였는지'를 알게 했던 것이지요. **"자ᄒ로 制度 ㅣ 날씨 仁政을 맛됴리라 하ᄂᆞᆯ 우흿 金尺이 ᄂᆞ리시니"**(자尺로서 제도가 생기고, 어진 정사를 맡기시려고, 하늘 위에서 금척을 내려주셨습니다.)

경주시 건천읍 금척리의 무덤군 출처: 또 다른 경주이야기, 암행어사의 유척(길이 246mm 높이15mm)의 한 면 출처: 국립고궁박물관, 고래뼈자, 자의 모델이 된 고래수염 출처: '두발로걷는개

이렇게 **이미 1만8천 년 전부터 쓰였던** 신의 돌자(검척)는 훗날 **고래뼈의 자, 해척**(海尺)으로 이어졌음을 정약용은 *다산시문집에 전하고 *삼국유사(탈해왕조)는 **신라의 시조 박혁거세의 왕위 옹립에 기여를 했던 세력**이 '**해척지모**'(海尺之母: 바다자를 갖고 있는 어미)**였다**고 기록하여 예부터 우리 땅이 자로써 **세상에 제도를 처음 만들어 세상을 이끌었던 땅**이었고 이 땅을 **고래잡이들**(어이)**이 세력을 쥐고 있었음**을 알게 합니다. 어릴 때 저희 집에도 있었던 **고래뼈자**였지요.

이러한 이 땅의 문화가 퍼져나가서인지 '서양도 귀신고래(고향은 한국)와 같은 **수염고래의 수염으로 자**(尺)를 만들어 왔다'는 사실을 〈코리안 신대륙 발견〉의 김성규 회장은 밝혀냅니다.

그래요. 세상에 전해지는 '**해인금척**'(海印金尺) **전설**! 그래서 왕을 대신하여 암행어사에게 하사했던 **유척**(鍮尺; 놋쇠로 만든 자)은, 해척의 고래뼈가 세상의 자부심이었듯이, 자와 청동(놋쇠)을 처음 발명했던 우리의 자부심의 상징물이었지요. 고종황제가 **대한제국의 최고의 훈장**을 금척대훈장(金尺大勳章)으로 했던 것은 '우리 겨레가 **세상의 물건과 제도를 만들고 관리했던 자부심**을 일깨우고 싶었기' 때문이었지요.

컴파스(여와)와 자(복희) 소장: 국립중앙 박물관, 금척대수장을 패용한
순종황제, 도안본의 금척대훈 출처: 국가기록원

그러나 **중화에 물든 자들**은 또 '**자를 비롯한 도량형은 진시황제부터 시작됐는데**, 무슨 소리냐며 눈을 뒤집을 것입니다. 그런데 진시황이 **만리장성**을 쌓게 하고 **분서**(焚書: 옛 한국 즉 동이의 서적을 불사름)와 **갱유**(坑儒: 동이의 선비를 파묻음)를 거치고 조작된 사서를 출간하고 **도량형**(程)을 새롭게 (통일?)했던 것은 위대한 단군조선으로 이어진 '**옛 한국의 문화 식민지 시대**'를 벗어나고자 했던 몸부림이었을 뿐이지요.

또 어떤 자는 지나는 '**복희와 여와가 이 세상에 태어날 때, 두 손에

자(尺)와 컴파스를 들고 나왔다'라고 하여 지나족이 발명한 것이라고 거품을 물 것입니다. 복희와 여와가 5대 태우의 환웅의 아들과 딸인 한국인이었음도 모르면서 말이지요.

*중국고대민족관계사연구라는 논문집(복건인민출판사)에는 **학술토론을 종합한 결론**(중국사학자 24명)을 다음과 같이 적고 있지요. **"즉 중국은 한**(汗=韓)**국이다. 설명할 것도 없이 인정할 수밖에 없다. 중원의 모든 왕조는** 한 개의 한국에서 나온 것**일 뿐이다."**(即中國汗 說明他也 承認是中原王朝的一汗 p364)

애초에 **중원**(中原)에는 우리가 알고 있던(저네들이 자랑하던) **거대한 문화의 나라, 지나족의 중국**(중심 나라)**은 없었으며** 있었다면, **우리 한국**(하늘나라: 一, 干, 汗, 韓)**의 일부**였고 '우리나라'야말로 **진실로** 세상의 중심 중국(中國)이었지요. 그래서 문화가 높은 것들이 동쪽땅에서 **서쪽땅으로 일방적으로 흘러갔기에**, 지나족은 물건(物件, thing)을 **物件**이라 쓰지 않고 [물건]이라 말하지 않고 지금도 **東西**(동→서)라 쓰고 [똥시]라고 말하는 것이지요.

3만5천 년 전의 얼굴돌, 너 자신을 알라!

그리고 **수양개의 돌자**(尺)와 함께 같은 층에서 형제유물로 출토된 '3만5천 년의 얼굴돌'! 이미 약 10(20)**만 년 전** 사슴 정강이뼈에 얼굴을 새긴 **조각**이 발견된(충북 청원군 두루봉동굴– 고 손보기교수 주장) 적도 있었지만, 분명 사람얼굴을 돌에 새긴 인류최초의 유물이었습니다.

'인간다움의 시작은 자신을 아는 것!'(Know yourself)에서' 라고 그리스의 철학자 소크라테스는 말합니다. **인간의 얼굴을 표현했다는 것은 '자의식**(자신의 존재 인식)**을 넘어 나와 남, 우리라는 존재의 의미를 분명히 인식했다'**는 것으로 지금의 현대인과 같은 지적능력과 자의식이 있었음을 알게 하는 것이지요. 이것이야말로 진-정한 호모사피엔스(사유하는 인간)**의 얼굴의 발견**이었습니다.

이러한 이 땅의 **돌자**와 **얼굴돌의 발견**은 '**당시는 자의식**(self consciousness)**이나 존재의식** 그리고 숫자나 단위 같은 **추상적인 개념을 모를 것**'이라던 고고학자들의 이론을 우습게 하며 **후기구석기인의 지적능력을 드러낸 사건**으로서 이융조 한국선사문화연구원 이사장은 "**현생 인류의 자의식과 표현력**을 담고 있는 고고학적·인류문화사적 발견이며 세계구석기 예술사에서 획기적인 자료이다.**" 라고 말합니다.

더 놀라운 것은 이미 **3만 5천 년 전**에 **얼굴면과 얼굴의 아래와 옆을 평평하고 말끔하게 다듬었다**(간석기, 마제석기의 흔적)는 것입니다. 마치 현대식 도구를 쓴 것처럼. **1만 년**이라던 마제석기 신석기문명을 우리 **땅에선 훨씬 전, 3만5천 년 전에 이미 세석기와 마제문화로 시작했었던** 것이었지요. '**진정한 신석기인인 호모 파베르**(Homo Faber 도구적 인간)**가 어느 땅에서 시작되었는지**'를, 이 땅 '**우리나라가 어째서** 인류문화의 근원적인 시원지였는지!'를 여실히 보여주는 혁명적 발견이었습니다. 이를 두고 이기길(전 캠브리지대) 조선대 박물관장은 '현행 역사교과서를 다시 써야 할 발견'이라고 말합니다.

이 발견으로 **우리나라** 전국에서 **출토되었던**, 고도의 문명수준을 가늠한다는 '아슐리안 주먹도끼'(100만~10만 년 전)**의 발견이 결코 우연이 아닌 것으로 증명**되고 불모지 대한민국이 어째서 **세계사에서 찾을 수 없는** 경제기적을 일으킬 수 있었는지, 어째서 한국인의 IQ 가 세계 1위인지, 〈세계기능올림픽〉에서 18연승의 독보적 우승기록을 차지할 수 있었는지, **한국 골프가 왜 세계를 제패**할 수 있었는지에 대한 답을 우리의 정체성에서 찾을 수 있었습니다. 이것이 **지나와 재팬의 왕들이 대대로 술사(術師)를 이 땅에 보내 염탐하고 각 고장의 지맥과 혈맥을 끊으라고 했던 이유이지요.**

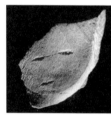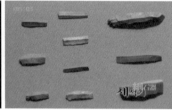

충북 단양군 얼굴돌 출처: 한국선사문화연구원, 중석기의 세석기문화
출처: KBS1, 존 M 홉슨교수 출처: 구글

"**그럼, 지구의 다른 곳의 사람들은 뭘 했을까요?**"

솔직히 따지고 보면, 없지요! 거-의 이 땅에서 나갔으니까요! **역사가 깊은 나라는** 문화(열매)가 상대적으로 더 뛰어나지요. 이렇게 우리 땅의 문화로 **인류의 1만 년 전 신석기이론은 깨지고 최소한 3만5천 년 전의 신석기시대를 시작으로 세계의 신석기역사를 다시 쓰게 했던 것입니다.**

무책임한 말, 동도서기(東道西器)

동도서기(東道西器)!

'정신(道)은 동양이 앞서고 문물(器)은 서양(?)이 앞섰다'
그러나 진실은 **인류문명이란 동양에서 창조한 정신과 물질의 창조를
서양이 '모방'한 것**이었지요. 온통 허구였습니다. 서양은 단지 수 만
년이 지나 1만에서 8천 년 아니, 5천 년 전, **이 땅의 사람들이 이동하
며 갖고 간 모-든 문화를 배워 훗날 신석기문명을 시작했을 뿐**이었
습니다! 지금부터~ 보세요. 우리 땅이 어떤 땅이었는지! 우리의 **선조
께서 무슨 일들을 하셨는지, 왜 세계가 한국을 존경해야 하는지**를 아
실 겁니다.

　

　*서구문명은 동양에서 시작되었다 의 저자 존 M. 홉슨은
'1800년 이전까지 정신문명은 물론이고 기계문명마저도 그 발원지는
동양'이었다고 말합니다. 세계적인 철학자였던 **윌 듀런트**(1885~1981
컬럼비아대), 현대지식인들에게 철학과 역사에 눈뜨게 했던 위대한 스
승으로 알려진 그는 "유럽과 미국은 **아시아 문명의 응석받이이자 손
자**였다. 그래서 **조상인 동양의 풍요로운 유산을 이해할 수 없었다.**
서양의 이야기(history)는 동양에서 시작되었다." 라고 말하여 유럽중
심의 기만적인 시각과 역사기술방법을 개탄했었습니다.

　

　또한 '올해(2000)의 책'으로 선정된 바 있는 *리 오리엔트(*다시 동
방으로)의 저자 프랑크 역시 "**세계문명의** 근원은 동양이었고 **동양역사
의 시작이 곧 세계역사의 시작이었다.**" 라고 말합니다.

이렇게 **서양사는 아시아 문명이 모태(母胎)였다**고 한결같이 말하는 것은 '유럽중심주의로 써진 세계사는 가짜였고 압도적이고 명백했던 동양의 문명사적 역할이 축소·은폐되었다'는 것이기에 이제는 **세계사에 관한 사고의 틀을 완전히 재정립해야** 할 것입니다.

그런데 우리의 학교에서는 지금도 '**동도서기**'를 외쳐대며 시험에 내요! 생각이란 것을 정-말 안 해요. 이제는 '동도동기'(東道東器)로 바꿔야만 합니다. 이제 우리 땅의 **3만 5천 년 전의 얼굴**을 기억해야죠~!

애재라!(슬프다), 세계적인 베스트셀러 *총.균.쇠(Guns, Germs, and Steel), 저자 재레드 다이아몬드(Jared Diamond)는 '**1만3000년 전, 세계의 전(?) 인류**는 뉴기니의 원주민이나 유럽인들 구별 없이 수렵채집(?)으로 생계를 이어오던 **구석기시대(?)**로서 **문명화의 정도가 거의 같은(?) 출발선상에** 있었다.'라고 말하고 있어 그 역시 인류의 종가집이며 노대국인 하늘나라(한국)의 역사를 간과하는 큰 실수를 범하고 말았습니다. 그러나 이렇게 **왜곡된 책이 세계적인 베스트셀러가 되고 서울대 도서대출 1위에** 오르며 우리의 역사를 은폐하며 왜곡을 심화시키니 어쩝니까? 제 책은 서점 후미진 구석 밑바닥에 꽂혀 있을까?

"내가 죽어 조국이 조국(祖國)으로 남고, 내가 사랑하는 어머니와 형제,
친구들을 구할 수 있다면, -중략- 하늘이여... 무엇이 참다운 삶이고
내가 지금 어떤 행동을 하여야 하는가를 안내해 주소서!"

- 세계적인 핵물리학자 이휘소 박사의 일기(1977. 3. 2까)

4부
한국인이 잊은
천손의 알씨 –
개, 매 & 쌀, 콩

4부: 한국인이 잊은 천손의 알씨- 개, 매 & 쌀, 콩

'모든 개의 조상은 한국개'

진정한 문명인의 시작과 지구의 역사는 개(犬. Dog)문화로부터~ 였다고 한다.

그래서 '개문화'는 부(富)와 선진문화의 상징으로 여겨져 서양인들에게 은근한 자부심이었다. 중세 프랑스의 가스통 드 푸아 백작은 무려 1600마리에 달하는 사냥개를 키웠다고 전한다. 비록 고대문명의 뿌리는 없지만, 고급문명은 서양에 의해 시작하여 세계를 이끌었다는 주인의식(정신승리)! 마치 개목에 줄을 매달아 이끌 듯 현대의 과학문명은 자기들(유럽인)이 이끌어 왔다는 자부심 때문이었다.

그런데, 21C에 들어서자, 충격적인 연구결과들이 쏟아졌다.

〈스웨덴 왕립기술연구소〉의 연구를 시작으로 놀라운 발표(2002년)들이 이어지며 세계인류학계는 충격에 빠졌다. 분자생물학 팀장 페터 사볼라이넨(Peter Savolainen) 박사는 전 세계 654종 개의 미토콘드리아유전자를 분석한 결과를 호주 ABC방송의 〈사이언스쇼〉 프로그램에서 이렇게 말한다.(2002.11)

"우리는 전 세계의 개의 DNA샘플을 채취하여 분석해 본 결과 동아시아의 견종이 다른 어떤 곳보다 가장 큰 유전자적 다양성을 갖고 있음을 알았다. 지구상 모든 개의 조상은 동(동북)아시아에서 길들여진 회색늑대이며, 모든 개의 턱뼈와 유사한 것은 **만주**(옛 한국땅)**에서 살았던 황색늑대**밖에 없다. 이것은 다시 말해 '동아시아지역이 개의 기원지'라는 것을 뜻한다. 옛 차이나땅 어딘가에서 기원한 것이 아닌가 한다. 일찍이 **동아시아에** 고도로 발달한 문명의 베이스(터전)가 그 지역에 있었으니까!"

이어 〈타임즈지〉도 **'개의 기원'**(Origin of Dogs)에서 **'모든 사육견의 조상이 1만5천 년 전 동아시아에서 기원했다.'**는 사실을 연이어 발표한다.(2002.12) 그리고 *유전(Heredity)저널(2011.11.23) 또한 '개의 기원은 독일도 이스라엘도 이집트나 중동도 아닌 **동아시아 양쯔강 남부지역**(당시는 옛 한국의 문명지)**이었다'**고 보도한다.

왜냐하면, **지나인들은 5~6천 년에야 겨우 양자강 남쪽에 조금 들어와 살았을 뿐이니, 1만5천 년 전 황하유역엔 지나족은 하나도 없었을 뿐 아니라, 남쪽의 황해대평원이 고도로 발달한 옛 한국문명**(마문명)**의 터전이었음을** 생각한다면, 당시 동아시아의 고도로 발달한 문명이란 바로 우리를 말함이요 저들이 말한 **옛 차이나란 곧 '우리나라'**이기 때문이다.

미국 생물교과서 출처: 한국고대사, 미국 타임즈(2002.12) 출처: 문화일보

그리고 **세계 모든 개의 턱뼈와 유사한 턱뼈의 늑대는 오직 한반도
와 만주와 중원동북부-동몽골의 늑대였을** 뿐이고 **회색늑대와 황색늑
대가 모두 다 살았던 곳이 세계에서 만주와 한반도뿐**이라는 연구결과
는 우리 조상님의 강역이 개를 가장 오래 전에 가축화했음을 의미하는
것이다. 따라서 **수만 년 전 아시아에서 온 개**로 알려진, 호주의 야생
개 '딩고'(dingo)나 북쪽 시베리아의 회색의 **'시베리안 허스키'** 또한 이
땅의 한국인과 함께 간 진도견의 후예였음을 유추하게 한다.

여기에 우리의 '진도견에서 **황색늑대와 회색늑대의 혈통이 함께
나타난다**'는 연구발표는 옛날 우리 땅(우리나라)에서 처음 **황색늑대에
의한 황색개**(누렁이)**를 시작으로 점차 회색늑대에 의한 회색개가 키워
졌던 과정**을 증명하는 것이고 또한 일찍이 이러한 **개와 함께 가축과
농경을 시작했던 한국인의 시원문명의 터**(土)를 깨닫게 한다.

그래서 학자들은 시베리아를 개의 기원지로 보지 않는 것이다.
지금 **미국의 생물교과서**는 **'옛 한국땅이 개의 기원지'**라고 가르치고
시베리아가 아닌 **만주 부근**(사실은 한머리땅 남부임)**으로** 표기하고 있
다. 이렇게 인류문명의 기원을 이루고 신석기문명을 상징한다는 개
의 문화는 서양이 아닌 바로 **우리 땅의 문화**였던 것이다.

여명의 땅에서 시원의 문명을 함께 시작했던 진도견 출처: 한국진도견협회, 시베리안 허
스키 출처: 뉴스위크, 호주의 야생개 딩고 출처: 나무위키

개문화는 인류문명의 기원

무-신 개-소리냐구요? 인류학자들은 **개문화는** 인류문명의 기원(起源)과 맞물려 있으며 **인간을 진정한 영장**(靈長: 신령스럽고 기묘한 능력을 지닌 우두머리)의 길로 들어서게 했다고 말합니다.

인간과 개와의 만남을 폴타콘(스웨덴 인류학자, 과학자)은 이렇게 말합니다. "인간이 **개와 만났던 순간**은 아마도 인류역사 상 가장 중요한 장면의 하나일 것이다. 개를 길들이면서 우리 인간은 **다른 동물의 운명을 통제**할 수 있었고 결국 그것이 **농경으로 이어져** 사육원이나 농장이 개발되고 결국은 오늘날의 **국가**(國家)로 나아가게 된 것이다."

무엇보다도 **사람을 동굴 밖으로 나와 물가생활을 시작하게 했던 것이 바로 개였지요.** 물가는 야생동물과 맹수들이 많아 위험하였기에 물가를 피해 동굴생활을 할 수밖에 없었는데, 이젠 개를 통제함으로써 **개의 도움으로 맹수를 피하게 되면서** 이 땅의 사람들은 인류 중 음습했던 **동굴생활에서 가장 먼저 벗어날 수** 있었을 것이고 그래서 햇빛의 부족으로 인한 **구루병**(곱사병)**이나 야생동물의 위험으로부터** 자유스러울 수 있었던 것입니다.

그래요. 이젠 먹거리가 풍부했던 **물가에 주거지**(건축의 시작)**를** 옮길 수 있게 되면서 물고기와 조개를 쉽게 잡고 물가에서 가축을 키우고 농경을 시작하는 등 **인간은 계획을 세워 식량생산**을 할 수 있게 됩니다. 또한 가축의 사육으로 **가죽이 생기면서 인간은 옷**(의문화)이 마련되지요. 이 땅의 **개로 인해** 인류의 의 · 식 · 주문화가 시작되었다고 할 수 있지요.

이렇게 많은 위험에서 벗어나게 되자, 이 땅의 사람들은 **수명이 연장되면서 비로소 후손에게 전수할 문화**(文化)란 것도 생길 수 있었지요. 또한 **개를 통제함**으로써 여유가 생겼고 가죽으로 만든, **인류의 가장 오래된 악기라는 '장구와 북'**이 만들어집니다. 왜냐하면, 청동기시대 이전의 목축시대에 만들 수 있었던 가장 간단한 악기이기 때문이지요.

누구는 막대기로 북을 두드린다 하여 **장고**(杖막대기 鼓북)라 했다지만, 원래 **노루**(獐장)**와 개**(拘구)**가죽으로 만들었던 것에서 유래되었기에 장구**(獐拘, 狗)라 했던 것이지요. 더불어 양·소·말가죽으로도 만들었다고 하지만, **이 가죽들을 쉽게 얻을 수 있게 된 계기가 개였다**는 말입니다. 비로소 사람이 진정한 만물의 영장(靈長: 영묘한 힘을 가진 우두머리)**이 될 수 있었던 것입니다. 다-, 개가 집 근처에서, 사람 곁에서 이 땅의 사람들을 지켜주었기 때문이었지요. 개를 인간의 친구**(반려견)**라고 하는 이유이지요.

그래서 **개**(Dog)**를 처음 키운 민족**이란 인류의 시원문명의 주인이라는 말이며 **개문화를 늦게 시작했던 민족**이란 동굴생활을 더 오래 했던 사람들로서, 그래서 **문명 또한 보잘 것이 없었다**는 척도가 되는 것이지요! 따라서 개문화가 늦었던 서양이 고대문명 또한 가장 늦었던 것이었고 그래서 '빛은 동방에서!' 라는 로마속담이 전해졌던 것입니다.

그래요! 이렇게 우리 땅이 **가축을 처음 사육**하고 **농경을 처음 시작**하고 **배를 처음 만들어 해양문명을 시작**하고 **지구상에서 가장 큰 동물인 고래를 처음 잡았던** 인류문명의 시원(始原)의 땅이라는 말이 어쩌면 **처음 개**(The Dog)**로 비롯되었다**고 불 수 있는 것입니다.

우리 땅의 개의 역사로 본 인류사, 참 대단하지 않습니까?

그런데, 미국 찰스턴대 연구팀이 **미국과학진흥회**(AAAS)**에 제출** (2004)**한 보고서**는 고고학계와 인류학계와 역사학계를 더욱 발칵 뒤집어 놓지요. "**요크셔테리어처럼 작은 개**(찻잔 크기)에서부터 조랑말 만큼 큰 **아이리시울프하운드**(Irish Wolfhound)까지 **모든 개는 하나의 조상**을 갖고 있다. 그 조상은 **최소 10만 년 전** 먹이를 구하기 위해 **인간에게 길들여지기 시작한** 동아시아의 늑대들이다." 그래요. 연구팀의 **노린 누넌 박사**는 개들이 길들여지는 과정이 **생각**(1만5천 년 전)**보다 더 오래인 최소 10만여년 전**의 일일 것이라고 말합니다.

가축을 모는 개 출처: 데일리벳, 요크셔테리어 출처: 티컵강아지 전문분양브랜드1호 정퍼피클럽, 아이리시울프하운드 출처: 위키백과

사람의 주인(대인)을 지키다 이 땅을 떠난 개(犬)

"**세상의 만물은 간방**(艮方: 동북방)**에서 시작한다.**"(艮方 始萬物)는 ***역경**(주역의 설괘전)의 기록 또한 우리나라가 인류의 기원지였음을 증언합니다. 우리나라가 **지구의 동북 방향**(艮方)에 있고 간방별자리를 '**개자리**'라고 말하는 이유가 이런 이유이지요.

아, 먼 옛날 이 땅의 **솟대에 방울과 북을 매단 것은 이 땅이 목축에**서 **농경** 그리고 **도**(道: 정신문화)와 **악**(樂: 소리와 축제)을 **시작한** 시원의 나라였음을 상징하려는 것이었습니다.

눈치 100단이라는 개! 그래요. **개**(犬)**가 우리 조상에 의해 처음 길들인 가축**이라는 증거는 무엇보다 만물과 소통(疏通)**하려는 열린 마음**에 있었을 것입니다. 맑은 마음으로 1**하늘과 소통**하기 위해 처음 솟대를 세우고 고인돌을 쌓고 천제(天祭: 하늘제사)를 시작했던 한국인들이었고 2**후손과 소통**하기 위해서 많은 암각화와 벽화와 예술품을 남겼고 3**세상만물과 사람과의 소통을 위해** 춤과 소리(音樂)로 처음 축제를 시작하고 문자와 활자도 발명했던 선조였기 때문이었지요.

여기에 **소통을 원활히 할 수 있었던 조건들**도 간과해서는 안 되지요. (야생)**개가 많이 살았다는 것**은 무엇보다 **좋은 기후에 풍부한 먹거리**(완벽한 먹이사슬)**의 땅**이었기에 그래서 **평화**(平和)**로운 사람들이 많았다**는 것을 뜻합니다. 여기에 **자연을 닮은 이 땅 사람들의 언어와 다양한 감정의 표현** 그리고 서구인에 비해 **움푹 들어가지 않은 눈동자**는 개와 눈을 맞추며 **소통하기에 훨씬 쉬웠을 조건들**이지요.

언어학에서는 '언어와 문자는 인식의 틀'이라고 합니다. 이를 증명하는 문자와 언어가 1**犬**(견)**이라는 글자**와 2**[개]라는 발음**에 고스란히 전해지고 있다고 합니다. 진태하 교수님을 비롯한 많은 학자들은 **犬 이라는 글자**는 하늘을 향해 당당히 팔 벌리고 있는 사람을 뜻하는 **大** (=夷 군자)**의 모습**에 '(개)가 붙은 글자로서 '**주인인 大**(夷동이=옛 우리 겨레) 곁에 붙어(´) 따르고 지킨다'는 문화에서 만들어진 글자였고 개 [gæ]라는 음 또한, 곁(side)이나 변두리를 뜻하는 '가'([ga] ex: 바닷가, 가지, 가시, 가죽…)에 이(夷)들이 길들였다는 '이'가 붙어 처음 '가이'[ga+i]에서 개[gæ]로 줄어 변한 말이라 합니다.

맞아요! 개를 처음 키운 이 땅의 사람들(夷: 길들인 주인, 동이) 곁을 꼭 붙어다니며 지켜주었던 큰 개(犬: 충견 cf 狗구: 작은 개)가 바로 犬 (견)이었음을 말함이지요. 그래서 왕들의 땅에서 유일하게 동물의 왕 한국범과 곰과도 싸우며 주인을 지켰던 용맹과 주인이 바뀌는 걸 용납하지 않아 '첫 주인을 평생 주인으로 섬긴다'는 진도견과 풍산견의 전설들은 어쩌면 개의 시조(The Dog)였기에 당연했을 것입니다.

그래서 어쩌면, 인류학자들이 말하는 10만 년도 넘는 먼 옛날, 이 땅의 사람들과 여명을 맞이하듯 인류의 문명을 함께 시작했던 개들이었지요. 그래서 석장리 구석기 유적(공주시)에서는 2만8천 년 전, 돌로 조각하여 세워둔 '개 석상 유물'(손보기 교수, 변태섭씨 주장)이 출토되었던 것입니다.

이집트로 가 '아누비스'란 신(神)이 된 아프리카의 개나 미이라와 함께 나온 800만 마리의 미이라개, 유럽이 자랑하는 가장 큰 사냥견 아이리시울프하운드나 호주의 야생개 딩고나 그리고 왕궁과 사찰을 지키는 재팬과 지나의 개, 썰매를 모는 시베리아의 개, 양을 모는 중앙아시아의 개, 가장 값이 나간다는 티베트의 개 티베탄마스티스나, 아메리카의 개들, 그러니까 전 세계의 개들이 모두 옛날 우리 땅에서 퍼져나간 '그 개'(The Dog)들의 후손의 역사였을 뿐이지요.

지금 없을 무(無)의 금문자 '에조차 이 땅의 번성했던 초고대문명을 사람들이 개를 끌고 함께 사라졌던 것을 상징화한 글자였음을 전하고 있고 세상은 많은 문화에서 '한국땅이 시원의 땅'이었다고 말하는데, 정작 우리 정부는 개고기 안 먹는 것을 문화라 하네요.

이제는 우리 땅의 역사를 제대로 알면 좋겠습니다!

재야사학자들만 사재를 털어 이 땅의 시원문화를 연구할 뿐!

그래서 오늘 온종일 비바람이 우는 날, 서기전 1만2천 년~8000년 사이 서해평원이 온난화로 인해 물에 잠길 때, 이 땅(우리나라, 마나라)의 수많은 사람들(겨레)이 개와 함께 떠났던 역사를 떠올리는 것은 제가 감상(感傷, sentimentalism)이 많아서 일까요?

지금의 한국인은 대인(大人)을 오히려 차이나인(?)이라 생각하며 대인의 기질을 까맣게 잊고 그저 늑대(wolf)를 두려워하는 순한 양이 되고 남의 종이 되어 모르지만, 개(犬, The Dog) 또한 시원겨레였던 옛 한국인의 지혜로 탄생한 문화였고 이 땅의 사람들의 손에 이끌려 퍼져나가 세상의 문명을 밝혔던 한겨레의 자부심의 문화였음을 세상은 지금 우리 한국인에게 일깨웁니다.

부여견, 제팬의 고마이누(고려견) 출처: 나라국립박물관, 티베탄 마스티스 藏獒(짱아오) 출처:한국경제뉴스, 이집트 개에서 신이 된 개 아누비스(anubis) 출처: 위키백과, 무(無)의 옛 글자 금문 출처: http://www.internationalscientific.org/CaracterASP

대인을 지켰던 매

한국인에게 오랜 관계를 맺은 동물이 땅에서 1개라면, 하늘동물로 오 랜 관계를 맺은 새는 무엇이었을까요? 2매(鷹응)였습니다. 수천 년 전 아니 만 년을 넘어 태고(太古)였을 지도 모르지요. 그래서 선사시대부 터 시작된 매사냥은 인류역사상 가장 오래 된 사냥기술 중 하나라고 합니다.

시속 320km의 속도와 역동성으로 황홀하고 경이로운 사냥기술은 물론, 날카롭고 매서운 '매의 눈'은 지도자의 통찰력을 상징하며 외교 상 선물로 주고받기도 한 것이 매였을 정도이지요. 그러나 이러한 매 사냥을 우린 중앙아시아 지방에서 숙신족을 거쳐 한반도로 유입되었 다고 알 뿐이지요.

그런데 매의 원산지는 어디일까요? 매는 원래 해안이나 섬의 절벽에 서식하는 동물이라고 합니다.(독수 리는 주로 북부 산악지대) 그래서 사냥하는 그림 외에 바닷가 바위 위에 홀로 서서 먼 곳을 응시하는 그림이 많은 것이지요. 여기에 원산지란 무엇보다 매의 사냥감이 풍부한 곳이라야 하지요.

우리나라는 해안과 섬 그리고 늪지로 둘러싸인 매우 역동적인 땅 으로서 매의 사냥감으로 풍부한 설치류(쥐, 토끼, 다람쥐 등)도 있었지 만, 무엇보다 이 땅에 지천으로 있었던 꿩이 있었습니다.

그런데 콩의 원산지가 우리나라 땅(한머리와 만주)인 것을 아시나요? 꿩이 가장 좋아하는 먹이 가운데 하나가 '콩'이었다고 합니다. 콩이 지천으로 깔려 있으니, 꿩도 지천, 매도 … !

꿩, 매의 원산지를 아시아 중남부, 중국 동부, 한국 등이라고 하나 **풍부했던 자원**과 콩−꿩−매로 이어지는 먹이사슬은 우리 땅이 세계 어느 곳보다 **매의 서식처**로 딱 맞는 곳이었음을 알 수 있습니다. 러시아 말로 제작된 *한국지(1900년)에는 "한국에 꿩이 많기 때문에 누구나 꿩사냥을 즐기며 그래서 **부유한 사람은 누구나** 매를 갖고 있다." 라고 하여 왜, 우리 땅이 매의 원산지인가를 말해 줍니다.

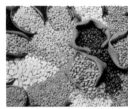

우리 땅의 콩들 출처: 건강하게 사는 방법, 꿩(장끼와 까투리 꺼벙이)
출처: 나무위키, 꿩 잡는 매 출처: 남해여행 닷컴

문화에 문외한인 학자들은 또 이러한 합리적인 근거도 무시하고 매사냥도 3000~2000 BCE 사이 중앙아시아 및 몽골 평원에서 발원했다고 하나 김운회 교수(동양대)는 *위서의 기록을 들어 저들의 근원을 일깨웁니다.

'남북조 시대의 북만주 현재의 **흑룡강 부근에 거주하고 있던 실위**(室韋: 정상적인 국가체제를 갖추지 못한 사람들)는 주로 **고기잡이와 사냥** 등 **수렵과 농업**으로 생활하였으나 당(唐) 후기(서기 800년 경)에 **실위의 일부가** 서쪽 쿨룬 부이르 초원과 음산산맥 북부, **몽골고원 등으로 이동하였다. 이 과정에서 가축 수가 크게 증가하고 양(羊)** 같은 새로운 가축을 기르면서 **대규모 유목경제로 탈바꿈하여 세력**을 얻기 시작하였다. 이들 실위가 부여나 고구리와 같은 종족으로 훗날 **칭기즈칸의 몽골의 주류**가 되었다.'(대조영의 19대손 : 전원철 박사 설)

그렇다면, 먼– 옛날 우리나라의 서해평원에 물이 찰 때, **개로 가축을 몰고 매를 손에 얹어 북으로, 만주**(마한인들의 땅)**로 이동했던** 예맥인들이었지요. 이들이 수렵과 어로를 고집하며 살았던 '실위'였음을 알 수 있습니다. 그래요. **몽골의 매사냥문화가 바로** 우리 땅의 문화가 흘러 간 것이었음을 유추할 수 있지요. 왜, **몽골인들이 고려인**(한국인)**에 대해 형제같이 인식**을 했는지 알 것 같습니다.

우리의 매사냥 역사는 압록강 위 집안시(集安市)의 **고구리 삼실총 제1실 남쪽벽화**(달리는 말 위 왼팔에 매를 얹은 매사냥꾼)에서도 나타나며, 고리(麗)의 국제적 위상을 바로 세우기 위해 고심했던 고리후기의 문신인 이승휴(李承休 1224~1300)는 그의 역사서 *제왕운기(帝王韻紀)에 **백제 또한 '매의 나라'**였음을 '백제가 국호를 **남부여**라 하고 별칭을 **응준**(鷹準: 매의 눈으로 보아 법을 정하다)이라 칭하기도 했다'라고 기록하여 **제도와 법칙을 만들었던** 시원문화의 자부심을 이어왔던 나라였음을 후세에 전합니다. 고리 충렬왕 때(1275년)에는 대궐에 임금의 매사냥 전담기관으로 **응방**(鷹坊)을 둘 정도였고요.

매사냥(falconry)**의 전통**은 60여 개국에서 이어질 만큼 고대의 중요한 문화였습니다. 역사가 깊고 바다와 습지… 콩과 꿩… 등의 조건이 완벽했던 우리는 당연히 매사냥 강국이었지요.

'해동청'(해동국에서 나는 매)을 몽골과 지나에 조공(?)했던 아픈 역사 가 있었던 것은 **한국에만 사는 초우량종의 매**였기 때문이며, 지나인에 게 '고리(려)의 **해동청**만이 고니(백조)를 **잡을 수가 있다**'는 말이 전해지 는 것은 그만큼 이 땅의 매의 유래가 개만큼 길고 강했다는 말이었습 니다. 그러나 **매사냥**은 〈유네스코 인류무형문화유산〉에 **한국 외 12국 이 공동으로 등재**되면서(2010년) **'매의 근원과 매문화가 우리였음'**을 밝 히지 못합니다!

고구리 삼실총 남쪽 벽면에 그려진 매사냥 장면(왼팔 위) 출처: 안휘준 著 *고구려 회화, 해동청
출처: 한국민속문화대백과, 한국전통매사냥(응사 박용순) 공개시연회 출처: 대전시청

무엇보다 매(鷹응: 천연기념물 323-4호)라고 부르는 말 자체가 **'사람(亻인)과 새(隹추)가 함께하며 사냥했던(广) 새사람**(鳥조)**들의 소통 의 문화'**를 나타내는 말이었습니다. 맞아요. 인류의 신석기문명을 시 작했던 그래서 대인(大)이라 불렸던 한국인(大)을 앞(丿)에서 보호했다 고 하여 **견**(犬=大+丿), 또한 **곁**(가 예: 물가)에 **붙어**다녔기(i 이)에 **개**(가+i 이)라고 불렀는데, '**매**' 또한 인류의 신석기문명이 **처음**(마) **시작**(마)된 '**마**'(ma 마한)땅의 마(사람)에 **붙어**(+i) 있었기에 불려진 말이었지요. 아, **매**(마+i이)란 **천손 마한인 '인마'의 오랜** 새였습니다.

이렇게 곁에서 사람과 함께 감응하는 새였기에 매를 '응'(鷹)이라고 불렀던 것인데, 이러한 사실은 지금 세계인의 공용의 소통어인 '예'(예스)처럼 '응' 또한 우리 땅의 매에게서 유래되었음을 알게 합니다.

옛날 콩(豆)과 벼(禾)를 처음 키워 하늘에 예(禮)를 취했던 우리 한국인(穢)의 태곳적 의례적인 소통의 말인 '예'가 세계인의 공용어인 예(예, 예스)로 되었듯이, 예보다 형식을 벗어나 **당신과 느낌을 같이한다는 보다 친근하고 원초적인 소통의 말인**, 세계인의 공용어 '응'이라는 말 또한 우리 천손의 매문화에게서 유래되었던 것이었지요.

그리고 매가 개나 곰, 범, 말, 소 등과 같이 **1음절어**(단음절)**의 말인** 것은 이 말이 **태곳적부터 이 땅의 사람들에게 불렸던** 가장 원시어(초기어)였음을 말합니다. 개를 비롯하여 가축을 처음 길들였던 **천손에게 하늘을 지배했던 매의 사육과 매사냥**은 한국인의 기상과 풍류(風流)정신이 만들어내었던 아주 자연스러운 문화였을 것입니다.

그래요. 매는 특히 죽은 고기를 먹지 않고 새끼 밴 것이나 알을 품고 있는 것은 잡지 않는다 하여 '**자비를 지닌 상징물**'로 여겨지고 또한 **고결한 성품**으로 '매는 굶어도 벼이삭은 먹지 않는다.' 라는 속담이며 한국인의 올곧은 고집을 **옹고집**이라 하며 매의 '**옹고집**'(鷹固執: 전혀 길이 들지 않는 매의 고집)에서 유래시킨 것이나… , 그래서 **새해에 한 살을 더 먹는**(성숙하라는) **떡국에도** 닭고기가 아닌 원래 **꿩고기를 넣었다고** 하니, 매야말로 우리 한국인에게 얼마나 가까웠던 새였는지를 새삼 알게 합니다.

그래요. 이렇듯 사람과 함께 감응하면서, 저 서역으로, 더 이집트로 가서 **우리 땅**에서 익힌 뛰어난 능력으로 **주인을 위대한 신으로 만들었던 개와 매**였기에, 마침내 **신(神)으로까지 추앙받게** 된 매가 바로 이집트의 호루스 (Horus)였고 개가 아누비스(Anubis)였던 것입니다.

그래서 **이 땅의 초고대문명이 사라졌음을 상징**하는 무(無 없다)의 금문자 '㞢'는 대인(大)이 양쪽에 데리고 떠나간 개뿐만 아니라, 이 땅의 사람들의 팔과 어깨에 앉아 **떠났던 시원문명을 생각하게** 합니다. 이렇게 이 땅에서 소통하고 감응했던 매는 지금은 먼 곳에서 **'시치미**(매꼬리에 단, 주인의 이름을 새긴 이름표)와 함께 떼어져 **각자 자기들(?) 문화**라고 주장하지만, **시원문명의 근원을 생각하면,** 그 시치미에는 아마 '마나라의 새'라고 써져 있었을 것입니다.

고대 이집트 신화의 신
호루스 출처: 위키백과, 운남성 곤명의 석림의 '開天境異' 출처: 이창호의 차이나스토리,
무(無)의 옛 글자 금문 출처: http://www.internationalscientific.org/CaracterASP

어때요? **언어로 푸니까** 우리 천손의 문화(文化)가 확실하지요!
역사를 까맣게 잊은 지금은 **개와 매를 키워 땅과 하늘의 동물을 다스리고 인류의 문명문화를 시작하여 세상을 다스렸던**(다 살리다) **'대인(大人)의 자부심'**은 까맣게 잊고 **스스로 소인(小人)임을 자처하며** 시진핑이가 '한국은 과거 중국의 일부' 라는 몰상식한 막말에 근거 있는 반박조차 못하며 **인구가 많으면 대인**(大人?)**인 줄 알고 14억 지나인을 대인**(?)**으로 부르는 자들이 너무나 많습니다.**

심지어 지나의 열대지역인 운남성 **곤명의 석림**(石林)이란 델 가서는 만들어 놓은 **'개천경이'**(開天境異: 하늘이 열린 곳의 기이함)란 글자를 보고는 **그 불모지에서 하늘과 땅이 열렸다**(開天: 문명·문화의 시작?)며 **우리가 '개천'이라는 말도 도적질 한 것**이라고 속고 옵니다.

단지 카르스트지형의 기이한 바위에, 글자 또한 서양식의 **가로쓰기**(─)에, 해 지는 **서쪽에서**(→) **시작하는 글**로 써놓았을 뿐인데…,

옛날 하늘(天)을 열고 **땅**(地)**으로 내려와 사람**(人)**으로 연결했다는** 뜻으로 만들었다는 **세로쓰기**(↓)도 아니고 해 뜨는 쪽(문화의 시작)인 **동쪽에서**(←) **시작**하는 글자도 아님에도, **천하**(天下)**~, 천하**(天下)**~** 라는 말에 다 속고 오네요. 문화를 알아야 말이죠!

인류의 쌀문화의 성지, 우리나라

이미 엄청난 충격의 사건이 있었습니다. (해양문명을 처음 여신) **이 땅의 선조께서, 농사의 대명사인 즉 쌀**(벼)**문명 또한 인류최초로 시작했음**이 밝혀진 것이지요. 충북 청원군 **소로리유적지 토탄층 상부에서 세계에서 가장 오래된, 1만8천~1만3천 년 전 볍씨 59톨이 출토**(1998년)되자, KBS-TV는 영국 BBC(인터넷판)가 **'한국땅 충북 소로리에서 발견된 볍씨가 세계에서 가장 오래된 볍씨였음'**을 소개한 것을 알립니다.

맞아요. 동북아시아에서 먹는 찰진 **자포니카종**과 인도와 서아시아와 동남아에서 주로 먹는 찰기 없는 **인디카종 볍씨 두 종류 모두가 함께 나온 겁니다.** 〈농촌진흥청〉의 박태식 박사는 '이 볍씨가 **야생벼가 아닌 사람에 의한 재배벼**'였음을 밝히고 조용구 교수(충북대)와 수전 R. 매코치 교수(미 코넬대), 〈농업진흥청〉 농업생명공학연구원 박용진 박사팀은 '**전 세계 재배벼의 97.9%를 차지하는 흰쌀벼품종이 약 1만 년 전 야생 붉은 쌀 벼였던 자포니카종의 한 유전자의 돌연변이로 인해 생긴 것이었음**'을 밝힙니다.(2007.8.21)

그래요. '지금 세계인이 먹는 흰 쌀밥이 한국인의 재배노력에 의해 만들어져 베풀어졌던 선물이었다'는 말이지요. 인도와 서아시아, 동남아 등 서쪽으로 퍼져나간 찰기 없는 인디카종 볍씨가 동북아시아의 찰진 자포니카종에서 변이된 것이었으니, **우리 땅의 벼가 벼의 어머니로서 세계로 확산**되어 나갔다는 말이었습니다.

이어 만주 **요동지역**(한국의 옛 땅)**에서 1만7천 년 전 교배종 볍씨의 탄미가 발견**(2006.3.23.)되자, 〈국제벼유전학술회의〉(2001)와 〈세계고고학대회〉(2003)를 거치며 **한국땅에서 가장 먼저 '재배벼'를 개발하여 전 세계로 쌀문화를 전파하였음**이 국제학계에 의해 공인되고 영국의 BBC 인터넷(2003.10.22) 등 세계적 언론매체에 의해 '**세계 최고**(最古)**의 볍씨, 한국에서 발견**'이라는 제목으로 발표되지요.

결국 세계적인 고고학 입문서인 *현대고고학의 이해는 "쌀의 기원지는 KOREA였다!" 라고 표기하고 유엔(UNESCO)도 '현 인류의 시원지역으로서의 **인류의 기원**은 이집트가 아니고 **한국이었다.** 한국인종이 인류문화와 역사의 조상이었다.' 라고 인정(2009.7.15)했던 것입니다.

소로리볍씨 영국 BBC가 충북 소로리 볍씨를 세계최고의 볍씨라고 소개를 보도한 KBS-TV

벼농사는 문명인의 시작과 이동

벼농사가 뭐 대수냐구요? **쌀농사**는 하늘의 비에 의존하는 보리나 밀, 귀리, 옥수수 등 **들농사**와는 달리 **기후, 수량**(水量) **등 천혜의 조건**을 구비해야 함은 물론 **인간의 계획화된 지적지식과 노동**이 필요한 매우 까다로운 작업이었습니다. 다시 말하면 **벼농사**로 인하여 **치수**(물 관리)와 **저수**(貯水), **수리학, 천문학, 농사력**(曆) 그리고 **토기나 도구 및 의식주 등 인간의 총체적인 문화가 파생**되기 때문이지요. 그러하기에~

벼농사를 했던 지역에서 인류의 4대문명이 **발생**했던 것입니다.

이렇게 '**벼농사**'로 인해 **전문화된 분업과 협동으로 역할이 분담**(우리에겐 고래잡이 해양문화에서 분업과 협동문화가 이미 있었지만)되면서 드디어 문명(文明: 신석기)이 태동하게 되어 야만의 삶에서 벗어나 **미래를 계획하고 현재를 경영하면서 인간다운 삶을 누리게 되었고, 잉여생산이 축적**되면서 마침내 **계급사회와 국가가 발생**하게 된 것이지요.

1만 년 전, 400만(최대 1천 만) 명이었다는 지구인이 **4천 년 전쯤 1억 명**으로 '인구의 폭증을 이루게 되는 가장 큰 요인이 쌀이었다'는 인류학자의 말은 쌀이 인류에게 어떤 의미였는지를 알게 합니다. 이렇듯 물(水)문명에서 시작한 쌀문화는 인류문명사에 아주 중요한 역사적 의의를 갖는 것이고 그래서 **쌀농사를 시작했다는 것은** '지구 최고의 문명인'이었다는 증거이지요.

'**소로리볍씨**'는 미국의 권위 있는 방사성 탄소연대 측정기관인 〈지오크론〉(Geochron)과 서울대의 〈AMS연구팀〉으로부터 동일한 연대가 측정되어 지나 후난(湖南)**성 출토 볍씨**(1만2천년)**보다 최소 3000년 앞서며** 1997년 양자강변 **장시**(江西)**성에서 발견된 선인동 볍씨**(1만500년)**보다 약 4500년 정도 앞선** 세계 최고(最古)의 볍씨였음이 알려지고 세계 벼의 원종들이 **모두 우리 땅에서 개발되어 세계로 퍼져나갔음**이 밝혀집니다.

이렇게 되자, **한국땅의 벼농사는** 인도의 **아삼**(8000년 전), 지나의 남쪽 **윈난**(雲南) **등지에서 시작**(?)되어 3~4천 년 전쯤 동남아시아를 거쳐 **한반도로 이주했을** 것이라던 학설을 뒤엎고 세계최초로 **농경**(들농사)**을 시작**(?)**했다던** 메소포타미아지역(비옥한 초승달지역)**의 수메르**(10500년 전), **이집트**(7000년 전)보다 한국이 앞섬에 따라 인류학계가 들끓자, 〈**세계고고학계**〉는 '인류학의 큰 줄기가 잘못되었음'을 알게 됩니다.

지나 또한 아연실색을 합니다. '**모든 문명·문화는 지나**(중국)**에서 시작**되었고 다른 곳은 미개한 지역이다'라는 오만에 젖어있던 중화

(中華)주의의 자존심은 크게 곤두박질치고 맙니다. 13개 지나왕조의 수도로서 지나의 자부심이라는 서안(섬서성)의 원시농업촌인 반파촌 (6000년 전)도 정작 한국의 후손(8000년 전 신농씨)께서 이 땅의 선진기법을 가져가 재현했던 것뿐이었다는 사실을 일깨웠기 때문이지요.

왜냐하면, 4천 년 이전에는 황하강 유역 이북이 옛 한국인의 땅이었음이 이미 많은 연구로 발표된 바 있고 여기에 상해 복단대학의 〈인류학회 논문〉조차도 '지나족은 정작 5~6천 년 전까지도 동남아나 중국 동남쪽 끝자락에 거주했었다'고 발표하며 양자강조차도 넘지 못했었는데, 이런 족속이 무슨 벼농사며 뿌리문명을 감히 운운할 수 있겠습니까?

그러니까 알 것 같네요! 4500년 전 양자강 아래 살았던 지나족이 많은 비에 속수무책으로 9년 홍수피해를 당하자, 천제국(시원의 나라)인 단군조선에게 치수비법을 간청함에 부루황태자(2세 단군)께서 창수 (蒼水: 서해)태자로서 도산에서 치수비법(오행치수)을 전수(BCE2267)했다던 기록(출전: 단군세기, 오월춘추, 역대신선통감)이 전합니다.

그런데 상해 북쪽 회계산(형산)에 그 옛날의 공덕을 감사하며 세운 77자의 '부루태자 공덕비'(功德碑: 남의 덕을 위한)가 실재로 전해지고 있고 또한 그곳이 상해 부근이라는 것 등이 복단대학의 〈인류학회 논문〉과 맞아 떨어지는 것들은 허구라던, 우리의 단군조선의 역사가 실존했던 명확한 역사였다는 것을 일깨웁니다.

그래요! 원래 논농사가 아닌 밭농사 위주였던 지나족이었기에 물을 다스리는 법을 몰랐기 때문이지요. 그럼에도 지나는 자기 땅의 첫 국가를 하(夏)라고 우기고(연구 결과 하 또한 동이국) 심지어 **하의 시조인 우(禹)의 치수공적비**(功績碑: 스스로의 치적)**라고까지 왜곡해** 알리고 있습니다. 지나족답습니다.

5~6천 전 지나족(화족) 발원지와 이동(동남아→차이나 남부) 출처: 상해 복단대 인류학회 논문, 부루태자 공덕비 출처: 韓스타일, 오회분오회릉 고구리벽화 종자(오른 손)를 개발하는 소머리의 농사의 신

지질학자는 말합니다. '**우리나라**'는 옛날 지각변동으로 인해 **바닷속으로 들어가지 않은 지형**으로서, 세계에서 가장 오래된 땅이었으며 특히 지하층 암반인 화강암에는 **소금기가 없어 물맛이 좋고 또한 풍부하여** 가장 먼저 벼농사를 시작한 땅**이었을 것**이라고 말입니다.

풍문으로는, **상층부**(1만8천 년 고대벼) **밑의 하부토탄층에서 10만 년 전의 볍씨**(야생벼에서 적게 변화한 벼, 일명 유사벼)도 있었지만, **세계가 믿어주지 않을 것 같고** 연구원들 사이에 "**사람들**(식민화된 자들)**이 이 사실을 믿어주겠냐?**" 는 의견이 우세해 발표하지 못하고 **가장 연대가 낮은 것으로 발표**한 것이라고 하니, 참 안타깝네요.

맞아요. **10만 년 전 볍씨도 충분히 가능할 수 있다**는 것입니다. 우리 땅은요, 역사가 너무너무 오래 되어 **태곳**(太古)**적 역사**라고 했던

사실을 까맣게 잊고 있었기에 자신이 없었던 것이지요,

왜냐하면, **최소 10만 년 전에 개**(犬: 애완견이 아닌 사람을 지킬 수 있은 큰 개)**가 인간에게 길들여지기 시작했다**는 연구발표는 **농경 또한 10만 년 전에 개로 인해 시작되었을 개연성이 충분**하기 때문이지요. **개의 역사로서 이 땅의 깊은 농경의 역사까지 밝힐 수 있는 것**입니다.

따라서 1만5천 년 전 개의 역사라는 것은 **이때부터 많이 세상으로 퍼져나갔다는 것**을 말함이고 인간에게 길들여지기 시작한 것은 최소 **10만 년 전이 더 타당**하다고 여깁니다.

충북 소로리볍씨들 상부
층의 고대벼(1만8천~1만3천 년 전) 와 10만 년 전의 유사벼 출처: 청주시 소로리 볍씨관

〈사이언스〉지 또한 **'헬리코박터균의 세계분포도로 살펴 본 과거의 인류이동'**이라는 연구논문을 발표(2003.3.7.)하면서 고대 한국인(쌀문화를 시작했던)**이 쌀문화에서 비롯된 헬리코박터균의** 원종유전자(노란색)**를 갖고 1만2천 년에서 8천 년을 전후로 남쪽(2)과 서쪽(4), 그리고 동쪽(14) 등으로 문화를 이동하였다**는 사실을 과학적으로 밝힙니다.

실제로 서쪽으로는 **인류의 초기문명(?)**으로 알려진 수메르지역의 **이라크인들**에게나 동쪽으로는 **아메리카 인디언**에게 헬리코박터균의 원시유전자(EA형)가 나타나는데, 아프리카나 유럽형 유전인자가 섞이지 않은 **동아시아에서 고립되어 조상화된 균**이었다고 해요.

그런데 그 **원균이 한국인에서만 100% 독립적으로 발견**됩니다. 아, **'옛 인류의 이동**이 문명화된 한국인에서 였다'는 것입니다!

여기에 전문연구진들은 자연상태에서는 10m 이상 퍼지기 어려운 것이 벼꽃가루라고 하는 것은 **인위적인 확산활동이 없었다면, 지금처럼 널리 퍼질 수 없는 것**이지요. 그래요. 먼 옛날 이 땅에서 함께 살던 인류가 **헬리코박터균의 원균을 보유한 채, 떠나가면서 쌀문화가 퍼져나갔다**는 사실을 쉽게 이해하겠습니다.

여기에 **쌀**을 비롯하여 **조 · 기장 · 보리 · 밀** 등 **'오곡'마저 출토**(2002.1)됩니다.

'헬리코박터균의 세계분포도로 살펴 본 인류이동' 〈사이언스〉 출처: 한국인권신문

잡식과 더불어 **잡곡의 고른 섭취는 인류확산의 주요한 원인임**은 이미 알려진 사실이지요. 시인 정지용의 고향 충북 옥천 대천리에서 **햇살무늬토기와 함께 출토된 5500년 전**(방사성 탄소연대) **탄화된 오곡**이었지요. 지금 즐겨먹는 **오곡밥을 이 땅의 사람들은 이미 신석기시대에 먹었던 것**입니다. 충격적인 것은 **근동과 아프리카가 기원(?)이**라던 **보리**(대맥) · **밀**(소맥)이 **'한국땅엔 이미 신석기시대'**에 있었다는

사실이지요. 안승모 교수(원광대)는 '충격'이라는 말과 함께 **"이제 한반도 맥작**(보리 · 밀 경작)**이 청동기시대에** (외지에서) **들어왔다**는 선입관은 한낱 휴지조각이 되었다." 라고까지 말합니다.

또한 한창균 교수(한남대)는 "벼와 조, 기장은 **봄가을 작물**이고 보리 · 밀은 **늦가을~초봄 작물**이잖아요. 결국 이 땅의 신석기인들은 1년 내내 농사를 지었다는 얘기가 되는 거죠." 라며 **우리 겨레의 농경**이 흉내만 내는 수준이 아닌, **다변화된, 상당한 수준**이었다고 합니다. 이를 증명하듯 대전 괴정동에서는 **밭가는 이**(上 春耕)와 왼쪽엔 **항아리에 곡식 담는 여인**(秋收)을 새겨 넣은, 최소한 3000년 전의 **'농경문청동기'**(보물 제1823호)가 출토되지요.

그래요. **'춘추'**(春秋)가 **바로 농사를 지었던** 한국인의 역사를 증명하는 말이었습니다. 그래서 한국인의 혈통으로서 한국의 문화에 익숙했던 **공자가** 역사책을 내면서 이름을 *춘추(春秋)라 지었던 것이 이상한 일도 못되지요.

오곡 출처: 오팜이야기, 농경문청동기 항아리에 곡식 담는 여인, 깃 달린 모자 쓴
밭가는 이(上) 출처: 중앙박물관, 상세도 출처: 김현자

"고향(故鄕)**은 마법사가 외우는**
가장 강력한 주문보다 더 강력한 말이다."
-찰스 디킨스(英) *우리에게 고향은 있는가?

'한국이 인류문명의 조상이었다!'

아, '쌀'은 한국인의 정체성이며 상상도 할 수 없는 엄청난 자부심입니다! 쌀을 먹는 지구인이 한국인에게 감사해야 하기 때문이지요.

쌀은 '우리 땅이 **인류사를 시작된** 시원의 땅이었고 **이 땅의 조상이** 세상의 주인이었고 **한국의 역사는** 변두리역사가 아닌, **인류의 뿌리, 어머니의 역사이며** 중심역사'였다는 것을 입증하는 문화이지요. "무슨 일이든 가온누리(세상의 중심)가 되라!" 하시던 조상님의 말씀을 이제는 알 것 같습니다!

그러나 **스펜서 웰스**(하버드대)는 세계적인 관심을 불러일으킨 그의 저서 〈**인류의 조상을 찾아서**〉(Deep Ancestry)에서 '**인류가 한 지역에 정착해 농사를 시작한 것은 불과 1만 년 전**이다.' 라고 말하며 정말로 봐야 할 문화의 그 모국(The Mother)인 '한국'을 보지 못했습니다.

재레드 다이아몬드-그가 받은 엄청난 상들! 로스앤젤레스타임스 과학도서상(1992), LA타임스 출판상(1997), 퓰리처상(일반논픽션부문)과 영국과학출판상, 미국지리학회상(1998) 등을 수상했던 **인류학자이지만 이 사람 또한 한국을 경시했지요.** 인류문명의 발달에서 '인류의 농경 대부분은 **비옥한 초승달 지대**라고 일컬어지는 '**시리아, 팔레스티나, 메소포타미아, 이집트 지역**에서 였고… 현대사회의 **주요 농작물과 가축이 거의 유라시아 대륙(?)에서 유래**되었다'고 그의 저서인 * 총 · 균 · 쇠에서 말하고 있으나 **이 또한 '우리 땅의 깊은 역사'를 알지 못한 단견**이었지요. 이 모두 2000년 이후의 한국에서의 혁명적인 발견들을 **다루기 전의 성과로 받은 상**일뿐인데-!

제 역사를 모르는 **이 땅의 지성인**(?) 사이에선 뒤늦게 **이런 책이 최고의 베스트셀러**가 되고 **서울대생들의 대출 1위의 인기도서**가 되었으니, 더 많은 왜곡이 참으로 한국의 역사를 힘들게 합니다.

왜냐하면, 우리 땅이 **인류의 주요농작물이었던 재배벼의 개발지**일 뿐 아니라 **콩과 팥 등의 원산지**이며 보리, 밀, 조, 옥수수, 기장…. 여기에 **한반도를 원산지로 하는 식물**(육상+해상)이 무려 1만여 가지가 넘어 전 유럽(5천 종 미만)을 합친 수를 능가하는 '알씨의 나라'였다는 사실을 간과했고 더구나 농경과 고래잡이를 시작한 해양문명**의 기원지**이며 가축 사육의 시발이 되었던 땅이며 여기에 가축을 몰았던 개 사육**의 기원지가 한국땅**이었다는 이 많은 사실을 염두에 두지 않았기 때문입니다. 맞아요. 한국땅을 제대로 알지 못하면, 절대로 세계를 볼 수 없지요!

벼(禾)와 쌀(米)은 시원문명의 증명서!

해(太陽)를 [살]이라 했던 사람들! '해가 살을 만드는 것'이라 해서 **쌀**을 [살]이라고 말해왔던 사람들이었던 만큼, **벼**(禾)**와 관련된 어휘는 우리 겨레의 정체성을 고스란히 품고 있는 출생증명서**입니다.

무엇보다 '**곡식이나 동물의 씨, 근본, 핏줄, 혈통, 부족**'을 나타내는 씨글자인 '**종**'(種)이라 글자는 **벼**(禾)를 재배한 사람들로 비롯하였음을 웅변하고 있지요. 인류의 시원겨레로서 **볍씨뿐 아니라 식물의 많은 종자씨**를 처음 개발하고 **가축종자씨를 길들여** 시작했다는 겨레의 자부심을 종자(種子)와 종족(種族)이란 글자로 대변하고 있지요.

옮겨 심어야 사는 곡물인 벼! 그래서 **벼의 이동(移動)**은 **벼문화를 시작한 이(夷)들이 이 땅의 벼(禾)를 가지고 많은(多) 세상으로 옮겨다 녔다(動)**는 '인류의 이동의 역사'를 품고 있는 말이었습니다. 그래요. **이 땅의 많은 겨레가 이 땅의 벼(禾)문화에, 많은 동물과 식물의 종(種) 자를 갖고 앞선 문명과 함께 많은 종(種)족이 갖고 세상으로 많이 퍼 져나갔었다**는 말이 온통 '**벼(禾)문화**'에 있었지요.

또한 **곡식의 기본을 벼(米, 禾)로 하였기에 곡(穀)**이라 하였고, **벼 (禾)이삭을 추리며 계절이 빚어내는 벼의 풍성함을 드러냈던 가을 추 (秋)**가 만들어 졌습니다. 이는 **가을이 없었던 동남아나 지나의 남부지 역에서는 최초의 재배벼문화가 있을 수 없었음**을 보이는 말이지요.

추수한 볍씨(禾)로 나라의 틀을 유지하는 세금(稅金)을 내는 조세(租 稅)도 우리 겨레에서 비롯된 문화였지요. 이렇게 **벼(禾, 米)문화를 시작 한 이들이 유달리 빼어난 능력을 가졌기에 수(秀빼어날)**라는 글자가 만 들어지고, **벼(禾)문화를 시작했던 사람들의 오랜 역사에는 신비(神秘)하 고 비밀(秘密)스러운 것들이 수없이 많았기에 비(秘)**라 했던 것입니다.

그래서 **벼(禾)짓는 사람들이 하는 방식이 길(way)이 되고 기준(법)**이 되었지요.

지금 **정(程)**이라는 글자가 '길이의 단위, 도량형의 표준, 법, 법도'라 는 뜻으로 쓰이는 이유입니다. 맞아요. 최소 **1만8천 년 전**, 도구를 규격 화하고 계량화를 시작했던 첫 도량형(度量衡)인 인류최초의 자(尺: 단양의 수양개유적지 출토)를 발명하여 말뚝을 세우듯 기준을 정하고 표준화하여 세상의 질서를 세웠던, 그래서 이(夷)들의 말과 행위가 법(法)이 되게 했던 신(神)의 자, 신척(神尺)이 전해졌던 하늘나라였지요~! 그래요. 지금도 쓰는 말 "사람이 정도(程度: 알맞은 한도)껏 해야지!" 라는 말에서 분명 벼(禾) 짓던 사람의 기준과 삶의 법을 짐작할 수 있게 합니다.

그래서인지 시간과 계절의 기준을 정했던 '역법'(曆法) 또한 절기를 잘 맞추어야 하는 벼(禾)농사를 기준으로 했던 우리 문화였기에 지금의 하루 24시간이나 청명(淸明 4.5일경), 곡우(穀雨 4.20일경), 망종(芒種 6.6일경)같은 벼를 기준으로 한 〈24절기문화〉가 전해지고 있는 것이지요. 맞아요. 우리 땅의 **인류최초의 자 '돌자'**에는 **0.4cm** 간격으로 **23개의 금(24칸)**이 그어져 우리 겨레의 24단위 기준의 문화가 세상으로 퍼져나간 문화임을 알게 합니다. 그래서 대만학자 서량지(徐亮之)도 *중국전사화(中國前史話 246쪽)에서 '**중국(지나)의 역법도 그 시조는 동이이며, 동이인 태호 복희씨**(배달국 5대 태우의 환웅의 12번 째 막내 아드님)**에서 비롯**되어 소호에서 계승되어 발달시켰다' 고 했던 것입니다.

그리하여 이(夷)들이 지내온 시간이 벼와 함께 했던 사람들의 기록이었음을 '근원과 시초를 나타내는 厂'에 우리가 처음 재배한 벼를 뜻하는 禾禾 둘에 그리고 **발이 머물다**(정착하다) 라는 止(지)**를 합쳐** 후손들에게 전하고 있는 것이 바로 '역사'(歷史)라는 글자였지요.

또한 歷史만큼 중요한 말이 '사직'(社稷)입니다. '인류 최초로 터(土)를 닦아 **고인돌**(土)**을 세우고 천제**(示)**를 올리며 인류최초로 벼**(禾)**를**

4부 | 한국인이 잊은 천손의 알씨 - 개. 매 & 쌀. 콩 187

재배(田)하여 이런 많은 문화(文)로서 열었던(啓天) 나라'를 뜻합니다. 한자문화권에선 '국가나 정부'를 상징할 만큼 큰 의미가 있는 말이기 때문이지요. 그런데 벼문화도, 고인돌문화도, 하늘을 살폈던 천문학도, 제사문화도 다ー 이 땅에서 시작된 우리 문화였습니다! 그래서ー

조상님께선 "사직을 잘 보전하라!" 당부하셨던 것이지요.

이렇게 벼(禾)를 뜻하는 글자에는 지나족이 감히 꿈도 못 꿀, 까마득히 오랜 천손의 문화들이 좌악ー 내포되어 있으니, 그래서 漢字(이글)가 漢族(지나족)의 글자가 아니라는 것입니다.

인류의 첫 사육가축(도) 출처: pixabay, 가을 황금들녘(김제) 출처: dongA.com, 벼농사 24절기 출처: 실용오디오, 단재 신채호의 '력사'(歷史) 출처: 시크릿

여기에 '예'는 우리에게 자부심이며 **천손의 모습을 일깨우는 글자**이지요.

태초에 벼를 개발했던 예인(穢人)들은 아득했던 그때의 자부심을 회상하며 '옛(穢)날에 먼 옛날에〜' 라고 말해 왔고 먼ー시원을 예기할 때면, 으레 '예(穢)로부터〜' 라고 말해 왔습니다. 이런 까닭으로 옛 우리나라 후고조선인 **부여**(夫餘)의 왕은 예왕(穢王, 濊王)으로서 '예왕지인'(濊王之印)이라는 옥쇄를 사용했음이 *증보문헌비고 예고새인조(禮考璽印條)에 전합니다.

이 예인들이 매사를 긍정적이며 협조적으로 소통하며 살았던 사실을 상대의 말에 (긍정적으로) 호응하며 대답하는 '예'(yes)에서 찾을 수 있습니다. 또한 사람으로서 갖추어야 할 예의(禮義: 예절, 제례)의 예(禮)가 콩(豆)을 풍성히(曲) 키워 제사(示)를 올렸던 천손동이인 예(禮)인에서 비롯되었기에 같은 [음]의 말로 말했던 것이지요.

그래서 벼(禾)농사하는 이들은 늘 화목(和睦)하고 서로 헤아리며 칭찬(稱讚)을 아끼지 않았으며 모든 사람의 입(口)에 벼(禾)를 공평하게 나누며 화평(和平)하게 살면서 화음(和音, harmony)을 가장 중요한 덕으로 여겼던 이들이었지요. 지금 세계의 화두가 되고 있는 '상생(相生)과 조화의 마음' 또한 벼(禾)짓는 이들로부터 시작된 정신문화였던 것입니다.

예국의 보물 청동인장 '진솔선예백장' 삼성리움박물관 소장 출처: 오피니언뉴스,
짖어대는 개 출처: *꿈해몽. 수레 출처: 역사에서 배우다.
땅 파는 쟁기 리(犁) 출처: 제주특별자치도

쌀(米미)에는 한국인의 자연과의 상생의 정신이 전합니다!
쌀 먹는 사람들이 '해와 달과 별의 운행을 관측하며 천기(天氣)를 살피고, 대기(大氣)와 기상(氣象)을 살피며 쌀농사를 지었음이 기(氣) 안의 米(쌀)라는 글자로 전하지요. 공기(空氣)로 숨을 쉬고, 자연의 법칙에 소홀하여 감기(感氣)가 들기도 하고, 기(氣)가 막히면 기절(氣絶)도 했고 쌀(米)미음을 먹고 기운(氣運)을 차리고 기력(氣力)을 얻고 때론…,

'기분(氣分) 좋다!' 라고 말하며 '기(氣)를 쓰면서' 온통 쌀(米·禾)로써 말해 왔던 것은 한국인에게 쌀은 공기같은 것이었기 때문이었지요.

또한 '쌀'(米미)에는 인류 시원의 문화로 신석기문명을 시작했던 사실도 기록되어 천손 한국인의 자부심을 전하고 있습니다.

쌀농사를 지으면서 함께 살던 이(夷)들이었기에 린(隣, 鄰이웃)에 米가 있었으며, 쌀 먹는 사람들이 고래(물고기)를 잡았다는 글자인 물고기 인(린鱗), 개(犭=犭)를 처음 키우고 동물을 가축화했던 사실을 개 짖는 소리 인(린獜)으로, 쌀농사를 지었던 이(夷)들이 옥(玉)을 귀하게 여긴데서 나온 옥빛 인(린璘), 쌀 짓는 이들에 의해 그릇(토기)이 만들어졌던 사실을 그릇 인(린甐)으로, 쌀 짓는 이들이 수레를 만들어 이 땅에서 떠났다는 사실을 수레소리 인(린轔)으로…, 다 쌀 먹는 사람들의 문화였을 뿐이지요!

그래요. 우리 겨레가 인류 처음으로, 벼를 처음 재배하고 고래를 처음 잡고 개와 가축을 처음 키우고 고대사회 최고의 보물인 옥(玉)유물을 곁에 차고 가장 오랜 토기를 지어내어 수레를 끌고 퍼져나갔던 인류의 초기문명의 흔적과 세상의 신석기문명을 이끌었던 사실을 쌀(米미)문화 속에 고스란히 담아 우리에게 고스란히 전하고 있었습니다. 그래서인지 벼꽃의 꽃말은 '은혜·베풂'이지요. 어때요? 감개무량하죠?

생각해 보면, 옛날 할아버지께서 자주 말씀하셨던 '한국사람은 밥을 먹어야 하는 기여!' 라며 하신 말씀이 지금 많-은 것을 생각하게 합니다. 정지용은 그의 대표작 〈향수〉에서 이것을 말하고 싶었던 것일까요?

"넓은 벌 동쪽 끝으로/ 옛 이야기 지즐대는 실개천이 휘돌아 나가고/ 얼룩백이 황소가/

해설피 금빛 게으른 울음을 우는 곳/ -- 그곳이 차마 꿈엔들 잊힐리야"

지금 지나땅으로 간 **묘족**(苗: 씨앗)**들이 인류의 씨앗임을 자부**하며 자신의 집단 거주지를 '**치우부락**'(蚩尤部落블악)**이라고 하면서 자신의 정체성을** 동방의 땅(한국)**에 두고 있지만…!**

역사를 망실한 한국인들은 스스로 동방의 나라였음도 모르고 정작 위대한 조상이었던 치우천왕조차 모르는 것이 문제이지요. **이 땅의 많은 사람들이 이러한 자부심을 모르기에** 역사에 눈감고 오직 먹는 것에만 열중하고 있습니다.

그러는 사이, **지나는 스마트폰**에서 PC, 로봇청소기 등의 이름을 온통 '**샤오미**'(小米: 작은 쌀 또는 좁쌀)로 지어, **인류의 시원문화를 상징하는 쌀**(米)**문화를 가로채면서 그 굴기로 삼성까지 위협**하네요!

쌀(米)은 **인류의 시원문명을 이루게 했던 자부심의 문화**이기에 그래서 지나에선 그 자부심이 넘 좋아 유사한 브랜드명으로 '**따미**'(大米)라는 휴대폰 업체까지 나오는 판인데, 그런데 우리의 **삼성과 LG는 큰 문화는 보지 못하고 이것…!을 놓쳤습니다!**

묘족(苗族)의 치우부락 출처: 심제, 애플 로고 출처: 위키백과, 지나의 HP 샤오미: Cadiz's Workshop, 지나의 대미(따미 大米) 휴대폰 출처: 서울신문, 나우뉴스

쌀문화와 예(禮)문화를 시작한 한국인이기에 우리만이 밥을 손가락이 아닌 수·저로 먹었던 유일한 사람들입니다.

우리 겨레는 본디 **짐승과 사람의 차이를 숟가락·젓가락의 사용으로** 여겼었지요. **칠성겨레는 음양의 주인으로서 북두칠성을 닮은 숟가락으로 하늘의 물을 담고 젓가락으로 땅을 제도하고 이치를 구별**했던 사람들이었다고 합니다. 그래서 훗날 **세계 유일의 쇠젓가락문화**는 철기문명을 시작하고 천제를 지냈던 천손의 자부심이었습니다. 이에 비해 **14C 르네상스 이전 유럽인들은 손가락**으로 음식을 먹었다고 하며 지금도 **세계의 40% 정도의 사람들이 손으로 식사**를 하지요.

그렇다면 수저가 정말 우리 겨레의 발명품(문화)이었을까요?
우리 땅은 인류초기의 음식이라는 조개가 지천이었지요. 그래서 **세계적으로 패총이 제일 많았던 우리나라**, 자연 **조개껍데기는 이 땅 사람들에게 숟가락과 그릇의 모형**이 되었을 겁니다. 함경북도 나진 초도에서는 서기전 **7~6C경 가장 오랜 뼈숟가락**(28cm)이 **출토**되지요.

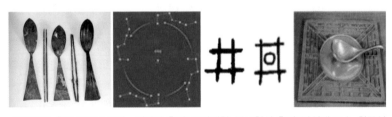

무령왕릉 출토 청동숟가락·젓가락 출처: 문화재청, 북두칠성 출처: 박석재 교수, 한국인의 문자(한자)井과 옛 전서의 형태들(우리나라 안의 해), 북경 장안가에 나타난 선물용 사남 출처: 양동효

"나라는 형태요 역사는 혼이다"(國猶形 史猶魂)
여말 행촌 이암(1297~1364)의 *단군세기 서문

그렇지만 혹자는 또 BCE 10~6C경 써진 *시경(詩經)의 숟가락 기록을 들어 **지나였을 것**이라고 말하며 우리나라에선 *주례(周禮: 주 왕실의 관직 제도와 전국시대 제도를 기록한 책)에서 **나오는 식사 예절이 숭유사상에 힘입어 뒤늦게 사용**했을 것으로 말합니다.

이에 농초 박문기님은 단호히 말합니다. "밥이라는 한자 식(食)이 사람 인(人)과 아래에 숟가락 비(匕)가 있는 화(化될)로 만드신 까닭은 '사람(亻)은 모름지기 **숟가락**(匕: 북두칠성)**으로 밥을 먹고 자라야 사람이 된다**(化)'는 글자였기 때문이다. 따라서 한자(漢字)라고 말하는 글자는 지금의 젓가락으로 먹는 지나의 글이 아닌 '**숟가락**으로 **쌀밥을 먹었던 사람들이 만든 이(夷)들의 글자**'임을 알아야 한다."

맞아요. **숟가락**은 하늘에서 **한겨레에게 생명을 주시고 물의 나라 '우리나라'**(井)에 물을 내려주신다는 북두칠성이었지요. 그러하기에 단순한 방위판에 지나지 않는다는 '사남'(司南)을 지나는 나침반이라고 우기며 나침반을 발명한 민족이라고 자랑삼지만, 그 사남에 숟가락 모양의 자석이 놓이고 '사남의 국자'(杓표: 북두칠성 손잡이)라고 전하는 것(후한 시대, 왕충이 쓴 서적 *논형)은 결국 한겨레의 방위별인 북두칠성을 나타냄이니 따라서 '**문화**'(文化)라는 말조차도 **한겨레의 북두칠성의 나라**(井)에서 **나왔다**는 증거가 되는 말입니다.

우리야말로 '문화강국'(文化强國)임을 잊지 마시기 바랍니다!

그래서 방위를 찾는 나침반을 지나가 아닌, **한겨레의 발명품**이라 말하는 것이고 저들이 자랑하는 한자(漢字) **또한 우리의 문화를 담은 글자**

이기에 한국학연구가 이재량 님은 한자(漢字)가 아닌 '이글(夷契: 동이의 글)로 불렀으면 하고 국민제안을 하는 것이지요! 옛날, '숟가락을 던져선 안 되는 것'이라고 하신 아버님의 말씀에는 **많은 뜻**이 있었습니다. 감사합니다.

떡은 천손문화

우리에게는 **많은 떡**과 함께 '떡문화'가 전합니다. 쌀을 **처음 개발했던 조상**(예穢인)을 기리기 위해 흰옷 입은 제사장이 올렸다는 해처럼 밝은 천상의 음식 '**백설기**'는 또한 **천손의 아이가 돌**이 되면, **생명을 주시고 쌀문화를 주신 첫 조상인 마고님**(어머니의 어머니이신 삼신할미)**에게 바쳤던 떡**이었다고 하지요.

먼 옛날부터 제사와 대소사는 물론 백일에서 첫돌, 생일, 혼례, 회갑 등 좋은 날이면, **찰기를 이용하여 떡을 만들어 돌리며 덕**(德: 베풂)을 나누었습니다. 저 먹자는 것이 아닌, **이웃과 함께 떡처럼 끈끈하고 향기로운 마음을 나누고 싶었기** 때문이지요.

언어문화학자 박영홍님은 "우리 선조께서 **쌀**(禾)**로 덕**(德)**을 오가며 나누던 것이 '떡**'(덕+덕)**이 된 것이고 무엇이든 나누어 먹으며 화목**(和睦)**하게 살았던 예**(穢: 쌀 지은 사람)**인들의 풍속에서 나온 것**" 이라고 말합니다. 그래요. 힘든 우리의 현실, 이젠 큰 한국인의 마음으로 '여(與)다 야(野)다, 갑이다 을이다, 배운 사람 못 배운 사람, 있는 사람 없는 사람…, 가리지 말고 '**우린 한국인**'이라는 **하나로 화목해야** 합니다!

아름다운 전통떡 출처: 미동미서, 안악3호고분 시루떡 찌는 벽화 출처: 식생활문화자료방, 솥과 시루와 시루떡 출처: 꿀짱 김용근, 고구리 시루 출처: 고려대 박물관

세시풍속에서 온통 우리 겨레와 함께 했던 **'떡'**이야말로 **인류의 수수께끼문화였던 맷돌과 절구** 등 인류의 음식文化의 코드를 풀 수 있는 산 역사인 것이지요. 떡이란 1벼를 비롯한 곡물을 처음 재배했던 사람들이 2곡물을 가루로 만들기 위한 맷돌과 절구를 만들었던 사람들이 3음식을 찔 수 있는 시루(밑에 구멍이 뚫린 둥글고 넓적한 토기)라는 창의적인 토기에서 나온 최고급 문화였지요. 음식을 구워먹는 단계를 넘는 것이 **찌는 단계였으니, 먼 옛날 엄청나게 발전된 문화**, 천손의 문화였던 것입니다!

'문화에는 돌연변이가 없다'는 말 아시죠! 지나(옛 중국)에도 떡 비슷한 것이 있다지만, 쌀이 아닌 **밀가루로 손으로 반죽하여 만들었기에 절구**가 필요 없고 **시루 같은 고급그릇문화**가 없었던 족속들이지요.

청동기시대 유적(나진 초도패총)을 비롯하여 삼국시대 고분 등에서 출토되는 **시루**나 고구리유적인 안악·약수리 고분벽화 등에서 **시루(甑)에 음식을 찌고 있는 모습**으로 보아 떡의 시원이 참으로 오래 되었음을 알게 합니다. 그리고 **우리나라에서만 나타나는 '시루문화'**란 음식을 증기로 찌어내는 창의적인 그릇일 뿐 아니라 여러 곡식을 찌어 하나로 만들 듯 **다양한 文化를 수용**하는 **겨레의 역량을 상징했던 문화**였지요.

그래서 윤숙자 한국전통음식연구소장은 **우리가 세계화할 음식은** '**떡**'이어야 한다면서 "**오랜 시원의 역사** 속의 베풂과 나눔의 덕(德)문화에다 콩, 팥 같은 **두류**와 땅콩, 호두, 잣 등의 **견과류**, 앵두, 살구, 감 등 **과일류**, 호박, 당근, 쑥 등 **채소류** 등을 재료로 하여 〈**5대 영양소**〉가 고루 들어 있는 건강떡을 만들어 한국의 전통문화를 알리고 세계인의 건강을 지키고 싶다." 라고 말합니다. 한국인의 마음(은혜 · 베풂)을 닮은 떡의 〈세계문화유산〉 **등재를 기원**하겠습니다.

전설처럼 내려오는 천손의 축복, 비나리

우리의 옛 할머님과 어머님은 집안의 안녕과 자식을 위해,
좋은 날을 잡아 **금줄**(검줄=신줄)을 두르고 **조왕**(부뚜막의 옛말)**에서 조왕 할머니**(부엌의 불과 물을 관장하는 신령님)의 정성을 빌어 **시루떡**을 차려 놓고 **정화수**(井華水: 이른 새벽의 길은 물)를 떠놓고 **가신**(家神)**이나 천지 신명**에게 비셨습니다.

이때 조상에게 감사하는 마음을 담아 **고수레**를 외치고 '그저 **착하게 살 테니,** 사람의 **소박한 소망**을 부디 이루어 달라'는 **고사**(告祀)를 드렸지요. 이렇게 우린 **우리 할미와 하비의 소망**으로 무럭무럭 자랄 수 있었습니다.

그리고 **앞길의 행복을 비는 축복의 말인** '비나리'를 주고받았습니다. 지금도 **이사를 하거나 개업을 할 때, 떡을 돌리며 비나리**를 나누는 모습은 우리만의 아름다운 풍습이지요. 이웃과 덕을 나누고 **행복**

과 축복을 빌었던 겨레의 통과의례였습니다. 지금의 한국인은 떡보다 케이크를 반기면서, 천손의 아름다웠던 문화를 다 잊어버렸지만, 재팬의 왕가에서는 잊지 않고 '시루또꾸'(시루떡)를 만들며 뿌리를 잊지 않고 있으니… 아, 참~, 쑥-떡쑥떡…!

절구, 양다리 디딜방아, 안악3호고분 벽화 방앗간 출처: 식생활문화자료방

선농단, 부루단지

그래서 농사짓는 법을 잇고 조상의 볍씨를 삼신단지(부루단지, 업주가리)에 담아 소중히 전해왔던 것입니다. 먼 옛날부터, 나라의 제사 때는 솟대에 볍씨주머니를 매달고 천신에게 감사를 드렸다고 하며 이 땅을 이어받은 신라의 시조 박혁거세께서 왕비 알영과 함께 육부를 순행하면서 농사(農事:곡식, 채소, 과일을 가꾸는 일)와 잠사(蠶事: 누에 키우고 실 뽑는 일)를 권장하고 감독했던 일은 옛 선조의 자부심을 이어가자는 것이었지요.

이런 뜻을 이어 서울 신설동의 '선농단'(先農壇 유형문화재 제15호)에선 1908년 (근세)조선이 망하기 전까지, 마지막 황제인 순종께서 '선농제'(농사를 처음 가르쳤던 조상에게 임금이 친히 제사지내던 의식)를 올린 후 선농단 남쪽의 밭을 친히 갈아 백성에게 농사의 역사를 일깨우고 당부했던 것이지요.

지금 진실된 역사는 다- 가려져, **겨우 5천 년의 신농**(神農: BCE ? 姜씨의 시조)**과 후직**(后稷: BCE2300 순왕의 신하)이 **'지나의 농사(?)의 신' 으로** 잘못 알려지고 **선농단**이 그들을 제사지내는 곳으로 잘못 알려져 있습니다. 지나(支那)는 뿌리문화도 없으면서 우리에게 주워 얻어간 **곁가지**(支)**문화를 크게 받들며 문화대국, 관광대국을 표방하고 지나 족의 경제력과 자부심을 키우는데,** 정작 제 문화를 모르는 한국인은 **거대한 신농씨의 상이 있는 호북성에 관광이나 가서 머리를 조아리고** 문화의 하수인이 되어 돈만 쓰네요. (충-성!)

이미 **1만5천 년 이전부터 농사를 짓고 1만 년 이전 가축을 키우고 쟁 기와 마차를 사용했던 우리인데,** *사기(史記)를 쓴 사마천은 **'신농씨가 인신우두**(사람의 몸 소머리)**의 모습으로 농사의 신이 되어 소를 길들이고 마차와 쟁기를 발명했다'**고 허황된 역사로 만들었으니, 소가 웃을 일이 지요. **우린 최소 1만5천 년 전인데, 겨우 4800년 전의 신농이라니… !**

그러나 이 땅의 사람들은 **신농**(서기전 3898년에 한웅천황의 신하였던 고 시高矢씨 방계후손인 웅족熊族 출신인 소전少典의 아들)**과 순**(舜)**왕이 지나족 인 줄 알 뿐, 우리의 후손이었음을 모르니** 이게 문제라는 것입니다.

쓸쓸한 한국의 선농단(신설동) 출처: 여러 생각, 장엄하고 활기찬 지나의 선농단(호북성)과 신이 되어 있는 신농씨 출처: EBS, 삼신단지와 정화수 출처: The Korea History Times

고리(려)말 행촌 이암선생(이색의 스승)의 *단군세기(檀君世紀)와 조선 숙종 때 북애자(北崖子)의 *규원사화(揆園史話)는 단군왕검(BCE2333~2241)의 첫째 황자 **부루태자**께서 **조상이 개발하신 볍씨**(1만8천~1만5천 년)**를 비롯한 많은 종자씨를 단지**(토기)**에 담아 후세에 잇게 한 것이 '부루단지'**였음을 기록하여 귀중한 역사를 전합니다. 신주단지, 성주단지, 조상단지 등으로도 불렀지요. **농경사회에서 특별한 의미였던 곡식을 넣어두는 부루단지는 집을 지켜주는 가장 높은 신**(성주신)**처럼 여겨져 성주단지로 부르고 죽은 조상의 위패**(神主신주)**처럼 몹시 귀하고 정성스럽게 다루고 간직해야 함을 일깨워 신주단지라고 불렀지요.**

*규원사화는 그때 **가축 기르기와 농사짓는 법과 불 붙이는 법, 쇠로 연장 만드는 법 등을 최초로 고안해내시고 크게 가르쳐 왔던 고시씨**(高矢氏) **집안의 공덕**을 기리기 위해 흔히 제사나 산에서 또 음식을 먹기 전, 첫 술을 땅에 뿌리고 **'고시례, 고수레, 고시네'를 3번 외치는 아름다운 풍습**(젯밥 뿌리다)이 있었음을 전합니다. 몽골이나 아메리카로 건너간 잉카의 후예 **인디언들도** 음식을 먹을 때 행했다는 '고시례~!'

그래서 **'고씨 성**(姓)**의 여인**(?)**의 넋을 위로하기 위해서'**(?), **몽골에서 전해진**(?) **문화**라는 등 **잘못된 고시례의 유래**에 대해 한류의 원조 스타 배용준 씨는 무척 안타까웠나 봅니다. 진정한 스타답게 우리 역사의 많은 정체성들을 궁금해 하며 그는 ***한국의 아름다움을 찾아 떠난 여행** 이라는 책까지 내면서 '**한국인이 잃어버렸던 역사의 실마리를 고시례에서 찾으라**'고 하네요.

요즘 세계 최대 온라인 쇼핑몰 아마존에서 한국인의 농기구 호미가 'Ho-Mi'라는 이름으로 최대 **10배 가격**(32$)에 **절찬리에 판매되고** 있어 화제이지요. 세계인들은 완벽한 다목적 농기구**라며 '원더풀!'**을 연발하지만, 아무 생각 없이 내던져두고 살았던 한국인은 "호미가 우리나라에만 있었다니 놀랍고 **충격적이네!**" 라는 반응뿐입니다.

그래요. 우린 이만큼 스스로를 과소평가하고 세계를 모르고 살아왔던 것이지요. 우리는 **인류최초로 농경을 비롯한 신석기혁명을 이루었던** 천손의 자손임을 늘 잊어서는 안 됩니다. 근데 **사람과 조화를 이루면서 인체공학적으로 만들어진 '지게'**를 보면, 더 놀랄 텐데, 그죠? 이렇게 **한겨레의** 언어와 문화야말로 역사의 보물창고이지요.

고시레를 하는 배우 배용준과 그의 저서 출처: MBC라이프, 인터파크, 칭기스칸 기념탑에서 '고수레'를 하는 여인 출처: 최기호의 *어원을 찾아 떠나는 세계문화여행, 아마존에서 팔고 있는(23$) 'Ho-Mi' 출처: 아마존

농·자·만·사·지·본
그러나 지금은 이 모든 근본이 다 잊히어 전해지는 말이 **'농자천하지대본'**(農者天下之大本: 농부의 삶이 천하의 큰 근본)이지요!

단순히 **농업**(農業)**을** 장려하는 말로, **농부의 자부심을** 전하는 말로만 알려져 있을 뿐, 그래서 옛날 **농사짓던 이**(예인, 이인)들이 일구었던 **인류의 첫 문명과 문화가,** 다시 말해 **씨를 뿌려 농사를 짓는** 것 외에도 **그릇을 구워** 씨를 보관하고 **자**(尺)**와 도구와 기구를** 만들고 **배를 만들어 고래를 잡고 가축을 키우며 대륙과 해양을 함께 아우르며 농**(農)**을** 시작했던 **사람**(者)**들의 모든 것**(萬事)이 세상사의 근본(本)이 되었다! 라는 진정한 뜻을 다- 잊고 맙니다.

지금은, 우리 **단군조선의 6대 달문단군**(2083~2048BCE)**께서,** 최소 1만8천 년 전 벼농사와 함께 **만사의 기본을 세우신 조상의 뜻을 높여** '**농자만사지본**'(農者萬事之本: 농사짓던 사람에서 만사가 나왔다)**으로 말씀하셨던 것인** 줄 모르고, **겨우 2천 년 전, 농자**(農者)**의 근본도 없는 땅에**서, 하늘(天, 배달)겨레도 아닌 **변방의 지나족을 이끌었던 한문제**(漢文帝 BCE202~157: 한고조 유방의 아들)**가** 한 말인 '農天下之本'**에서 왔다고** 우기며 모~든 것이 차이나에서 왔다(중화사상)고 믿고 살아갈 뿐이지요.

이렇듯 상고시대부터 한국의 문화적 전통이 온통 농경과 해양문화에 뿌리와 원형을 두고 있었음에도 우린 '한겨레의 문화자생설'을 부정하는 재팬의 식민학자들의 농간에 의해 **북방문화에서 전래되었다는** '시베리아 기원설'을 굳게 신봉하더니, 마침내 '농자만사지본'했던 **인류의 시원인 농경문화의 뿌리를 잘라내고 기껏 3천 년밖에 안 되는 북방의** '유목문화 기원설'에 목을 매며 **유랑**(유목)**민과 기마민족**(기껏 3천 년 역사)**을 고집하면서 지금 고독해 하는 것입니다.**

이렇게 역사의 근본(根本)이 잊히고 선후(先後)가 뒤바뀌었으니, 시원겨레인 한국인은 얼이-둥절하며 우리 땅의 신석기문명(2만5천년 전~)이 겨우 BCE4000년(딴 곳은 8천 년 전)이라고 학교에서 가르치며 겨레의 근원(우리나라)을 무시하자, 한겨레의 기원마저 떠돌이들의 땅인 파미르고원이다, 몽골의 바이칼이라는 또 다른 식민사관(植民史觀)으로 스스로 제 역사를 오염시켜 왔던 것입니다.

이젠 벼농사를 지어 첫 문명을 시작하고 큰 물(氵 나루)에서 크게 살았다는 예(穢: 벼)백성의 자부심은 지나의 왜곡으로 더럽다라는 뜻으로 글자마저 예(濊)로 바뀌며 근본마저 까맣게 잊힌 문화이지요. 정작 차이나는 2005년 〈중국민족발전사〉를 통해 '예맥(濊貊)족도 중국의 문화'라고 발표해 우리가 버린 역사를 가로채버립니다.

지금 벼문명인의 자부심은 간 곳 없고 500년이 넘는 향나무만이 초라하게 지키고 있을 뿐, 선농제에 참여한 농부들이 자부심으로 먹던 음식이 '선농탕'인 줄 모르고 "설렁탕 곱-빼기요!"만 외쳐대는 귀 막은 호사가(쓸데없는 말하길 좋아하는 자)들에 의해 역사(문화)는 또 왜곡되면서 이젠 먹거리 축제를 문화(文化)라고 하네요.

농자천하지대본 출처: 리틀엔젤스예술단, 설렁탕 출처: 동대문 본가, 동굴의 우상 출처: 스토리텔러, '전인미답' 출처: twgram. me

'전인미답'(前人未踏)!

'이전(前)엔 어떤(우리를 제외한) 사람(人)도 아직(未) 논(畓답)에 발(足족)을 디디지 않았다!'는 말은 그렇다면, **어느 민족도 해내지 못했던**, 그 많은 일들을 해내고 **아무도 가지 않았던 길들을** 처음 갔던 우리 선조의 크나큰 자부심의 표현은 아닐까? 그런데 최초의 농사를 증명이라도 하듯, 강원도 고성 문왕리에서는 **최소 5600~5000년 전의 신석기 밭**(田)이 **발견**(2012)되고. 울산광역시 남구 무거동 옥현유적에선 동아시아 최초의 논(畓: 청동기 시대)이 발견(1999)됩니다.

지나와 재팬에선 신석기 밭이 발견된 적이 없는데, 더군다나 **논을** 뜻하는 '**답**'(畓: 물이 있는 밭)이라는 글자는 **지나에서는 애초에 없어 쓰지 않던 글자였다**고 하며 훗날 저들은 **수전**(水田: 쑤에이티엔)이라고 쓰고 있을 뿐! 이렇듯 우리의 선조께선 지금까지 **어느 민족도 손을 댄 적이 없는 것들을 만들고** 세상을 여신 개척자이고 발명가들이셨지요.

그러나 아직도 많은 한국인들은 '**문명 · 문화가 온통 차이나에서 발생하여 퍼져 나갔다**'며 그래서 '**우린 대대로 변두리민족일 뿐**'이었다고 스스로 비하하면서 컴컴한 동굴에서 머리를 조아리고 살고 있지요. 2500년 전 **그리스의 철학자 플라톤**이 우려했던 '**동굴의 우상**'(동굴 속 촛불로 벽에 비친 그림자를 제 모습으로 여김: 자신이 경험한 것만으로 세상을 보는 잘못된 판단)**이 바로 지금의 한국의 모습은 아닐까?** "거룩한 한국인이여, 이제는 동굴 밖으로 나올 때입니다. 아프락사스!"

> "셰익스피어와 단 5분만 이야기할 수 있다면, 내 전 재산을 내놓겠다!"
>
> 인문학(역사와 문화의 상상력)을 강조한 – 스티브 잡스

여명의 땅, 구리, 닭

해가 떠오르는 새벽의 빛을 '려(여)명'(黎明)이라 하지요. 새벽은 동(東)쪽이고 시작임을 뜻합니다. 이 말에도 벼(禾)문화의 흔적이 나타납니다! 黎는 '사람(人)이 물(水)에서 벼(禾)농사를 위해 쟁기(勹)질을 하고 있는 모습'을 나타낸 글자라고 합니다. 또한 黎는 뜻이 '검다, 빛나다, 나라이름'이듯이 '검고 어두웠던 세상을 환하게 빛낸 나라' 라는 뜻이 담겨 있다고 하지요. 마치 동쪽에 환하게 떠오르는 해와 같이 인류의 어두운 시기에 '려명'(黎明)처럼 문명을 밝혀준 나라였다는 뜻입니다.

그래서 훗날 옛 배달한국의 이름을 구리(九黎)라고 하고 14대 치우(蚩尤) 천왕을 '구리(九黎: 東夷의 나라)의 천자'라고 했던 것이지요. 인류의 신석기문명을 환하게 밝힌 '구리'라는 쇠의 어원 또한 "물가에서 (벼)농사를 처음 지었던 리인(黎)들, 즉 배달한국의 옛 이름인 구리(九黎)에서 나온 것으로 보여진다." 라고 고 박성수 교수님(한국학중앙연구원)께선 우리를 일깨우셨지요.

그래요. 이러한 동쪽의 리(黎)인들이 일찍이 북두칠성(弓)을 닮은 활(弓)을 처음 발명한 사람들이었기에 동이(東夷), 구이(九夷)라 했던 것이구요. 이것이 한(漢)의 사마천이 *사기(史記)에서 '리 동이국명야'(黎 東夷國名也: 리는 동이의 나라이름이다)라고 기록한 이유입니다. 훗날 역사가 잊히며 려(麗)라는 글자로 바뀌고 심지어 '고-구리'라던 발음마저 고구려로 잘못 부르고 있는 것이지요.

> "아아, 우리 겨레여, 마치 자루 속에 갇힌 것 같구나.
> 누가 능히 이 어둠을 열어주나?" -정약용 *述志

어두운 새벽, 빛나는 태양이 동방(黎)의 땅에서 떠오르듯, 사람의 문명·문화를 일으키신 분들이 다— 벼문화를 시작한 선조였다고 말입니다. 그래서 **어둠을 깨우고 새벽을 알리며 해**(알)**를 낳는 '닭'이 신성시되**면서 **영원불멸의 새인** 태양새(봉황, 삼족오)가 탄성되었던 것이지요.

숭고한 나라의 黎明 출처: 작가 양석회, 새벽(黎)을 깨우는 닭, 고구려 역사테마도시 구리시의 '고구려 삼족오 축제' 출처: 경기도민일보, cu(구) 구리 출처: 위키백과

黎(려, 리), 지팡이의 나라

예부터 '지팡이는 군자(어른)나 성인의 상징'이었다고 합니다.

인류문명을 밝혔던 여명기(黎明期)**의 이 땅에는 유난히 밝은 녹색**을 띄는 풀이 지천이었지요. '藜(려: 명아주)**라는 풀입니다. 사람의 문**명을 새벽처럼 시작했던 새벽(黎려) 땅의 풀(艹)이었기에 **이 땅의 어르신들이 이 풀로 지팡이**(杖)**를 만든 것이 바로 '청려장'**(靑藜杖)이었지요.

그런데 **명아주는 여**(藜)(려, 여, 리)로, **래**(萊: 명아주)로 발음되면서 고대조선을 '래이'(萊夷)라 불렀고 동이의 서쪽 땅 산동반도에 있었던 나라를 '래'(萊)라고 했으며 지금의 부산의 옛 이름, '동래'(東萊) 또한 **우리나라가** 인류의 새벽을 밝히며 **온통 들고 다녔던** 군자의 나라였음을 암시합니다.

우리 땅이 원산지인 명아주(藜) 출처: 네이버지식백과, 도산서원의 퇴계의 유물
중 명아주지팡이 청려장(앞) 출처: 푸른마음, 22회 노인의
날 기념식 '청려장' 전달 출처: 서소문사진관

성인(군자)의 땅은 온통 **청려장으로서 공경의 예**를 갖추었습니다.
'노인의 중풍을 예방하고 심장과 신경통에 좋다'(*본초강목)는 명아
주, 이 땅의 자식들은 부모가 50세가 넘게 되면서, **10년마다 무병장
수를 바라는 효심으로 청려장을 바쳤다**고 합니다.

  그런데 50세의 청려장은 집안의 지팡이가 되고 지혜의 근본이 되
었던 어른이라 하여 **가장**(家杖)이라 불렀으며 60세가 되면, 마을(고
을)에선 **향장**(鄕杖·마을지팡이)을 올려 마을의 어른이라 했고, 칠순이 되
면, 나라에서 **국장**(國杖)이 내려져 나라의 어른이라 했으며, **80세가
넘은 노인**(지금은 100세)은 임금님이 조장(朝杖)을 내리셔 나라의 근본
(朝)을 일깨우는 역할을 맡기셨던 나라, '**지팡이를 짚어야 망자의 영
혼이 하늘**(저승)로 탈 없이 간다'고 믿었고 국장 이상을 짚은 노인들은
고을 원님도 나서서 맞이했다는 기록이 전하는 나라였지요.

  이렇듯 **우리의 지팡이**는 단순한 막대기가 아닌 사회를 이끄는 지
팡이였고 또한 **명예의 표상**으로서 **사회적 권위를 드러내는 봉**(棒)이
었다고 합니다. 그래서 인류문명을 시작한 **성인**(어른, 대인)**들이 이 땅**

을 떠날 때 짚고 가셨던 지팡이(杖)는 하늘과 땅을 이어주는 신물로 쓰였던 작은 솟대였다고 합니다. 그래서 옛날, **신선과 성인과 세계의 종교지도자들**이 한결같이 **삼베옷**(마의)**에 지팡이**를 들고 다녔던 이야기는 성스러운 땅에서 지팡이를 짚고 퍼져나갔던 문명인의 문화였음을 말해 줍니다. **고대 그리스 · 로마나 서양의 군주들**이 공식행사에 **권위와 통치권의 상징으로 지녔던 봉**(棒)**이나 지팡이**가 그것이었지요.

이 땅의 **지팡이**는 신석기혁명을 거치면서, 역시 **우리 땅에서 처음 시작된** 검(劍: 석검, 청동검)**과 꺽창으로 발전**하고 지휘봉(홀)**이 되어 세상으로** 천손의 의례용문화로 퍼져나갑니다. 단군조선의 요람지의 하나인 요녕성 금주 **수수영자에서 출토**(1986.3)**된 3500년 전으로 추정되는 80.2cm**(1.105kg)**의 정교한 '청동꺽창'**(銅戈)이 발견되지요.

이에 대해 이형구 교수(선문대)는 "**손잡이**(柄)**는 무겁고 두껍고 오히려 찌르는 창부분은 얇고 가벼운 점** 또한 **손잡이 양면에 정교한 문양으로 주조된 점, 요동반도 남단**(양두와)**에서 출토된 의례용 돌꺽창**(石

戈)과 같은 점 등은 전투용 살상무기가 아닌 **단군조선의 수장의 권력을 상징하는 지팡이**(權杖)**나 의례용 지팡이**를 상징하는 것으로 보아야 한다.” 라고 말하며 우리 땅이 성스러운 땅이었음을 일깨웁니다.

그래서 **자크 시라크 프랑스 대통령**(17대)이 “대한민국은 ‘**위대한 나라**’입니다. 다른 나라는 **혼란할 때 성인**이 나왔으나, 대한민국은 아예 **성인이 나라를 세웠습니다.**” 라고 말했던 것이었지요.

요녕성 수수영자 출토 고대조선 청동꺽창 출처: 코리안루트를 찾아서, 요서 객좌 양가영자 출토 고대조선말의 꺽창 출처: 괴력난신, 마한지역 출토(부여박물관) 출처: 알림이의 역사교실 권혁선, 고(故) 백남준의 ‘스키타이 왕 단군’ 출처: 세계일보

이렇듯 **명아주**가 일찍이 **여명이 트듯 문명을 시작했던** 이 땅의 풀이었음을 글자가 증명하는데도 혹자는 **명아주의 원산지와 여명의 땅**도 ‘**차이나**’라고 하니 답답합니다.

지금의 나라이름 ‘**코리아**’라는 말은, 천하를 다스린(다 살린) 천손의 겨레 **구이**(九夷구리)**가 벼**(禾)**농사를 시작으로 농경문화를 열며**(가축문화와 해양문화와 더불어) **해가 어둠을 밝히듯 새벽**(黎려, 리)**처럼 인류의 문명과 역사를 시작했다**는 자부심의 말인 ‘구리’(九黎)에서 비롯된 말로 다시 훗날 고인돌과 선돌, 피라미드(高)를 쌓아 천제를 지냈던…

숭고한(위대한) 천손의 후예라는 의미의 고(高)가 붙으면서 '고리(高黎),
고구리'로 불린 것에서 연유된 것이라고 하지요.

훗날 고리의 일부가 시베리아땅으로 이동하며 **유목민으로 살면서
야생의 사슴**(순록) 또한 길들여서인지 순록을 '코리'라고도 불렀던 것
같습니다. 이렇듯 '**명아주**'(藜)는 **구이, 구리, 고리, 코리**(꼬리), **가우
리, 고구리, 코리아**의 역사였고 우리 겨레의 시원과 자부심을 드러내
는 놀라운 말이었지요. 그래서 고(故) **백남준** 씨는 베니스 비엔날레에
'**지팡이를 든 스키타이 왕 단군**(구리의 임금)'을 출품(1993년 대상)하여
'우리 땅이 어떤 땅이었는가!'를 알렸던 것이지요.

시원겨레 천손의 자부심 콩(팥)

정작 우리 천손겨레의 자부심은 쌀보다 '**콩**'(豆, 太)**이었다**고 합니다.
조성제 〈환타임즈〉 논설위원은 "인간(옛 '우리나라' 사람)이 **처음 하늘
에 제를 지낼 때, 최초로 바친 곡식이 콩이었다.** 그래서 **콩**(豆)은 제사
때 사용하는 **제기를 형상화 한 글자였다.**" 라고 하여 지금의 **콩 豆**(두)
가 되었는데 1원래는 **고인돌**을 뜻하는 글자였고 이 고인돌을 본뜬 글
자가 2**제기**(제사그릇)라는 뜻으로 되었다가 지금 3**콩**을 뜻하는 글자가
되었음을 알게 합니다.

콩의 원래 글자는 고인돌(豆) 위에 콩대(卄)가 올려진 모양의 '**荳**'(콩
두)**였다**고 하네요. 우리나라가 원산지였던 콩(荳)이야말로 **태초에 하
늘에 바친 성스러운 곡물**로서 어쩌면 쌀(禾, 米 원산지도 한국)보다 천손
인 우리와 깊은 인연이 있는 곡물이었음을 일깨웁니다.

우리나라가 문명·문화를 잉태한 알과 씨의 땅이었음을
공자(551~479 BCE)는 *주역 설괘전(說卦傳)에서 이렇게 말합니다. **"만물
이 진(震)에서 나오니,** 진은 동방(東方)이다. -중략- **간**(艮)**은 동북방**(한국)
**을 상징하는 괘이니 만물이 열매를 맺어 종지부를 찍음과 동시에 시작
과 새 출발이 이루어지는 곳이다.** 따라서 **창조의 이상섭리가 간방에서**
이루어진다."(萬物出乎震 震東方也 -중략- 艮東北之卦也 萬物之所成終而所成始
也 故曰成言乎艮)…! 그래요. **우리나라는 지구의 씨와 핵을 트게 했던** 중
심이었고 그래서 **활기찬 문명을 시작했던** 심장, core였지요!

농초 박문기 선생은 **우리 겨레에게 콩의 의미를** 이렇게 말합니다.
"뱃속의 아이에게서 맨 처음 생기는 것이 '코'(鼻비co)이듯이, **우리 겨
레에게 맨 처음**(코) **생명을 이어준 것**(ㅇ알씨)이라 해서 '**콩**'이라는 이름
이 지어졌다. 그래서 각 **성씨**(姓氏)**의 시조를** '鼻祖'(비조)라고 이르는
것이다."

그래요. 그래서 예부터 **근원과 시작을 의미하는** '~로부터'나 자신
(~self)**을 뜻하는 '스스로'의 글자를** 自(자)**로 한 것이** '**원래** 自**라는 글
자가 코를 뜻하는 말**'이었기 때문이었다는 것입니다. 그래서 예전엔
자신을 가리키거나 지적할 때, **손으로 코를 가리켜 왔던 것**이지요.

이뿐이 아니라 우리네 **제샷상**(豆)**에 반드시 콩**(豆)**나물을 올렸던 것**
이며 **밥상에 콩으로 만든 간장을 중앙**(中央)**에 차려 놓았던 것은** 근본
(배꼽)**을 잊지 않으려 했던 겨레의 마음**이었습니다. 우리의 '**코코놀이**'
가 "코코코코 입! 코코코코 눈…!" 했던 것은 **코를 근본으로 시작하여
만사를 헤아리라는** 조상의 가르침이었지요.

그러고 보면, 광대뼈와 편두의 동양인의 모습인 **스핑크스를 포함**해 **이집트의 많은 신과 왕·왕비 석상의 코가 대부분 잘려나간 사실**은 '저(?)들의 문명·문화적 열등감이 어떠했기에 이렇게 문명인의 근본(코)을 지우려 했을까?' 하는 마음이 들어 안타까울 뿐이네요.

아주 오래 전부터 많은 민족에게 **코를 베는 의형**(劓刑)**이라는 형벌**이 있었다고 합니다. 심리적 모욕감을 넘어 **근원을 부정하는 것**이었기에 너무 가혹한 형벌로 여겨져 근세조선 때 금지된 적이 있었지요.

재팬의 교토시, 토요토미 히데요시 신사 앞에는 소금에 절여 묻힌 400여 년 전 '조선인의 코무덤'(鼻塚), 너무 잔인하여 귀(耳)무덤으로 명명되어 조롱을 받고 있는 9m의 무덤이 전리품처럼 있습니다.

창녕 고인돌 출처: 문화재청, 제기(祭器) 형상의 고인돌 묘의 갑골문 출처: 한국민족문화대백과, 밥상 중앙엔 간장 출처: 언덕에서, 스핑크스의 아세안의 코 출처: 나무위키, '코코코코' 출처: 경기도교육청

이어 박문기 선생은 "콩은 여니 작물과 달리, 싹보다 **뿌리**(root)**가 먼저 나오는 곡물**로서 **근본을 숭상**했던 조상님께선 콩을 하늘에 제물로 올렸다고 한다. 그러하기에 한겨레는 제 뿌리인 조상의 성(姓=근본, 퍼스트네임)을 먼저 써 높이고 콩(豆)을 올려 조상에 감사드리는 **제사**(祭祀)**문화가 발달**한 것이다." 라고 말합니다.

그래요. **뿌리인 성을 오히려 세컨드네임**(second name)이라고 하고 제 이름을 퍼스트네임(first name)이라 말하는 **서양에서는 그래서 제사가 있을 수 없는 문화였던 것**이지요. 또한 서양처럼 할아버지나 어머니에게 존대도 없이 **니**(你 ni 너 you)라고 말하면서 아이러니하게도 **제사를 지내며**(흉내 내며) **제사를 시작했던 천손의 역사를 뺏는 지나**(China)**족은 해석이 안 되는 족속**입니다.

본디 콩(太, 豆)**의 원산지도 아니었고 천손의 깊은 문화도, 뿌리도, 혼도 없으면서 천손의 문화**(제사)**를 흉내 내었던 것**은 참으로 **한국의 천손문화가 부러워서였을 것**을 생각하면 가련하기도 하네요. 아, **유럽의 아시아라는 헝가리**(한+겨레)**인이 우리처럼 성씨를 먼저 쓰고 이름을 뒤에 붙이고 있는 사실**은 우리의 마음을 짠-하게 합니다!

인류 최초로 '천제'를 올릴 때, 이 땅에서 **처음 재배한 콩과 벼를 천신하고 인간을 대신해서 숫양**(羊, 산양)**을 제물로 바쳤다고 합니다.** 숫양은 뿔 달린 짐승 중 유일하게, **하늘을 돌며 세상을 지배하는** 태양과 북두칠성처럼, **둥글게 회전하는 황금나선**(golden spiral)**의 뿔을 가졌기 때문**이지요. 그래서 양을 바치며 의로움과 선함과 아름다움을 기원했다고 합니다. 이것이 **'희생양'**(犧牲羊)**이란 이름을 얻게 된 유래**이고 **'의로울 의**(義), **착할 선**(善), **아름다울 미**(美),…' 등 좋은 뜻의 글자에 숫양(羊)이 들어가 전해지게 된 이유이지요.

그러나 **한자**(? 이글)**를 발명**(?)**했다는 지나인들은 정작 왜, 숫양이 희생양으로 쓰이게 되었는지 모릅니다.** 하늘겨레인 우리의 고유한 문화코드였기 때문이지요.

세계 최초로 벼(禾)를 순화 · 재배했던 이 땅의 원주민을 상징하는 예(穢)인은 이미 **수만 년 전부터 콩**(豆)을 재배하여 **고인돌**(효: 고인돌 형상) 위에 놓고 천제를 지냈다고 하여 두(豆), 태(太: 대인의 콩)라 했다고 합니다. 이들이 우주만물과 인간세상의 질서(기본)를 지켜나가는 고인돌백성의 모습에서 '예'(禮 moral 효)라는 말 또한 생겨났고 이들이 **하늘과 조상 제사에 콩으로 예를 올렸기에 '제례'**(祭禮 효)라 했던 것이지요.

그런데 지금은 세상의 질서와 상식을 유지하려 애썼던 예인들의 **다짐과 긍정의 답변인 '예'**가 세상으로 나가 '예와 야, 예스'(yes)가 된 것인 줄 모르고 지금은 단지 '아니오'(no)의 반대말인 줄만 알 뿐입니다. 더구나 콩(豆)으로 만들어진 천손의 지고지순한 문화였음을 까맣게 잊고 그저 "콩밥 좀 먹어볼래?" 라고 농하며 **범죄자의 저급한 양식**으로 알고 있을 뿐, … 지금 이 순간에도 우리의 정체성과 근본은 다 사라져갑니다. 어쩌죠?

황금나선'(golden spiral)의 뿔 숫양(羊) 출처: 위키백과, 덕화리1호분 가운데 선명한 북두칠성 출처: 서울신문, 드넓은 만주 출처: 나무위키, 드넓은 만주평야 출처: 위키나무라이브

'**콩과 된장 또한 지나가 원산지가 아니냐?**' 고 또 우기겠지만(중화주의자는), 우리 땅이었던 **만주와 한머리땅은 콩과 팥, 녹두, 강두**(豇 효: 동부콩) 등 **콩류의 원산지**로 야생종의 종류가 가장 많다고 하지요.

더구나 그 넓은 **만주**(滿洲: 콩으로 가득 찬 땅)에 200여 품종이 있는데 비해 **한머리땅에는 900여 품종의 콩**이 있다는 것으로 알게 합니다. '한머리땅이 콩의 재배 기원지'였다는 말이!

〈한국학중앙연구원〉(옛 한국정신문화연구원)은 이를 명쾌하게 밝힙니다. "중국의 **앙소문화**(5000~3000BCE)**와 용산문화**(3000~2000BCE) 유적지에서는 콩이 나타나지 않으며 *관자에 '제(齊)나라 환공(桓公: ?~643BCE)이 만주지방 산융에서 콩을 가져와 중국에 보급시켰다'는 기록이 있다. -중략- 유럽에는 1690년경에 독일에 처음으로 전파되었고, (프랑스1739년, 영국1790년 시험재배) 미국에는 1804년경에 처음으로 알려져 1900년경부터 널리 재배되었다." 라고. 뭐든 역사가 깊을 것 같은 **인도 역시 18C말~19C초**밖에 안되었지요.

이만큼 세계가 변변한 먹거리도 없었던 때,
우리의 선조는 **쌀과 콩과 다양한 채소와 산나물, 여기에 해초류** 그리고 **강과 바다의 조개와 물고기들** 심지어 바다의 큰 파도를 헤치며 **고래고기까지 먹여주셨는데…! 이만큼 풍요로운 알과 씨의 땅**이었기에 육·해·공군이 시너지효과를 내면서 '진정한 발효음식문화'라는 음식의 최고단계까지 이를 수 있었던 것입니다.

지금 〈윤식당〉이니 〈한국은 처음이지〉 등의 프로에서 외국인들이 우리의 음식을 맛보고 '**이제껏 맛보지 못했던** 천상의 맛, 오묘한 맛'이라고 극찬하는 것은 지극히 당연할 수밖에 없는 것입니다. 저들은 우리처럼 **깊은 오감으로 맛볼 수 없기 때문**이지요.

지금 우리의 음식(한식)문화가 하나의 한류가 되어 세계 여기저기서 지구인의 입을 감동시키고 있는 것은 **단지 조상의 음식문화를 활용했을 뿐이지**, 자신이 특별해서만이 결코 아닙니다. 사실 한국인이면 누구나 세상의 모든 맛(오감의 맛)을 **다 낼 수 있는 것입니다!**(마치, 한국인이면 지구상 모든 소리를 말과 글로 나타내듯이) 지금 우리의 **한류는 이러한 깊고 다양한 문화에 뿌리를 두고 있기에** 세계 어느 국가도 할 수 없는 길을 열어가고 있는 것이지요!

혹자는 **이러한 우리 역사를 생각조차 못하면서** 우리 땅이 **다른 땅보다 풍요롭지 못했던 불모지였다며 투덜**대고 심지어 세상 온갖 맛을 갖게 해 주신 **우리의 조상님을 무능했던 조상**이라고 **다른 곳에서 안 먹는 푸성귀까지, 해초까지 먹었다며 불평까지** 했었으니…! 애고, 지금부터라도 **우리 땅과 우리 조상님에 대해** 큰 감사를 하며 **살아야 할 것입니다!**

또한 **작은 콩(小豆)이라는 '팥'** 또한 우리 땅이 원산지였습니다. 마침내, 2014년 10월, **강원도 양양군 오산리 선사유적지**에서 신석기 초기와 중기에 재배된 것으로 보이는 **조, 기장**(고대 이집트에서도 발견), **들깨의 눌린 흔적과 2.2㎜와 2.8㎜의 두 팥의 흔적**마저 발견된 것이지요. 미국 〈베타연구소〉의 연대측정 결과, **재팬땅**(5300년 전)**과 지나땅**(3600년 전)에 비해 크게 앞선 **약 7314~7189년 전**으로 확인됩니다.

중화주의자(중국이라 말하고 뭐든 중국 최고!)들은 계속 실망이 크겠지만, **평양 삼석구역 남경유적지**(36호 집터)**에서도 6천 년 전 탄화**(炭化)

된 벼와 조, 기장, 콩, 옥수수가 발견되고 또 충북 옥천 대천리에선 5천 5백 년 전의 조·기장이 나오고 **아프리카와 유럽이 먼저일 것이라**던 **보리와 밀마저 발견**됨으로써 우리 땅이 최초의 논농사에 이어 최초의 밭농사도 **시작되었던 땅**이었음을 알게 했지요.

그래요! 우리 땅 **동방**이 **만물**이 처음 싹트고 최초로 문화가 발생한 땅이었다는 *황제내경(소문편)의 기록이 맞았던 것입니다. '**인류의 농경문화**가 바로 **한국**(하늘나라, 동방)**에서부터 시작**하여 **전 세계로 전파되었다**'는 사실과 다양함과 조화를 사랑했던 지혜로운 선조께서 고른 영양을 위해 먹었던 오방색의 오곡밥 문화**가 세계의 학자들의 생각보다 이 땅에선 훨−씬 전**이었다는 사실에 놀랍고 감사할 마음뿐이지요.

또 많은 한학자는 말합니다.
"**옛 우리나라의 들판에 터질 듯이 여문 콩**(豆)**의 깍지**(曲)**가 지천으로 깔려 있다**하여 만들어진 글자가 '**풍년**'(豊年)이란 글자이며 **콩**(豆 단백질)**이 머리**(IQ頁)**를 깨어나게** 하고 **몸**(骨)**을 강건히** 한다 하여 **머리 두**(頭)**와 몸 체**(體)**가 만들어진 것이었다!**" 라고!

농초 선생과 많은 학자들은 말합니다.

'**최고의 단백질과 식물성 기름을 주는 콩**으로 하여 **두뇌**는 물론, 다른 민족과 달리 **크고 강건**하였기에 동양을 **제패**할 수 있었고 동양인으로서 서양인과 체력적으로도 당당히 맞설 수 있는 나라는 **한국인뿐**'이라고. 그래요 예부터 '콩의 원산지'가 우리 한머리땅을 뿌리(根本)로 **만주**와 **연해주**였고 20C 초까지만 해도 세계 콩생산량의 1·2위가 만주와 한머리땅이었다는 사실과 무관하지 않았던 것이지요.

그렇다면 이러한 콩문화(豆·太)를 담고 있는 한자(漢字?)라는 글은 과연 누구의 글자였을까? 그래서 인류의 시원문명·문화를 장엄하게 시작했던 이(夷: 옛 한국인)들의 자부심의 콩글자 '**두**'(豆)와 '**태**'(太), 문명인의 시조인 '**비조**'(鼻祖)를 잊은 슬픔에 젖습니다.

콩의 원산지였고 **농업혁명을 일으켰던** 이 **땅**과 우리의 선조께선 콩이 우리 몸에서 쉽게 흡수되지 않는다는 것도 오랜 경험으로 알아냅니다. 그래서 우리네 조상들은 **유익균**(이로운 균: 고초균, 바실루스균)**으로 일차분해하는** '발효'(醱酵 fermentation)**라는 과정**을 거친 후, **고효율의 영양식**을 먹었던 매우 과학적인 겨레였습니다.

예전 미국의 〈타임〉지에 '콩으로 만든 **메주에 1급 발암성 물질**(아플로톡신)이 있어 **된장과 간장은 매우 위험한 식품**'이라는 보도로 인하여 지금까지도 어떤 이들은 매우 꺼림칙하게 여기는 분이 있습니다.

그러나, '아플로톡신을 생산하는 **곰팡이**(아스퍼질러스 프라뷔스)는 **정상적인 메주미생물**(바실러스 서브틸리스, 아스퍼질러스 오리재 등)**과 혼합된 상태에서는** 암모니아와 미생물의 작용으로 **아플로톡신을 생산하**

지 못하여 **발암성이 없을 뿐** 아니라 오히려 상쇄하는 항암성분을 지 닌 건강식품'이라는 것이 과학적으로 밝혀지면서 한국인은 참으로 오 묘한 사람들이라며 혀를 찼다고 하지요.

또한 간장과 된장에 넣는 '숯'은 유익한 미생물의 서식지를 제공하 고 **미네랄을 풍부히 제공**해 주었으니 '숯' 또한 우리 겨레의 지혜였지 요. 이 또한 '숯을 넣은 재래식 된장(간장)이 암세포를 죽인다'는 사실 이 KBS-TV에서 실험과 함께 방영을 합니다. 그래서 우리의 조상님 은 **숯을 '신선한 힘'**이라고 부르셨던 것이지요.

이렇게 숯을 처음 만들었을 지혜로운 선조들, 여기에 바다를 두려 워하지 않고 처음 배를 만들어 해양문화를 열며 **천일염으로 어패류 를 발효시켰던 경험**과 인류최초로 **동물을 가축화**하면서 **가축의 젖과 고기에서의 발효의 경험** 등에서 알아낸 우리 조상의 깊고 오랜 역사 속, 시너지효과로 유래된 문화였지요.

우리의 **시원문화**는 '어찌하여 **한국**이라는 **나라**는 온통 '**발효**'라는 **마지막**이며 **최고단계의 음식문화**를 갖게 되었나?' 라는 인류의 미스 터리를 풀 수 있는 열쇠이고 **한국인의 미각이 왜, 오묘한지**에 대한 해답을 제시합니다. 얼마 전까지도 한국인의 **음식의 발효문화**를 모 르고 **썩은 박테리아만 먹는다고 멸시**했던 것이 서양이었는데…!

미개인의 식품이라던 '**김치**'를 장(腸)건강을 지키는 유익한 유산균 을 제공하는 발효음식이라며 〈세계5대건강식품〉으로 선정하고(2006 *Health) 이젠 외국인조차 "**김치는 거의 매일 식탁에 오른다.**" 라며…

김치를 직접 담가 먹는 외국인까지 생겼으니…, 이러한 최상의 음식 문화를 **이어오신 조상님**께 한없이 감사드려야 합니다.

잃어버린 드넓은 만주 평원 출처: 밀리터리, 메주로 장(간장, 된장, 숯) 담그기 출처: 황금 농장,한국인만의 볏단의 메주 출처: 아리랑TV, 청국장(O 淸麴醬 X淸國醬) 출처: 살구꽃 피는 마을, 유산균의 보고 김치 출처: 중앙일보

　*나는 풀 먹는 한의사다 를 지은 손영기님은
'**콩을 발효시킨 된장**은 음식의 독이나 식품첨가제, 방부제 등의 화학 물질을 걸러주고 니코틴을 배출시키며 **강력한 항생물질로 암을 예방**하고 고혈압 예방, 간기능 회복, 치매 예방, 노화방지 등에 효과가 뛰어난 식품으로서 **된장을 먹는다는 것은 바로 '무독성 페니실린**(해독제)**을 먹는 것**'이라고 말합니다.

　콩으로 만든 된장과 간장, 고구리, 발해 때의 '**청국장**'(淸麴醬—세계 10대건강식품) 같은, 우리 겨레의 독특한 **장**(醬)**문화는 곰팡이와 세균, 효모까지 활용**하여 탄생시킨 가장 이상적인 겨레의 음식문화였지요. **1g의 청국장에 10억의 유익한 바실러스균**이 있다고 하니…. 뿐만 아니라 콩에서 나오는 바실러스균은 **장 속에 해로운 균을 죽여서 장의 면역력을 높여** 주고 **이로운 세균숲**(microbiome)**을 이루어 행복물질**(도파민, 세로토닌)을 만들어내는 유익균임이 밝혀지면서(서울대 오범조, 이

동호 교수) 이 땅의 백성들이 **왜 그렇게 낙천적이며 신명난 삶을 살았**
는지, 나아가 **도**(道)**를 숭상하고 홍익인간, 이화세계를 강조**하셨는지
조금은 이해가 되는군요.

그런데 특이하게도 콩을 두(豆) 외에 '**태**'(太)라고 하는 문화가 유독
우리나라에만 있다고 합니다. 지금도 **청두**(푸른 콩), **백두**(흰콩), **흑두**
(黑豆 검정 콩)보다는 **청태, 백태, 흑태**(黑太=서리태)라 부르고 있는 이
유는 무엇일까요? **태**(太크다)는 태(泰크다)와 뜻은 같아도 본디 크다는
뜻 이전에 '**처음, 만물의 최종 근원, 근본**'이라는 **형이상학적 개념으**
로 사용되었던 말이었다고 합니다.
이 땅의 많은 석학들과 박정학 회장은 말합니다..
'**태**(太)**는 단순히 큰 것이 아닌, 큰 것**(大) **중의 큰 것**(太) **또는 大에**
• **(생식기)를 더한 글자 즉 태양**(☀) **같은 영원한 생명력에 '맨 처음, 크**
다, 심하다' 라는 뜻이 합쳐진 위대한 글이다. 생명의 땅, 태양의 땅
에서 **크게 시작**하여 영원한 생명(·)**으로 이어져 큰 것**(太큰-거)을 이
루어왔던 겨레의 글자이다. **태**(太)**초에 해 뜨는 동쪽에서 큰 바다 태**
(太)**평양을 경영하며 콩**(太)**을 천신하면서** 인류의 시원문명·문화를
장엄하게 시작했던 고귀한 이(夷: 옛 한국인)**들의 자부심의 글자이다.**'

이렇게 **맨 처음**(太) 역사를 시작한 겨레이기에, **뿌리**(root)를 뜻하는
태(太)를 붙여 뿌리문명인을 자부하며 **태고**(太古: 크게 오랜), **태초**(太初:
크게 처음), **태시**(太始: 크게 시작) 등으로 말해왔던 것입니다. 하늘에서
태초부터 생명을 살렸던 밝음을 태양(太陽)이라 하고 밝은 땅 '밝달'의

하늘자손인 동이(구이)의 맏이로서 천제(天祭)를 이어 지내는 위대한 (高) 고구리(려)의 임금을 왕 중 왕, 태왕(太王)이라 하고 그 아드님을 태자(太子)라고 했던 것이지요. 다 콩의 문화였지요!

그리고 콩이 원산지였기에 모진 가뭄에도 삼 년을 콩(太)으로 크게 평(平)안 할 수 있었다고 하여 이러한 우리나라를 일컬어 '태평(太平) 지국'이라 전합니다. 그래서 고전 *이아에는 동방 한겨레를 태평지인 (太平之人)이라 기록하였던 것이지요. 그리고 콩(太)으로 천제(天祭)를 지내고 콩을 천신하는 집을 태묘(太廟)라 하고 천제를 지내던 산을 태산(太山, 太白山)이라 했던 것이고 우리가 콩을 실어 나르고 고래 잡고 경영했던 큰 바다를 태평양(太平洋)이라 전했던 것입니다.

이어 〈월간조선〉 조남준 부국장은 "콩을 하늘과 조상에게 바치고 제를 지내던 곳이 바로 태백산(太白山)이다. '太(콩)'를 白(바치다, 고하다) 하는 山'이라는 말로서 太白山은 고유명사가 아닌 보통명사였다." 라고 말합니다. 그래서 손성태 교수는 "멕시코인디언의 말 중에 '태백' (Te pec)이란 제를 올렸던 산과 피라미드를 말하고 서양인의 Corn[콘] 은 우리와 말이 같았던 인디언들의 언어 [콩]에서 비롯된 것이며 다― 이 땅에서 건너간 한국인의 문화였다." 라고 하여 우리의 콩문화와 제사문화가 지나땅으로, 아메리카로 전해진 것임을 알게 했지요.

아, 이제 알겠습니다. 양사언의 시조 '태산이 높다하되 하늘 아래 뫼(산)이로다.'에서 나오는 지나(산동반도)의 태산을 太山이라 하지 않고 泰山이라 말한 것은 크다는 같은 뜻이라도 깊은 역사의 땅도 아니었고 맨 처음 하늘에 제를 올리지 못했던 땅의 산이었기 때문이었습니다.

천제(天祭)와 제사는 천손임을 확인하는 의식

인류가 공동생활을 시작하던 때, 어느 땅보다도 우리의 바다와 땅은 풍요했지요. '우리나라'는 결코 조용한 아침의 나라도, 지구의 **변두리 땅**도, **문명·문화**의 **약소국**(弱小國)도 아니었습니다.

환경이 열악했던 다른 땅과 달리, **세상에 이로운 도구와 물건**을 만들어 **삶을 편하게** 하고 **가축을** 기르고 **큰 고래**를 잡고 **곡식을 개량**하는 등 오랜 뿌리문명·문화로 인류의 문명을 잉태하고 **사람의 역사를 시작**하여 **활기찬 르네상스**(부흥기)를 **이루었던 땅**이었지요.

그래요. **의·식·주를 풍요롭게** 하며 세상의 주인(主人)으로서 사람의 근본을 **예**(禮)와 **덕**(德)에 두고 **세상의 이치**(道)를 **밝히며 이끌고 살았던 사람들**이었습니다.

이것(풍요로웠던 땅의 혜택)이 지구상에서 **지금까지 한국인만이 유별나게** '**홍익인간**'(弘益人間世: 인간세상을 두루 이롭게 하라!)을 **외치고 있는** 이유이고 '한국인은 심성이 곱고 눈이 맑다'고 말하고 '한국사람에게는 기본적으로 신명(저절로 일어나는 흥과 멋)이란 것이 있다'고 말하는 이유일 것입니다.

그래서 **하늘의 이치**(天理)로 짐승과 다름없는 **세상을 밝혀 나라를 열었기**(開)에 아무도 말할 수 없었던 '**여명**'(黎明: 어둠을 걷다)이나 '**개벽**'(開闢: 어두운 세상을 열다), 세상의 문명을 밝힌 밝은 땅이라는 **배달**(倍達: 밝달)이라는 말을 해 왔던 것이고 그래서 스스로 천손(天孫: 시원 겨레의 종가, 하느님의 자손)겨레라는 말을 지켜왔던 것이며 다른 민족들의 **평범한 건국절**(국가를 세움)이 **아닌** '**개천절**'(開天節: 최초로 하늘을 열어 인간의 삶을 시작함)이라는 말을 해 왔던 것이지요.

그래요. **개천절 행사는 종교행사가 아닌,** 최초의 문명인으로서, **세 상을 밝힌 맏이**(종가집)로서 **인류를 대표**하여 **생명을 주신 뿌리**(조상)와 **생명의 근원인 태양과 달, 하늘**(우주의 절대자)**에 대한 범우주적 보은** (報恩: 은혜에 보답함)을 생각하며 **인류의 역사를 시작했음을** 알려 왔던 세상의 고귀한 주인의 행사였지요! 장엄하지 않습니까? 그래서 우리 의 애국가가 장엄하게 들리는 것입니다!

따라서 **하늘제사**(천제)**는 아무나 지내서는 안 되는 것이었습니다.** 왜냐하면, **세상을 처음 밝혔던 천손만의 신성한 권리로서 이것을 세 상**(천하)**이 인정했기 때문**이지요. 그래서 지나의 채옹이라는 학자는 그의 책 *독단에서 이렇게 말합니다. "**천자**(하늘의 아들)**의 호칭은** 동 이(東夷)**에서 시작되었다. 하늘을 아버지로, 땅을 어머니로 하여, 태 어났기에 천자라 한 것이다.**"(天子之呼稱 是於東夷 父天母地 告曰天子) 또 한 *초사(楚史)에는 **동황태일**(東皇太一)이란 기록도 있지요. 즉 "**동방 의** (천)**제가** 최초·최상(太)**의 임금이다.**" 라는 이 말은 당시 **고조선 때까지의 세계의 질서**(팍스)**를** 확실히 보여주는 귀중한 기록입니다.

그래서 고대중원의 지나에선 자잘한 것들이 왕이라 하고 더구나 한때 왕을 넘어 스스로 **제**(帝)라 하고 진시황은 제를 넘어 스스로를 황제(皇帝)라 칭했지만, 감히 상제(上帝)나 천왕(天王), 천제(天帝)라 칭 하지 못한 것은 시원겨레의 종가**가 되지 못하였기에 하늘을 대신하여 천제**(天祭: 하늘제사)**를 올리는 자격이 없었기 때문**이었답니다.

그래요. **진정한 제**(帝)**는 천손을 대표하여 하늘에 제사를 지내는** '**천제자**'(天帝子)**를 뜻하는 것으로**, 당시는 **배달**(倍達: 밝달, 밝은 땅, 세상의 문명을 밝힌)**나라의 환웅이나 고조선의 단군**(檀君: 제단을 쌓고 천제를 지내는 임금, 檀君: 동방에서 문명을 밝혀 다스린 임금)**만이** 임검(땅의 사람들을 다스리는 人神인신)**으로서 하늘제사를 지낼 수 있었던** 것이지요. 그래서 이를 어길 시 척살을 당한다고 했던 것입니다.

이렇듯 **천손의 문화행사에서** 하늘에 감사의 제사를 올린 것이 천제(天祭)였고 이러한 천손의 자부심에 제 부모를 더해 천손의 가정으로 일반화되어 지낸 것이 '제사'였던 것이지요. 여기에 천손이 그릇과 쇠와 도구들을 처음 만들어 인류의 문명을 밝힌 것이 '불'(火)문화였기에, **천손으로서 문명을 상징하는 불을 하늘에서 채취하여 보관하고 제사 때 음식과 함께 불을 올리고 또한 '한식'으로 이어지며 임금에게서 백성에게 전해졌던 '불**(火)**행사'였는데,** 서양을 받드는 자들은 그리스 올림픽에서 불행사가 처음 나온 줄 알고들 있네요. 참내!

창피하고도 낮 뜨거운 일은, 이렇게 개천절(開天節) 행사가 우리나라를 넘어 '**세상을 대표하는 큰 행사**'였는데도, 천손의 상징인 **태극기를 다는 것은커녕,** '**배달**(倍達: 세상을 밝혀 내려온, 대대로 道로써 이어온 밝은 땅)**겨레**'가 뭔지도 모르고 **음식배달**(配達)**민족**이라고 킬킬대며 배달음식이나 시켜 먹고 노는 날로 생각하고 있다는 것이지요. 더구나 나라에서는 '배달(配達)의 민족'이라며 아이디어가 좋다나? **광고대상까지 주고 버스마다, 배달통마다 '배달의 민족, 배달의…'**!

세계화시대, 한국인보다 한국을 더 잘 아는 외국인들이 무엇을 생각할지…. (제발, 장난할 걸 하고 이런 걸 '국민청원' 올려야지!)

부끄럽고 놀랍고도 무서운 것은, 지구상 어느 국가도 **건국절**(建國節) 행사에 제 국가원수가 참석하지 않는 예가 없는데, 하물며 천손 대-한의 대(大. 太)통령(임검님)으로서 전 세계의 통령(統領)들을 인류 문화를 시작한 땅으로 불러 '사람의 역사를 시작했던 **개천절**(開天節: 하늘을 열 듯 사람의 문명을 처음 시작함) **행사를 주관**하며 **'홍익인간의 이상 실현'**을 천명해야 함에도 제 근본과 문화(文化)를 모르기에 대통령이 참석조차 하지 않으니, 세계의 지도자들은 우리를 '얼빠진 나라'라고 조롱하며 **대놓고 역사와 문화를 강탈**해 간다는 것입니다.

국민이 선출한 대통령마저 제 문화와 종교조차 구별 못하니…, 문화자부심이요? 태극기요? 이게[개] '우리나라의 민낯'이지요! 그래서 한국의 깊은 역사를 짐작하고 있는 세계의 석학들은 '3만 불의 한국은, **문화수준은 500\$도 안 된다!**'고 말했던 것입니다.

하늘이 열린 날! 홍익인간을 선포하시다! 출처: 의왕시청공식블로그, 태백산 천제단
개천절 행사 출처: '그래도 이 나라는 희망이 있다' 똘이아빠, 개천절
어느 천손의 모범 아파트 출처: 박상민 앨범

"여기 대한(大韓)이 살았다. 우리 아들의 아들에게,
우리 딸의 딸에게 전하라!" -류관순

단군방검의 첫 번째 가르침, 정종(正種)

예전엔, 초례상에 올린 태(太, 콩)를 신랑·신부의 머리 위에 뿌렸지요. 콩이 천지의 기운을 가장 쉽게 빨아들이는 식물이며 양쪽으로 갈라져 하나를 이루듯이 '태초(太初)의 역사를 간직한 천손은 하늘의 뜻에 따라 콩과 같이 한 몸이 되라!'는 선조의 축원이었습니다.

그리고 제삿상엔 콩나물을 꼭 올리고 밥상 중앙에는 콩으로 빚은 간장을 놓아 근본을 잊지 않으려 했으며 우리의 어머니들은 '집의 장맛이 좋아야 가정이 길하다'는 속신으로 정성을 들였고 신라의 김유신장군이 전쟁터에서 장맛을 보고 집안의 무사함을 알 수 있었다는 일화나, 장독대가 많은 금기사항과 함께 기원을 드리는 치성의 장소가 되었던 것들은 다- 우리의 근본 즉 뿌리인간(천손)임을 깨닫게 하는 모습이었습니다.

그래서 해가 길어지기 전 날 동지(冬至)에는 붉은 태양을 닮은 붉은 콩(팥)으로 팥죽을 쑤어 바르며 부정함과 액을 막아 겨레의 정체성과 뿌리를 지키려 하셨던 것이지요. 지금 '콩쥐팥쥐설화'가 차이나에서 온 줄로만 아는, 혼 없는 우리 사회는 그래서 축원(bress)도 없이 결혼하고 동짓팥죽의 의미도 모르고 살기에 쉽게 이혼하고 온통 거짓과 부정으로 얼룩지고… 모르쉐…! 왜, 우리 아이들에게 조상의 혼이 배어있는 콩(太)과 쌀(禾, 米)을 먹이고 일깨워야 하는지 아실 겁니다.
　　'콩 심은 데 콩 나고 팥 심은 데 팥 나니까요!'

오호, 통재라. 미국 농무성은 식량종자 확보를 위해 식민시대

(1929~1931), 우리의 **야생콩**(재래콩. 샛콩) **종자의 절반이 넘는 3379품종을 가져갔던** 사실을 아십니까? 지금은 한국콩유전자를 60% 이상 갖고 간 미국은 콩을 개발하여 **전 세계 콩생산량의 약 60%를 차지하는 나라**가 되었지요. 그리고 완전식품인 콩을 인류의 미래식품으로 여기고 우주왕복선(아틀란티스호)에서 발아시키고 열매를 맺혀(우주콩 프로젝트) '**83개의 우주콩**'을 생산해 내기에 이릅니다.

태초엔 우리 선조께서 '**소로리 볍씨**'를 개발하며 세상을 이끄셨는데…, 정작 우리는 **콩과 벼에 서린 조상의 자부심은커녕 정체성마저 잊고** 살아갑니다. 그러니 "**한국사람은 콩과 밥을 먹어야 하는거여!**"라는 말이 귀에나 들어오겠습니까! 지금은 **콩이 풍성했던 드넓은 만주**는 다 빼앗기고, **배에 콩을 가득히 실어 날랐다던 두만강**(豆콩豆滿가 득 찰 만江)은 건널 수 없는 강이 되었으며, 해양문명을 여셨던 선조의 바다, **태평양**에는 온통 주변국의 항공모함뿐이고요–.

단군왕검께선 첫 번째 가르침으로 정종(正種) 즉 '**씨를 바르게 하여 바르게 이어라!**' 고 하셨는데…! 이젠 '**벌레도 안 먹고 세균도 분해하지 않는다!**'는 유전자변이(GMO)콩을, 기근으로 허덕이는 **아프리카마저 미국의 원조제의를 거절했던 그 식용 GMO식품을 세계에서 가장 많이 수입**(1등!)하는 **국가**가 되어 조롱을 받습니다. 콩의 나라 코리아가 말입니다. 이것이 역사를 잊은 대한민국의 문화의식이지요!

최근 급속하게 늘어난 **자살**과 **각종 암**(癌), 불임, 기형아, 소아암, ADHD, 대사질환 등이 **세계최고의 증가율**을 보이고 있는 것은 이것과 무관하지 않음을 알게 합니다.

김성훈 전 농림부장관과 많은 학자들은 경고합니다. 'GMO식품은 독(毒)으로써 **암을 비롯한** 간 기능 저하, 면역력 저하 등 **34가지 질병**을 일으키며 한국을 병들게 하고 한겨레를 소멸시키고 있다!'

초례상의 콩과 쌀 출처: madee, GMO식품의 폐해 경고 방송들
출처: Jtbc, 뉴스경제 WHY, 뉴스타파

기가 막힌 사실은요! IMF를 맞아 **얼~빠진** 대통령을 비롯하여 장관과 국회위원이란 **자**들은 이 씨의 나라의 종자회사를 통째로 **헐값에 외국에 다 팔아넘기고도** 태평(?)하게 싸움질만 계속해대고 **입술로만 역사**(歷史)요, **국민**(國民), **애국**(愛國)을 떠들었던 사실입니다. 외국계 자본이 **한국의 종묘회사부터 인수하려는 이유도 모르고…** , 조상이 두렵지도 않은지, 아주 OO들을 하세요!!! (정말, 죄송합니다!)

그래서 제 나라의 최대의 종묘회사였던 〈흥농종묘〉를 포함 **주요 종묘회사 4곳 모두 외국으로 팔아넘겼던** 사실은 '**문화에 무지하고 역사에 무관심한 지도자가** 무슨 일까지 **할 수 있나!**'를 세계에 극명하게 보여준 희대의 사건으로 회자되며 세상의 조롱을 받았던 것이지요.

'**한-심한 국가! 제 종자**(정자와 난자)**를 파는 나라!**

세-상에, 팔 것이 있지! **어찌, 시원의 땅의 씨**(種苗종묘)**를 파니?**'

온갖 씨를 개발하여 농업혁명을 일으킨 '씨의 나라'에서!
아무것도 모르는 ▽들이 지도자(?)라고 조상님이 무섭고 후손에게 두
렵지 않은지…?(×만도 못한 것들! 또 죄송합니다.) 우리 땅의 역사를 모
르는 **무뇌**(無腦: 뇌 없는)**와 이방인이 얼마나 많고 무서운지…!**

일본 종자에 의존하는 김양식 출처: KBS–1TV, 팔아치운 씨의 나라의 제1의 종묘회사 출처:
판도라 TV, 한국인의 상징이었던 청양고추 출처: 고추가게, 수박 출처: 경북매일신문

　'**하나의 유전**(遺傳: 후세에 전해지는)**자원은 하나의 산업**'이라고 합니
다. 종자주권시대! 그래서 세계는 지금 **씨**(종자)**전쟁**을 벌이고 있지
요. '금보다 비싸다는 종자' 지금 세계종자산업에서 미국(26.7%)과 차
이나(22.1%)가 절반을 차지하는데 비해 **한국의 시장점유율은 1%!**

　장미나 국화 같은 **화훼에서** 오이, 감자, 고추, 양파, 파프리카, 수
박, 토마토, 키위, 딸기, 사과 등 **과일과 채소**, 심지어 한국인을 상징
한다는 **청양고추도…** , 그럼, 우리가 먹고 있는 **해조류 식품**은 국산
일까요? 해조류 식품을 인류최초로 계발한 우리 땅이지만, 정작 **종자
의 8할은 로열티**를 지불해야만 하는 외국산! 김, 미역, 다시마 모두
를 먹어왔던 유일한 사람들인데, 우리에게 그나마 많다는 김 품종의
보유개수는 84종, 재팬은 **1004종**이구요.

우리 정부는 아―무 생각이 없고 국민 또한 <u>차이나에 여행 가 거드</u>럼 피면서 돈을 흥청댈 때, 지나정부는 그 돈으로 **2m가 넘는 대형다시마 '하이커 3호'를 개발하고 2000여종의 다시마종자를 보유했으며 1980년대 말부터 위성이나 우주선에 씨앗을 우주로 올려 유전자 형질의 변화를 꾀하는 '우주육종**(育種) **관련기술'**까지 개발했지요.

그래서 빠른 성장에, 병균에 저항력은 커지고 열매가 많이 맺히는 놀라운 씨앗의 개발로 **14억 국민의 미래의 먹거리를 해결하려고 고심**해 오고 있었습니다. 우주육종으로 수확량이 **20% 증가된 벼, 1kg이 넘는 오이** 등을 생산하고 **우주를 다녀온 종자만 벼·밀·오이·토마토·파·수박 등 800여 종**(이미 2005년 기준)이 넘고 2006년에는 **세계 최초의 우주육종 전용위성 스젠**(實踐) **8호**까지 발사하고요!

얼~빠진 종자들은 먹을 자격이 없는 미역국 출처: 웰빙쿡, 차이나의 다시마 출처: KBS―1TV
'해조류 종자전쟁' 우주육종호박(청해성 175kg) 출처: 국민일보

지구의 녹색혁명(60% 증산)을 일으켰던 **'소노라64호 밀'**은 우리의 토종인 '앉은뱅이 밀'을 재팬이 갖고 간 것을 미국이 갖고 가 변형시킨 것(노먼박사―1970노벨상 수상)이었고 재팬의 북쪽 **홋카이도에서도 재배하는 벼**는 우리나라 땅의 '내한성 벼'를 갖고 가 변형시킨 것이라는데, 이 땅의 지도자들은 가슴이나 아플까?

조상의 역사를 외면하는데, 조상의 것들에 애착이나 있을까?

지금 **로열티를 내고 미국서 수입하는**, 세계적인 인기품종 '**미스킴 라일락**'(Syringa patula Miss Kim)이 우리 땅 **삼각산**(북한산)의 **털개회나무**였었고 그래서 **코리안 라일락**이라고 불리는 줄을 알까? '**데이릴리**'(하루백합) 또한 **우리 땅의 원추리**였었고 여기에 세계적으로 가장 애용하는 **크리스마스츄리용 나무**가 1904년 반출된 **한국 고유의 식물인 구상나무**였었고 그래서 학명도 'Abies koreana'인 줄이나 알까요? 어쩌면 **장식용으로 쓰이는 나무조차 우리 땅의 호랑가시나무**…?

국내 토종 앉은뱅이 밀 출처: 국민일보, 미스킴 라일락 출처: KUSSRANG, 구상나무
출처: 국립공원관리공단, 호랑가시나무 출처: 블로그 kys333

인류시원문화의 자부심은커녕 **조상이 물려준 씨조차 지켜내지 못하고도 문화주권**이 뭔지도 모르는 이 땅의 그 지도자는 **노벨평화상**을 받아챙겨 세상의 비웃음을 샀습니다. 훗날 줄줄이 **국격**(國格)**도, 자부심도 없는 나라의 못난 조상**으로 기록될 것이 두렵습니다.

그러나 재팬의 무역공격에 대해 "개싸움은 우리가 한다. **정부는 정공법으로 나가라!**" 라는 어느 네티즌의 말과 "**오로지 국익**(國益), 국격(國格), 국력(國力)**만을 생각했다!**" 는 어느 공무원(김현종 차장)의 말에서 상처받은 자존심을 위무하며 밝은 미래를 꿈꿉니다.

고구리 고분벽화(안학3호)에 의하면, **흰소, 검정소**(흑소), **누렁소**(황소), **얼룩소**(칡소) 등 **다양한 한우가** 전해졌으나, 지금 **한우고기라 하는 소는 거의 외국산**(헤리퍼드종, 앵거스종, 샤롤레이종)일 뿐, 육질이 뛰어났다고 회자되는 **흑소와 칡소는 일본으로 반출**되어 기억에서 사라졌지요.

어릴 때 노래 불렀던 '**얼룩송아지**'(얼룩소)**는 동요로만** 남고 한국의 서정시인 정지용(1902~1950)이 그의 시 〈향수〉에서 말했던 '**얼룩빼기 황소의** 금-빛(찬란했던 문화) 게-으른울음소리(자부심의 여유로운 평화)'는 이제 기억도 없습니다. 그치만, 천재화가 이중섭(1916~1956)은 범과도 싸워 이겼다는 **얼룩빼기 황소를** 전하여 한국의 웅혼한 기상의 부활을 꿈꿉니다. 머잖아 이 졸작을 낸 뒤 〈이중섭기념관〉을 찾아 그의 꿈을 키우고 싶습니다.

고구리 고분벽화(안학3호)의 흑소, 황소, 칡소 출처: 문화재사랑, 칡소 출처: 한민족의 혼, 이중섭의 칡소 출처: 국립현대미술관, 영원한 광복군, 영원한 스승, 행동하는 지식인 출처: KBS.'역사스페셜'

조상님께선 '정종(正種)하라!' 하셨는데, **광복 후 사회 각 부문 즉** 정부기관과 교육계, 언론계 및 기자, 법조계와 군인 · 경찰 · 정보계 등 **70~80%**에, 동포를 힘들게 했던 독버섯 같은 친일반역 종자들이 **다시 권력을 잡고 씨를 뿌려 승계**를 하면서 한국혼을 고사시켰지요.

바른 씨를 보전하기는커녕, 제 역사를 버린 우리 사회는 종자씨전쟁에 개념도 없고 요즈음 '친일유사종자'와 '무지한 종자'들의 큰소리와 GMO식품과 방사능오염식품 속에서 걱정만이 늘고 숨쉬기조차힘겹습니다!

이제, 정신 차려야 한다! 우리가 <u>역사를 버리고 먹고만</u> 살려는 동안, 최근 발간된 '고대세계의 지도'(캐나다, 미국, 영국 등)엔 **고대한국은없다!** 만리장성은 한반도 안에 그려져 있고 <u>온통 붉은 China의 영토</u>가 되었다. **고조선은 물론 우리의 자부심 고구리조차 다— 없어졌다.**지금 활자와 한글, 아리랑도 한복도 김치도 <u>모든 문화(文化)가 China</u>에서 기원된 것이라고 말한다. 제 뿌리(root)와 역사와 신화를 버린 국가! 우린 자손에게 무슨 역사(歷史)를 말해야 하나?

사랑하지 않는 역사는 **오히려 그 역사에 의해 심판을 받는다는 것**을 모르는지? 최후의 광복군 김준엽 총장(전 고려대)께선 이렇게 당부하고 가셨다. **"역—사 속에서 살아라!"** 이제 알려주자!

"동양의 모든 것이 China에서 비롯되었다고 세상에 알려져 있지만,

그렇지 않다! 한국은 옛날부터 선진국이었다.

그래서 한국인들은 언제나 '우린 한-국인이다!' 라는 말을 한다.

그런데 한국(韓國)에서, 한국이 얼마나 위대했는지에 대한 역사를 쓴 사람이

한 사람이라도 있는가?"

-John B. Duncan교수(美 UCLA 한국학 연구소장) 강의 中

"하지만 너는 그것을 잊으면 안돼,

너는 네가 길들인 것에 대해 언제까지나

책임이 있는 거야

너는 장미에 대해 책임이 있어...!"

*어린 왕자 중에서

한걸음자봉사름
더 알사랑

5부

한국인이 잊은 바다와 고래

5부: 한국인이 잊은 바다와 고래

현 인류의 뿌리문명의 타임캡슐, 반구대 암각화!

참으로 다행스러운 것은, 오만과 편견으로 일방적으로 써진 인류사 속에서, 무엇보다 **한국인이 잃어버린 정체성**(identity)**과 자부심**(pride of Korea)을 오롯이 전하는 인류의 최고유산들이 이 땅에 존재해 왔다는 것이다.

우리는 혹시 울산의 〈반구대 암각화〉가 기록(왜곡 투성이인)보다 더 정확한 역사로서 **인류의 가장 소중한 유산**임을 영국의 BBC(2004.4)가 세상에 알렸던 사실이나 알까? "인류 최초의 고래사냥꾼은 한국인이었으며 **반구대 암각화는** 선사시대 한국인들이 **벌써 서기전 6000년보다 일찍** 고래 사냥을 시작한 사실을 알려주고 있다!"

울산반구대암각화(총 353점의 그림) 출처: 국립해양박물관

아, 이 땅에서 세계최초로 고래잡이(whaling)와 가축사육(animal feeding)이 시작되었음을 공인하는 놀라운 발표였다. 〈울산 반구대 암각화〉에는 최소 8천 년 전, 개와 돼지 등의 가축과 이를 몰아넣은 '울타리'마저 있었고 지금까지의 암각화(알타미라 암각화 등)가 주로 육지동물만을 표현한 점과 달리 **육지동물과 함께 바다동물 80여 점이 묘사**되어 인류학계에서의 비상한 관심을 모았었다.

놀랍게도, 이 땅의 선조들은 각종 동물고기공장을 차렸던 것이다. 하루하루 동물을 쫓아 시간과 에너지를 낭비하지 않고 개를 사육하여 지구상 최초로 동물들을 가축화하며 쉽게 식량을 공급했던 슬기로운 사람이었고 **고래마저 최초로 사냥했던 최고의 사냥꾼**임을…

후손에게 알리고 싶었던 것이었다.

영국의 〈BBC방송〉은 이 암각화를 근거로 **한국에서 포경**(捕鯨, whaling)**과 목축**(cattle breeding)**을 시작했다**고 발표했다.(2004.4)

그러자 **공주 석장리고분**에서 발견되었던 **'2만8천 년 전의 개 모양의 석상'**과 **'3만 년 전의 고래그림'**도 결코 허황된 것이 아닐 것이라는 의견이 분분해지고 이 땅의 역사와 문화 어느 하나도 세계성이 배어 있지 않은 것이 없고 **무엇 하나** 최초가 아닌 것이 없는 것은 **우리 땅의 역사가 상대적으로 얼-마나 빨랐는가**를 웅변하는 것이었음을 알게 되었다. 이렇게 이 모든 것이 세계로 나아갔던 것이다.

"당신이 그토록 찾는 조국(祖國)**은 무엇입니까?"**(사형장 검사)
"어머니!"(대한 의군 참모중장 안중근)

고래와 한국인

우리나라 바다에는 예부터 고래가 많았다고 합니다. 그래서 동해는 고래바다(鯨海경해)로 불릴 정도였다고 하지요. 지구상 가장 큰 동물로, '공룡보다도 더 크고 무겁고 혀가 코끼리보다 무겁다'는 대왕고래(Blue Whale 흰긴수염고래 ~33.5m, ~190ton : 아프리카 코끼리 6ton)에서, 큰 이빨을 가진, **바다의 폭군 향유고래**(Sperm Whale 18m), 동물 중 가장 높은 지능을 갖고 있고 **바다의 최고의 포식자**로 불리며 상어마저 먹는 **범고래**(Killer Whale 순수 우리말은 솔피, 해랑)…!

그리고 인간과의 교감을 원하기에 귀신처럼 곁에 나타나고 그래서 움직이는 바위로 전해지며 신라의 '연오랑 세오녀'를 태우고 일본으로 사라졌다고 전해지는 **귀신고래**(Grey Whale 15m, 소처럼 온순하다는 쇠고래)도 있고요. **긴수염고래**(참고래), **혹등고래, 밍크고래, 돌고래 등 11종 67마리의 고래를 형태적 특징**으로, 심지어 새끼를 배고 있는 어미고래 등 잘 묘사되어 있지요.

오래 전 반구대 암각화 전경 출처: *한국의 암각화(임세권), 우리 속 가축화된 반구대 동물 암각화 출처: 블로그 삼환과 고조선 낙랑, 삼양목장 양몰이 개 출처: BHCLIP.COM

무엇보다 바다 복판에서 수백 마리씩 떼지어 다니며 육식을 하는, **이빨을 가진 사나운 향유고래**(Sperm Whale)를 유럽인들은 18C 초까지 사냥에 엄두를 내지 못했던 반면, 이 땅의 사람들은 **적어도 8천여 년 전**(as early as 6000 BCE)**에 사냥했던 역사**가 조각되어 있어 이 땅의 선조들이 그저 그런 분들이 아닌, '**뛰어난 지능과 지혜로 높은 문화를 이루고 모험심과 용맹심에 힘까지** 갖추고 인류의 활기찬 해양문화를 열었던 지구상 최고의 사냥꾼**'이었음을 알게 합니다.

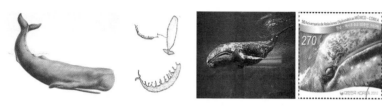

바다 최강의 포식자 향유고래 출처: 나무위키, 20인승 배와 향유고래 사냥도(반구대 암각화), 귀신 고래 기념우표 출처: 위키백과, 한국–멕시코 수교 50주년 귀신고래 기념우표 출처: 비브랜치

여기에 **그물, 작살, 방패, 노**(弩) 등의 **도구**와 무려 **19명이 타고 있는 고래잡이용 통나무배** 등 200여 점을 웃도는 각종 생활장면이 조각되어 있어 '한국인이 인류 최초의 고래사냥꾼'이었다는 사실을 방증하고 **고래**(whale)**가** 곰(bear)과 범(tiger) 외에 **한국인의 최고의 토템** (원시부족 또는 씨족집단과 특별한 혈연관계를 갖는다고 생각되는 동식물과 자연물)**이었다**는 사실을 일깨웠지요.

아, 한국인의 참-정체성과 자부심을 어디에서 찾아야 하는지를 알리는 **거대한 칠판**(black board)**이자 후손에게 전하는 타임캡슐**이었던 것입니다. 인류학자들은 **반구대 암각화**를 심지어 암각화의 백과사전이고 인류최초의 문자(文字: letter)이며 인류최초의 경전(經典,

scripture)이라고까지 말합니다.

이러한 BBC(영)의 보도는 **서구인의 마지막 자부심을 무너뜨리게** 되었지요. 이때까지의 가장 오랜 고래암각화로 **스칸디나비아반도 북단의 노르웨이 알타유적**(서기전 3000)을, 최초로 고래를 잡은 인간은 **겨우 5세기 초 네덜란드 바스크인**이었다는 정설이 깨져버린 것이지요. 고대뿌리문명이 없는 서양인들에게 **지배력을 상징하는 개**(犬)**문화에 이어 이젠 힘과 진취성을 나타내는 해양문화**(海洋文化)**의 자부심이었던** 고래잡이(whale)마저 '**한국이 시작했다**'고 발표되자 무색하게 되어버립니다.

이제 온라인 백과사전인 〈위키피디아〉는 '**고래의 역사**'(History of Whaling)를 이렇게 알리고 있습니다. "Archaeological evidence from **Ulsan in South Korea** suggests that drogues, harpoons and lines were being used to kill small whales **as early as 6000 BC.**" (남한국 울산에서 나타난 고고학적 근거는 서기전 6천 년보다 **일찍** 작은 (?) 고래를 잡기위해 **닻**과 **작살**과 **밧줄**이 쓰였음을 연상시키고 있다.)

그러고 보니 **알타암각화**(노르웨이)**에서 우리의 암각화를 생각하게** 되는 것은, 이 땅의 고래잡이 후손이 오로라를 따라 북극을 넘어 이곳까지 와 **고향을 그리며 그린** 망향도**이기 때문**은 아닐까요?
그래서 **바이킹족이 타는 배와 비슷한 그림조각**이 반구대 암각화에 있고 **핀란드 등 많은 북구인 중에게서** 푸른 반점(마고반점, 삼신반점, 속칭 몽골반점)이 발견되고 또 옛날 **바스크**(스페인과 프랑스의 경계)**인**의 활과 **가축우리**가 우리와 같고 기독교가 전파되기 전엔, 이 땅의 **창조 여신**으로, 엄마로 우리나라를 이끌었던 '마'(마고)님처럼 '마리'라는 이름의 여신을 숭배했고 우리처럼 **동사(V)**를 문장 끝에 놓는 지금의 유럽인과 다른 언어구조를 썼던 것일까요? 혹시 이 땅에서 고래를 잡으며 함께 어울려 살던 사람들의 후예는 아니었을까?

노르웨이 알타암각화 출처: 울산광역시('모형'), 고래 해체 작업 출처: 울산신문, 작살이 꽂힌 고래뼈 출처: 국립중앙박물관

그러나 암각화 분야의 석학이라는 이마뉴엘 알키 아나키 박사(伊)조차 "**다른 나라에서는 연습해서(?) 조각한 암각화가 보이는데, 한국에서는 보이지 않기 때문에 〈울산반구대암각화〉가 다른 곳의 해양문화의 영향을 받았다.**" 라고 오해하여 **재레드 다이아몬드**처럼 우리 한겨레의 깊은 시원문화를 **종합적으로 알지 못했던 오류**를 저지르며 이 땅의 역사를 어지럽히고 맙니다!

맞아요. 서양학자들의 연구가 우리 땅을 배제하고 연구했을 뿐, **이 땅에서 혼과 열정으로 흥을 치며 살았던 전문가들이 세상으로 퍼져가면서 흥이 깨지고 비전문화가 되어 어설프고 조잡한 문화로 되었던** 사실(예: 우리 땅의 다뉴세문경→훗날 만주의 조잡한 다뉴조문경)들을 몰랐기 때문이었지요.

이번엔 또 "고래가 무엇이길래, 그렇게 대단하냐?"고 하는 분이 있을 겁니다. 1만 년도 더 오랜 선사시대 역사이지요.

고래고기는 많은 이들의 먹거리를 단번에 해결하면서 단백질과 지방 등의 영양소를 충족시키는 요긴한 식량이었기에 '바다의 농사'라고 여겼다고 합니다. 여기에 '작은 유전'이라는 고래의 기름은 어둠을 밝히면서 인간만의 문화를 이루게 했고 난방에너지로 쓰면서 추위에서 생명을 연장할 수 있었으며 고래뼈와 질긴 심줄(테니스 라케트줄로 쓰임) 등은 무기와 건축 등의 생활도구로 쓰면서 인간을 인간답게 할 수 있었던 지구상 최상의 자원이었다고 합니다.

더구나 1만 년 전, 딴 지역 무리들이 원시적인 삶을 이어갈 때, '고래를 잡았다는 것은 혁명'과도 같은 일이었습니다. 상어와 대형고래를 잡기 위한 '결합식 흑요석작살'과 '결합식 낚시침' 그리고 그물을 만들 때 사용하는 '가락바퀴', '그물추'(인류최초-2.9만 년, 정선동굴) 등 많은 첨단도구와 장비, 여기에 타이어 재료로도 쓰일 만큼 질기고 또한 곰팡이를 억제한다는 마(麻)로써 로프와 그물을 짜서 만들 수 있는 높은 지능과 지혜와 고래를 해체할 정도의 놀라운 기술, 무엇보다 인류 최초로 바다에 띄울 배를 만들었던 조선업 여기에 시스템을 갖춘 협업과 분업 등 인류기술문명의 최고의 집단이었기 때문이지요.

놀라운 것은 잡은 고래를 물에 띄울 수 있는 '부구'(浮具)까지도 만들 정도의 과학적 예지를 갖은 사람들이었습니다. 그래요. 커다란 가죽 주머니에 공기를 채워 부구를 만들기 위해선 가죽에 필요한 많은 가축과 바늘과 아교 그리고 공기를 주입하는 '풀무' 같은 뛰어난 과학이 종합적으로 동원되었다는 것입니다.

고래잡이 결합(조립)식 낚시 (좌)부산 동삼동 (우) 제팬 큐슈 출처: KBS1, 8천 년 된 가락바퀴,
사용 모습, 가락바퀴로 짠 그물 출처: 국립중앙박물관, 작살로 잡은 고래를 부구로 물에
뜨게 하여 끌고 오는 모습의 반구대암각화 출처: 경상일보 이건청 한양대 명예교수

그래서 **지구상에서 가장 큰 동물을 사냥했다**는 사실은
우리 땅이 **가장 거대한 흥(興)이 넘쳤던 사람들의 땅**이었음을 증명하는 것입니다. 그러하기에 고래를 잡는 날이면, 거대한 축제가 벌어지지요. **지구상 최고의 전문가들**이 다 모여야 했습니다. 기후와 천문을 다루는 **과학자**, 인간의 소망을 하늘에 기원하는 **샤먼**(巫무), 조직을 효율적으로 다루는 **지혜로운 지도자, 온갖 최고의 기술자들, 재주꾼, 춤꾼**, 피리를 불고 북과 꽹과리를 치며 흥을 돋우는 **악사들**, 다양성이 공존하고 창의성이 넘쳤던 땅이었습니다.

그리고 **건강한 사나이들의 사투와 당당한 귀환**, 그리고 환호성, **너와 내가 하나가 되어** 줄을 당기는 사람들의 '영차, 영차…' 탄성을 부르는 **현란한 해체작업**, 분배된 고기를 받아든 **희열과 만족감…!**

이렇게 **인간의 거대한 '첫 축제'가 탄생된 땅**이었던 것이지요.
한국은 식민사학자들이 말해했던 **조용한(?) 아침의 나라**(The Land of the Morning Calm), 은자(隱者)의 은둔의 나라가 아니었습니다.

고래와의 씨름, 고싸움

우습게도, 진취적인 해양역사를 잊었기에 변질된 민속축제가 있습니다. 농민들의 전통놀이로 알려진 '고싸움'이 사실은 소(cow)싸움이 아닌, 적어도 7~8천 년 전, 지구상 가장 큰 동물(고래)을 처음 잡던 '고래(와의) 싸움'이었음을 김성규 회장은 〈코리안 신대륙 발견〉에서 밝힙니다. 미신이 되고 코미디가 되어버린 우리의 문화!

무게가 1 톤(ton)이 넘는 고 위에 작살잡이 같은 자들이 3~4명 올라타고 맨 위 우두머리(줄패장)가 전달하는 깃발(旗)에 따라 수백 명의 놀이꾼이 일사분란하게 움직이며 죄었다가 푸는 과정을 반복하면서 흔들고 오르내리는 모습은 바로 '파도치는 바다 위에서 고래와 싸우며 고래(~190ton)를 잡아 끌어올리는 모습'을 재현한 것으로 바닷사람들의 풍어를 기약한 민속이었을 뿐, 본디 소(牛: 한우 평균 0.5ton)의 머리를 눌러 잡아 풍년을 기원하는 농부들의 놀이에서 유래된 것이 아니었다는 것이지요.

고싸움 당시 줄패장의 설(앞)소리에 응답하는 놀이꾼이 받는 소리(후렴구)는 고래와 함께 천손의 꿈을 버렸던 한국인을 일깨웁니다.

"배를 무어라 배를 무어라(만들어라) 사—아, 어뒤—허 어뒤—허(후렴구)/ 삼강오륜으로 배(ship)를 무어라, 후렴구/ 효자충신 열녀로 돛을 달아, 후렴구/ 아무리 질주 같은 풍파를 만나든, 후렴구/ 내 배 파산이 될 수 있으랴 사—아, 어뒤—허 어뒤—허"

이상하지 않습니까?

농사꾼들의 노래에 웬 **배**를 만들며, **돛**은 왜 달며, **풍파와 파산**은 웬 말입니까? 그리고 받는 소리도 수상하지 않나요? '**사—아**'는 물 헤치며 배가 나아가는 소리 같고 '**어뒤—허 어뒤—허**'는 힘을 모아 노를 젓는 소리가 아닙니까! 이래도 여전−히 **풍년**(豊年)을 기원하는 농군의 놀이라고 하네요. 이렇게 쉬운 것도 생각하며 바꾸려 하지 않으니….

여기에 2015년 〈세계문화유산〉으로 등재된 '**줄다리기**' 또한 **장엄하고 단합된** 우리의 고래문화(해양문화)에서 기원된 문화에 농경문화가 **결합된 것임**을 모르고 '농경공동체의 화합과 단결을 위해 줄을 당기며 풍요를 기원했다'고 생각했기에 고래문명도 없었고 농경문화를 시작하지 않았던 베트남, 캄보디아, 필리핀과 **함께 공동등재까지 하며 영혼 없는 문화유산만 간직**하면서… 시원문명을 시작했던 인류사를 스스로 왜곡하고 있으니…!

반면, 재팬은 우리에게서 가져간 **고싸움**을 **28만 명**이나 참가한, **세계적인 축제로 기네스북에 등재시켜**, 국가의 대단합은 물론 수많은 외화까지 거두어들이고 있는데…! 문화를 하찮게 여기고 **제 문화에 무지한 국민**과 우리 땅 전체와 우리의 삶 전부가 인류의 문화유산인 줄도 모르면서 **하찮은 국가들에 영혼과 자부심을 털리는 나라**(정부)는 큰 문제이지요. 그래서 이 나라는 **아무 생각 없이 축조**(1965년)**한 댐**으로 인해 40년 이상 침수를 반복하며 '국보 1호'이어야 할 〈울산 반구대 암각화〉 **표면을 24%나 훼손**시켜 버립니다. 더구나 이 대곡천은 **1억 년 전 백악기 공룡 발자국 화석**(25점)**마저 발견**된 곳이었는데…! 대한민국의 큰 틀이 언제나 바뀔는지?

나하시(오키나와현)의 370년 전통의 고싸움(고무게 40ton) 마츠리 축제 출처: Narita Airoort, 광주칠석고싸움 출처: 블로그 광주랑, 천안 기지시줄다리기 출처: 당진시청

이제야 **궁금했던 것들**이 풀리네요!

일본 돗토리현을 비롯한 큐슈, 시코쿠, 오키나와에 왜, **우리와 같은 고싸움을 해양축제**로 전해오는지, 이순신장군의 **학익진**(鶴翼陣; 학이 날개를 펼친 듯 적을 포위하는 공격형태)과 **같은 해상전투의 모형이 어디에서** 유래되었는지, 고구리의 시조인 **고추모**(주몽)가 **왜, '하백**(수신, 물가의 지배자, 고래문화)**의 자손'**이라고 간절히 외쳤는지, 왜, **고리**(려) **때까지도 우리가 해상권을 쥐고 바다를 경영**해 왔었는지, 왜, 작은 나라 **대한민국의 선박수주량이 세계 1위인지**…, 다른 민족에 비해 유독 우리나라 사찰의 벽이나 천장에 물고기(水: 고래)와 용(水)의 문양이 그려져 있는지, 왜, **우리 땅에서 최고로 발달된 도구와 최초의 배가 나왔는지**…? 다─ 고래잡이를 하던 해양민족을 근본으로 계승된 나라 **였기 때문**이었지요.

그래요. 마틴 리처드 교수(영, 허더즈필드대)는 '해수면이 상승하여 방대한 지역이 침수되면서 많은 사람이 생명을 잃었을 때, **해안환경에 적응한 집단은 오히려 이익을 얻어 그 규모를 확대할 수 있었다**'고 말합니다. **바다는 옛날의 고속도로**였다고 합니다.

맞아요! 우리에게 하늘에 떠 있는 생명의 해(sun)와 바다의 해(海 ocean)를 같은 말(해)로 전했던 비밀이 여기에 있었던 것이지요. 적어도 1만 년 전의 남쪽해양문화를 처음 시작한 사람들로서 우리에게 바다(海)는 해만큼 중요한 생명의 터전이었기 때문이었지요.

지금까지 우리의 고대문명·문화의 성격을 '거의 북방(남성 중심)문화가 지배적인 것에 남방적 요소가 일부 섞여있다'고 보았는데, 한국인의 정체성이 오롯이 남방의 고래, 우리의 해양문화에 묻혀 있었음을 알게 했던 소중한 암벽화였습니다.

그래서 일제는 북방의 3천 년도 안 되는 짧은 기마민족이란 역사에 한국을 굴레를 씌워 장구한 역사에 눈멀게 했고 고래의 씨를 말려 1967년 사라지게 하여 우리의 기억에서 떠나게 했던 것이지요. 사랑하는 겨레여, 우리에겐 그때의 뛰어난 해양유전자가 고래심줄같이 질기게 얽혀 전하고 있음을 잊지 말았으면 합니다.

또한 옛날 우리의 바다가 고래의 천국이었고 고래의 왕국이었다는 것은 우리의 바다 또한 먹이사슬이 잘 이루어진 지구의 축복받은 땅(바다)이었다는 사실을 말해줍니다. 고래박사 김장근 소장은 말합니다. "19세기 중반, 동해가 대형고래의 마지막 보고로 알려지자, 미국, 러시아를 비롯한 서구열강과 일본의 포경선이 몰려들어 마구 포획하기 시작했지요. 당시 미국 포경선의 〈포경일지〉에 '어느 쪽을 봐도 고래가 보이고 셀 수 없을 정도로 많다'고 써져 있습니다."

혹시 울산이나 포항 앞바다에만 고래가 있었는 줄 아시겠지만,

1926년부터 1944년까지도 **서해 흑산도에서 한반도 근해 1/4이 넘는 고래를 포획**하여 '**고래의 섬**'이라 했을 정도로 우리 해안에는 고래가 많이 살았다고 합니다. 고래의 나라!

혹시 귀신고래라고 들어보셨나요?

최대수명 70년, 몸길이 16m로 해안을 따라 이동하며 귀신같이 나타났다가 사라진다고 해서 조상님께서 불렀던 애칭이지요. 미국 탐험가이자 고고학자인 **로이 앤드루스**(영화 〈인디애나 존스〉의 모델)가 **1912년 울산 장생포**를 찾았을 때, 오호츠크 해와 동해안을 오가는 **귀신고래가 산호초로 둘러싸인 얕은 해역에서 새끼를 낳아 기르는 사실**을 알고 그의 논문에 '한국계 귀신고래'(Korean gray whale)라고 명명하게 된 고래이지요. 〈울산 반구대 암각화〉에는 새끼를 돌보는 귀신고래의 모습이 새겨져 있습니다. 한국과 멕시코는 수교 50주년(2012.1.26)을 맞아 **지구상 한국과 멕시코 둘뿐인 귀신고래의 고향**을 기념하는 우표를 함께 발행하면서 먼 옛날-, 문화의 이동을 기억해 냅니다.

어-이! 물고기(魚)는 왜 [어]였을까?

최초로 바다문명을 시작했던 우리에게 고래는 **지구상 최대의 동물이면서 최상의 자원**이었습니다. 단번에 많은 무리의 **먹거리와 추위와 어둠의 공포**를 해결하고 온갖 무기와 도구 등을 얻을 수 있는 **가장 귀한 동물**이었다고 합니다. **거대한 동물의 왕 고래**는 한국인으로 하여금 오랜 고래토템사상(특정한 동·식물을 자신들의 부족과 연결하여 숭배함)을 만들어냈지요.

특별히 **바다의 왕**(王)**인 고래는 많은 물고기들을 거느리고**(御) **다닌다**고 합니다. 이때 함께 고기들이 떠오릅니다. 그래서 고래가 떠오를 땐, 한결같이 놀–라움의 탄성이 쏟아집니다. '**어, 어~, 어~... 어–(다)!**'

그래서 문화학자들은 **단음절어의 원시어** 어(魚)**는 고래를 뜻하는 말**이었고 뒤에 물고기를 뜻하는 말(상어, 고등어, 농어, 잉어…)이 되었다고 합니다. 시속 109km의 속력으로 새처럼 하늘로 뛰어오르는 **새치**도, 눈이 맑다는 우리나라의 고기 **명태**도 다 '**어**'였을 것이고 특별히 **역사를 처음 시작했던**(太태) 사람들이 먹었던 고기라 하여 **명태**(明太)라 했고 이 사람들이 죽어 혼이 산다는 **황천**(黃泉)엘 가기 위해 **산신에게 마른 황태**(黃太)**를 바쳤던** 사람들이었습니다!

이렇게 **고래와 물고기를 잡던 사람**(이)**들은 '어부'라** 불렸고 서로를 다정하게 부를 때는 '어~이'라고 불렸던 것이지요. 옛날, 우리의 바다 여기저기서 들렸던, **에! 에에! 에이!** 는 뜬금없는 소리가 아니었습니다. 지금은 "나보고 시방 '어이'라고 했냐?" 며 깔본다고 할까봐, 조심스러운 말이 되었지만요. **어이–! 동태눈의 사람들아, 정신들 차립시다!**

대왕고래 크기 출처: CGSociety. org 녹새치(820kg) 출처: 위키백과,
조상님의 어! 황태, 시원문명의 악기 나각 출처: 국립국악원

물고기들을 거느리고 850km 밖까지 소리를 보내는, 아프리카코 끼리보다 35배나 무겁고 길고 허연 수염을 갖춘 **거대한 대왕**(王)**고래** (어)처럼, 많은 종족을 다스리며(다 살리는, 거느리는 御어) 인류의 문명을 시작했던 이 땅의 사람들은 우리의 임금(땅의 세상을 다스리는 신)이 세상을 다스리는 것을 **어세**(御世)라고 했으며 임금의 명령을 고래(어) 의 위엄을 실어 **어명**(御命)이라 불렀고 그래서 임금님이 **붕어**(崩御)**하 면**, 바다의 큰 소라껍데기(나각)를 '뿌우'하고 불어 고래소리를 흉내 내었던 것이지요. 이렇게 고래는 '한국인이 잊고 있는 원초적인 바닷소리'를 다시 기억하라 하십니다. *"어~명을 받들라!"*

골품제의 시작- 고래뼈 골품, 홀(笏) 규(圭)

옛날, 우리 천손에게는 자부심을 상징하는 물건들이 있었다고 합니다. 그래요! '하늘을 본 사람'은 인간세상을 탐하지 않고 '바다를 본 사람' 이 더 이상 육지를 고집하지 않듯이, '고래를 본 사람'들은 뭍의 어느 동물도 눈에 차지 않았을 것이고 **지구상 최대의 동물을 처음 잡고 사 람의 문화**(文化)를 시작했던 **천손**은 손에 **도끼나 검** 또는 **지팡이**를 갖 고 다니며 스스로의 문화적 우월감을 과시했을 것입니다.

그 우월감의 상징이 처음은 '**고래뼈**'였다고 합니다. 그래서 **고래뼈 를 갖고 있다는 것**은 당시 최고의 신지식인의 징표요, 최고의 권위를 드러내는 표식이었을 것입니다.

> "**역사의식**(歷史意識)**이 없는 인간은 인간**(人間)**이 아니다. 죽은 몸뚱이에 불과하다.**"–어느 외화의 대사 中

김성규 회장은 고구리, 백제, 신라 모두에 신분제도가 있었지만, 특별히 **고래잡이가 성했던 신라에서 '골품제'**(骨品: 뼈로 품계를 드러내는 제도)**가 성행하여 성골**(聖骨)**이네 〉진골**(眞骨)**이네 〉단골**(檀骨)**이네 했던** 것은 고래를 잡던 그 지역 사람들(성골)**의 유별난 자부심의 문화 때문** 이었다고 합니다.

따라서 조선왕조까지 신라시대 때 써오던 **'골경지신'**(骨鯨之臣: 고래 뼈 신하)**이라는 말을 사용**(*승정원일기 인조10 등)**했던 것은 고래토템 전** 통에서 신라의 골품제도가 이루어졌던 증거였다고 합니다.

그래서 **신라의 골품제도는 본래 고래뼈 클럽의 '홀'**(笏: 군주는 옥돌로 만든 규圭)이었을 것이며, 그것이 불교가 들어온 후 코끼리의 **상아홀로 대치되고 조선시대 궁중의 신하들의 입조**(入朝)**의식으로 이어졌** 던 것으로 당시 **고래뼈의 품계가 가장 높았을 것**이라고 합니다. 고래 뼈는 아니어도 지금도 **'부채'에 동물의 뼈**를 붙여 오는 것들이 다 이런 자부심과 토템의 문화였다는 것이지요.

'홀문화'가 **동북아시아와 베트남에서 행해졌던 문화**라고 하나 뉴질랜드 마오리족은 부족의 권위를 나타내기 위해 고래모양의 **고래뼈 홀**(笏, club)**을 만들어 손에 들거나, 목걸이로 하는 등 태평양 연안** 의 부족이나 인디언부족에도 전해져 있습니다. 이 역시 **고대중국에** 서 들어온 것'이라고 하나, 고대중국이란 실체조차 없는 것이고 **한국** 문명·문화의 가지(支)와 같은 것임을 생각한다면, 분명 지나족은 아 닙니다! 고조선의 유물 옥규(玉圭)에 새겨진 황(荒) 즉 '천손의 하늘나라'는 바로 고래잡는 이들의 땅이었습니다.

고래뼈 탈, 井홀문화-마오리족의 고래뼈 홀(笏) 출처: 김성규 회장, 근세조선 때 홀 출처: 나/한국사, 명(明)왕 13대 만력제(萬曆帝), 왜왕 쇼와(히로히또) 출처: 위키백과

한족(漢族 지나족) 역사의 허상!

우선 **차이나의 바른 모습**(역사와 정체성)을 보기 위해서는 흔히 말하는 '**중국**'(中國)이 세상의 중심국가의 명칭이 아닌 **단지 국가의 중심 즉 수도**라는 뜻으로 썼던 말임을 알아야 합니다. *시경에 대한 주석인 *모전(毛傳)이란 책은 "中國은 京師(경사)다." 라고 하여 **국가가 아닌 수도**(국가의 중심)로 쓰였던 단어였음을 분명히 밝히고 있지요.

지금의 **국가를 뜻하는 '중국'이란 명칭의 시작**은 겨우 지나의 근대 혁명가 손문(孫文 1866~1925)에 의해 불리면서 **청**(淸)**이 망한 후**(1924) 지금의 국가의 명칭으로 채택되었을 뿐이니, 세종대왕께서 '훈민정음'을 반포(1446)하실 때 "나라의 말이 **중국**과 달라…" 라고 말씀하셨던 中國 또한 대륙의 중심국가가 아닌 **우리 조선의 수도였던 서울**(한양)**을 뜻하는 말**이었을 뿐임을 알아야 합니다!

그래요. 우리가 알던 **거대한 문화의 공룡국가, 한**(漢)**족의** '중국'(中國: 세상의 중심국가)**이란 애초에 존재하지도 않았고 그 영역조차 아주 아주 작은 대만 땅보다도 작은 크기의 영역**이었다고 합니다.

우리 스스로 자신이 거대한 문화의 시원나라였음을 역사와 함께 망실하고 한족의 끝없는 역사조작과 왜곡으로 작아지자, 오히려 **시원문명을 구걸했던 나그네(客), 그래서 가지가 잎과 같다고 '지나'(支那)라고 불렀던 차이나족이 공룡처럼 커지면서 대신 시원나라의 영역을 차지하며 주인(主人)처럼 보였던 것이지요.**

'악화가 양화를 구축한다'는 그레샴의 말처럼…!

대만의 **內幕新聞**(30호)에 실렸던, 화교 역사학자 심건덕(沈建德: 前 中興대학 기관계부교수) 또한 **중국이란 명칭은 수도(首都)였을 뿐이고 '중화민족(지나족)은 허구다' 라는 내용의 글로서 지나(차이나)의 실체**를 밝혀 놓았으니 이젠 한국인이 제발, 좀- 바로 알았으면 합니다.

"우리 화교는 다 안다. **우리의 피는 의심스럽지만,** 순수 종족, 조선민족의 역사를 존중해주어야 한다. 중국인은 **모두 한족(漢族)이 아니다….**인구가 적었던 소수의 **한족(漢族)은 혈통상 일찍 다수의 이(夷)족에 녹아들어** 망한 국가의 망한 종족이 되었다. -중략- 오늘날 **중국역사는** 漢족을 중심으로 하기 때문에 거짓역사다. -중략-

4600년 중국역사에서 한족이 **번족**(이족=한국인)**의 통치를 받은 것이 4200년이다.** -중략- 원래 **한족의 고유영토는 낙양분지**(대만땅보다도 작음. 이것이 흔히 말해 왔던 '中國')**뿐이다.** 중국민족이라든가 중화민족은 모두 허구의 족명이다."(…人口居於少數的漢族, 血統上 早已溶入居於多數的異族當中, 亡國也亡種---今日的中國歷史以漢族爲中心, 是假歷史---四千六百年歷史當中 漢族 被蕃族統治 四千兩百年---因爲漢族的固有領土只有洛陽盆地。中國民族,中華民族都是虛構的族名)

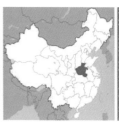

6~5천 년 전 한족의 거주지 출처: 상해 복단대 논문, 한족의 고유영토 하남성(붉은 색)의
1/10 정도인 북서쪽 낙양(洛陽)지구 출처: 위키백과, 대만의 저명한 사학자
심건덕박사 논문 – 內幕新聞(30호) 원문 발췌 출처: 나이수스

그래요! 지나 란저우대학 셰샤오둥(謝小東) 교수(생명과학원) 또한
"한(漢)족과 소수 민족의 유전자(DNA)를 몇 년에 걸쳐 조사했는데, 13
억 중국인 중 92%를 차지하고 있다는 한족(漢族)은 조사 결과 유전학
적으로 현존하지 않는다." 라고 발표합니다.(2007.2.13) 중화민족(漢
族)이라고 부를 만한 순수한 혈통이 존재하지도 않았다는 것이지요.

게다가 대만의 절반 영역(출처: *맹자)으로 시작했던 차이나족이 그
들의 발생지였다고, 중원(中原)이라고 자부했던 낙양에서마저도 원래
지나족들과는 전혀 다른 북방 노마드(유목민) 유전자들만 검출되었는
데…? 황하문명의 주체가 지나족이 아니었다는 것이었지요.

다 왜곡된 역사였습니다!

'진실은 5%도 안 된다!'는 지나 역사! 그래서 문자학자 낙빈기(駱賓
基 1917~1994)는 그가 쓴 *금문신고(산서인민출판사, 1988년 刊)라는 책에
서 '5000년 중국의 역사는 첫 단추가 잘못 끼워져 허구로 시작된 역사
이며 역사를 바로 세워야 중국이 중국다워진다' 라고 했던 것이지요.

현재보다 2~3도 높았던 **8천~5천 년 전**, 급격한 해수면 상승은 거대한 순다랜드(현 동남아시아 밑 바다)가 모두 바다로 잠식되면서 **그곳에 살던 한(漢)족의 선조들**이 광범위한 인류의 대이동과 함께 당시 동이의 땅이었던 현 중국 남쪽땅**으로 올라왔던 이방족속**이 바로 지나족이었습니다. 지나(支那)란 변방이나 곁가지로 세운 국가라는 뜻으로 우리 **동이**(東夷)**의 나라가 본국**(本國)**이고 주인**이었고, **한족**(漢族)**이란 '들어온 돌', 곁가지로 세운 국가**였던 것이지요.

그래서 과거 어느 지도(한국, 지나, 왜)에도 **'중국해'**(中國海)**라는 표기는 없고 지금도 동지나해**(東支那海), **남지나해**(南-)**라는 표기가 남아 있는 것입니다. 그리고요. **순수한 지나족**이란 최소한 **5~6천 년 전엔 지금의 동남아시아**에서 살던 족속들이었는데, 그런 지나가 무슨 **황하문명과 한자**를 만들었고 **인류문명의 시원국**이었다고 말하는 것인지… 도대체!

재레드 다이아몬드(1937~)**-!** 영국 과학출판상(2회)과 퓰리처상, LA타임스 출판상 등 영국과 미국과 일본의 각종 상을 휩쓸었던 **세계최고의 저널리스트, 세계적인 베스트셀러**로 화제가 되었던 책, * **총 · 균 · 쇠**(Guns, Germs, and Steel), 그러나 우린 이 책을 통해 지구의 인류사가 얼마나 **서양인의 안목**(✓)**으로 일방적으로 써졌고 오만**(✓)**과 편견**(✓)**이 심한지**를 알 수 있습니다.

"동아시아 문명을 잉태(✓ 정작 시원문명의 잉태와 시작의 주체는 한국인)**한 차이나의 역할**을 너무 과장해서는 안 되겠지만, 그 역할에 있어 큰 기여도를 부인할 수는 없다. **차이나의 문자**(✓ 한자를 비롯한 문자의 시작과 주인은 한국인)가 한국, 일본에서 끈질기게 쓰여 온 것은 거의 **1만 년 전 차이나에서**(✓ 차이나는 1만 년 전 중국땅에 없었음) 시작되었던 **동 · 식물의 가축화**(✓ 지금의 우리 땅에서 시작), **작물화**(✓ 농경을 비롯한 작물의 시작도 한국땅)가 20세기에 남겨놓은 흔적이라고 말할 수 있다. ”

뭐죠? 오류투성이(✓)였음을 알 수 있지요? 만일, 그가 양식 있는 학자라면, 정진하여 훗날 자신의 학설을 꼭 **바로 잡아야 할 것**입니다.

미역, 슬기슬기인간(호모 사피엔스 사피엔스)의 자부심

그런데 **해조류**(김, 미역, 다시마 등)**를 먹는 지역**을 살펴보면, 옛 문명의 정도를 살필 수가 있습니다. 세계에서 **해조류를 먹던 곳**은 우리나라와 재팬, 대만이고 **김**(seaweed)**을 먹는 곳**은 우리나라와 재팬뿐이며 해산하고 **미역을 먹는 곳**은 **우리나라**가 유일합니다.

수천 년, 아니 만 년을 앞서 바다의 채소, 영양의 보고라는 **해조류를 식생활로 활용했다**는 것은 **지구면의 70%인 바다를 알고 삶에 활용했던 지혜인**이었다는 방증으로, 먼 옛날 바로 이 지역(한-국, 재팬, 대만)에서 인류최고의 '슬기슬기인간'(호모 사피엔스 사피엔스)들이 살았다는 의미입니다. 지금 지구의 동쪽 세 국가가 세계에서 지능이 가장 높다는 사실은 우리에게 무엇을 웅변하는 것일까?

우리가 **해조류를 먹기 시작한 것**은 기록으로는 *삼국유사에 신라 시대라고 하지만, 아주 오래 전 **선사 이전**이었을 것입니다.

왜냐하면, 당(唐)의 *초학기(初學記)라는 백과서는 "고래가 새끼를 낳고 미역을 뜯어먹으며 산후의 상처를 낫게 하는 것을 보고 **고리**(당시 고구리) **사람들은 산모에게 미역을 먹인다.**"는 내용과 〈울산암각화〉의 고래잡이 문화와 바닷말로 나팔을 만들었던 **최소 8천 년이 넘는 해양문화**, 나아가 충북 단양의 수양개 1지구에서 출토된 **1만8천~1만6천 년 전의 고래모습의 물고기유물**, 그리고 공주 석장리의 **7~6만 년 고래**(whale)**상 유적 등의 구석기유물**을 감안하면, 적어도 1만 년도 더 넘었을 해양문화와 고래문화의 기원을 유추하게 하지요.

산모가 해산하고 미역을 먹는 유일한 나라는 우리나라뿐입니다. 출산 후 한국인의 첫 조상인 **마고삼신에게 '쌀밥에 미역국'**을 올렸던 일은 **농경과 고래잡이후손**으로서의 **감사의 표시**였고 생일날 엄마가 해 주시는 **미역국**은 한 해의 성장을 축복하는 천손 한국인의 **통과의례**였던 것입니다. 재팬과 대만이 그나마 해초를 식용했던 것은 옛날 육지로 '**우리나라**'와 함께 붙어 있어 **최초의 해양문화를 더불어 시작했던 우리 겨레의 강역**이었기 때문이지만, 미역을 우리처럼 식생활에 활용하지 않았다는 것은 진취적인 해양문화의 상징이라고 할 수 있는 **고래문화와 고래토템과는 거리가 멀었던 지역**임을 알게 합니다.

김(海苔), **지구 최초의 해조식물**로서 콩보다 단백질이 많고 다른 홍조류보다 월등히 많은 비타민과 미네랄 등으로 지구 최후의 날의 인류의 생존을 도울 '**21C의 식량**'으로 인정되고 있는 김을 서양은 물론 옆의 지나만 하더라도 **낯선 식품 아니 '바다의 잡초'**로 여겼었지요.

채소와 해조류뿐 아니라 산야의 수많은 풀과 식물 등을 연구해 왔던 이 땅의 선조를 **야만인 취급을 했던 것이** 서구였었지요.

미·일전쟁 중 미군포로에게 김을 주었던 것을, 전쟁 후 미국은 전범재판에서 포로학대의 증거로 검은 종이를 강제로 먹였다고 항의했던 일화는 **서양이 지구면의 70%인 바다에 대해 얼마나 무지했던가**를, 이것이 얼마 전까지의 **세계의 역사**(hestory)였고 **서양문명이 알려진 것과 많이** 다른 허구였음을 짐작할 수 있습니다.

한국인의 행복의 상징, 고래등 집

어렸을 적, 소원을 말해 보라 하면, '고래등 같이 날아갈 듯한 집을 짓고 **예쁜 색시와 행복하게 사는 것**'이라고 말했던 기억이 납니다. 그런데 **왜, 한국인은 유별나게** (다른 민족이 말할 수 없었던) '**고래등**'이었을까요?

지구상에서 가장 큰 동물(고래)을 처음 잡았던 사람들! 고래가 **하늘을 치솟는 것을** 보았고 그래서 **고래처럼 자유롭기를 소원했던 사람**들! 고래가 들어오는 날, 몫을 베어 나누면, 마침내 고래의 큰 **뼈들만** 성(城)처럼 남고 그 위에 풀만 덮으면, 수십 명도 너끈한 **아늑한 집이** 되었습니다. 이렇게 **고래의 등뼈를** 닮은 집에 **하늘로 솟구치는** '고래'의 모습이 우리의 전통적인 건축개념이 되었을 것입니다.

〈고래나라〉의 김성규 회장은 우리가 흔히 말하는 "**집이라는 글자 家자가 갓머리**(宀집) **밑에 시**(豕돼지)라는 것은 **고래 갈비뼈 이미지의 고래등 같은 기와지붕의 서까래를 의미하고 있다.**" 라고 말합니다.

그래요. **고래 갈비뼈에서 서까래가 유래**되었다는 것이지요. 고래의 길목이었던 알류산열도에 살던 알류트인들 또한 고래뼈나 나무로 서까래를 얹어 움막을 지었던 것도 다 **고래가 이 땅 사람의 건축에 어떤 역할을 했었나**를 알게 합니다.

충남 보령의 장교청의 팔작지붕 처마 출처: 언젠간 날고 말거야. 위용당당 솟을대문
(소설 '태백산맥'의 효부자댁) 출처: 블로그 tour of wind. 고래뼈 모양 서까래
출처: 전통황토집 전수인들의 모임. 고래등뼈 출처: 김성규 회장

건축의 기원의 땅

'건축의 기원'을 두고 **누군 이집트다, 그리스다, 지나다** 말들 하지만, 오랜 역사 속에서 사회 · 문화적 역량과 기술의 축적 등 **많은 상황을 종합적으로 고찰해야** 하는 것이지요. 인류학자들은 ⊩**농경이 시작되면서 본격적이고 계획적인 건축이** 발생되었다고 하고 ⊩**고인돌과 선돌 등을 건축의 기원**으로 여기고 있습니다.

그래요. **우리 땅은 쌀농사**(최소 1만 5천 년 전)**와 밭농사**(최소 8천 년 전)**를 가장 먼저 시작하면서** 개를 처음 키워 자연적인 동굴이 아닌 1물가에 주거를 마련하고 **세계 고인돌의 70%를** 남기고 **선돌과 돌널무덤, 피라미드** 등의 2**돌문화로** 이어가면서 건축문화가 일어났던 땅이지요. 일찍이 좋은 기후조건에 많은 강과 호수와 바다가 있어

3나무(木)와 숲(林)이 가장 일찍 조성된 땅이었기에 **자연 가장 많은 사람들이 밀집해 살면서 발달된 구석기 시대를 이어** 지구상에서 **가장 빠른 신석기문명을 시작했기에** 집에 대한 욕구는 상당했을 것입니다. 그래요. **세계최초의 '자'(尺)와 '말뚝이'가** 있던 땅이지요.

그런데 학자들이 간과하는 것은 무엇보다 **우리 땅의** 4고래문화(고래뼈. 배舟)에서 건축기법이 생겼다는 사실입니다. 인류최초의 배(8천 년 전)를 만들어 고래잡이(최소 8천 년 전)를 처음 시작하면서 또한 인류최초의 가축사육문화를 통해 이미 **해부와 뼈구조에 해박한 지식**을 갖고 있었던 사람들이었지요.

그래요. **전통적인 한국의 집과 배 등의 모든 토목건축의 기본이 조립식**이고 억지로 못을 치지 않고 **짜맞춤**을 한 것은 다 이런 문화의 산물이었던 것입니다. 그래서 **우리 땅에서 최초의 조립식 도구며 고인돌, 조립식 검(劍) 등의 조립식 문화가 시작**되고 건축에서 기둥 위의 지붕의 무게를 떠받쳐 추어올리기 위해 장식하며 짜맞추는, 가장 어렵다는 **조립기술 '공포'(栱包)** 또한 뜬금없던 것들이 아니었지요.

그래요. 목조건축물에서 **건물을 높이고 내부공간을 확장시키려** 할 때, 그래서 비로부터 기둥을 보호하려 할 때 처마를 길게 내미는 **'공포구조'는 지붕의 무게를 분산 혹은 집중시켜 구조적인 완충기능**을 했을 뿐 아니라 **웅장한 멋까지** 내었던 발달된 선진건축문화였던 것입니다.

이병건 교수(동원대 건축학)는 "고구리 당시의 주변국가인 중국(차이

나), 일본(재팬)에서는 이런 **발달된 공포양식이 전혀 보이지 않고 있**
다. 그런데 **고구리 벽화무덤**에서 원초적인 공포와 함께 상당히 발달
된 공포(닫힌 구조)가 함께 보여 **고구리시대 건축물들은 이미 상당히**
발달되고 규모가 컸던 건축물이 지어졌을 것으로 생각한다." 라고 하
여 우리의 자부심을 고양합니다.

그래서인지 현재(2019) 세계최고 높이의 건물(아랍에미리트 부르즈 칼
리파 828m: 삼성물산 준공), 바다에 떠 있는 세계에서 가장 큰 배(Prelude
FLNG 488m: 삼성물산 준공), 세계에서 가장 긴 다리(쿠웨이트 셰이크 자
베르 코즈웨이 해상연륙교 48.57km: 현대건설과 GS건설)를 모두 한국이 만
들어 낸 이유가 바로 여기에 있었던 것이지요! 그래서 한국의 건축문
화는 세계인에게 공포(恐怖)마저 느끼게 하는 신의 영역인 것이지요.

공포문화가 없었기에 지진에 부서진 아테네 파르테논 출처: 위키백과, 경복궁 근정전의
공포 출처:죽풍원, 단양 구인사의 처마 밑 공포와 단청 출처: Pinterest, 조계사
선암사 일주문의 공포 출처: 위키백과, 베트남 호이안의 용마루
범고래 등지느러미 출처: <코리안신대륙발견>

그리고 '한국의 집'은 하늘로 들려 있지요!
고래등 같은 집을 짓고 날아갈 듯한 지붕에 물의 신인 용(용마루)을 얹
고 **고래의 등지느러미를 닮은 기와인 '호와'**(鯱瓦=범고래 기와)를 얹어

하늘로 비상하는 고래의 꿈을 꾸었습니다.

그러나 고래문화가 잊히면서 호와는 **물고기의 지느러미**에서 유래됐다고 하고 누군 새라고 하고 그 새를 두고는 **솔개의 꼬리**라고 하며 '**치미**'(鴟올빼미·수리부엉이·솔개, 尾꼬리)라 말하고 혹자는 태평성대에 나타난다는 **상상의 새 봉황**이라고 하네요. 이 모두 '**지나에서 유래된 것**'이라고 단정하면서 말이지요. **지나**에선 치미 외에 엉뚱하게 바닷속(?)에서 비를 내리게 하는 동물인 **치문**(鴟吻 주둥이), **치물**(鴟吻 새벽)이라 했고 **우리와 왜**(倭)는 '목조건축물의 화재를 막기 위해 **토하기**(?)**를 잘 하는 솔개의 꼬리** 치는 모습을 닮았다'고 하여 **치미**(?)라고 불렀다는데, 정말 주둥이(吻)나 꼬리(尾)처럼 보입니까? 또 **바닷속에서 비는 왜 필요**하고 화재를 어찌 새의 토사물로 막을 수 있답니까?

모두 훗날 **고래문화와 고래의 기상**이 잊히고 또한 **목조건축 화재나 걱정하는 얕은 문화**밖에 볼 수 없는, 부질없는 호사가들의 **말장난으로 빚어진** 굴곡된 문화일 뿐, 더구나 치물(鴟吻)이 **먼동이 트는 새벽**(吻)**의 올빼미**(솔개)라면, '**동방의 새**'를 말함이고 바닷속(?)에서 비를 내리게 한다면, 그건 '**고래**'일 것이니, 다- 우리 겨레의 문화였지요!

금동삼존불상(고려초기) 누각의 고래호와(치미) 출처: 까마구 둥지, 원대 춘추루 호와 출처: 한국의 사라진 거대 건축, 황룡사의 호와(186cm) 출처: 경주박물관, 고구리 안학궁의 호와(210cm) 출처: 역사스페셜, 동양최대 사찰 미륵사 호와

그래서 김성규 회장을 비롯한 전문가들은 '호와'(鯱瓦: 범고래의 기와) 라고 부르지요. 진정 **목조건축물의 화재를 막기 위해서라면, 더더욱 끝없이 바닷물을 뿜어내는 고래**였을 것이고… , 다- 고래문화, 그래 서 **고래의 등지느러미**나 **꼬리**로 나타났던 것이지요.

함부르크 다물민족학교 교장 최양현 박사는 "**호와**(치미)는 **나라의 진취적인** 기상과 권위를 **상징하는 장식물**이었기에 건축물의 지붕 위 에 얹혀 하늘로 치솟는 힘을 드러내었다. 이러한 **우리의 문화는 힘과 권위의 상징**으로 퍼져나가 **고대 그리스**나 **로마 군사의 머리의 투구**와 인디언 추장의 **머리장식**으로 전해졌다." 라고 말합니다.

그러하기에 송(宋)의 손승은 *손공담포를 지어 "**고리**(려)는 거란에 제 압당해 거란의 사신이 올 적마다, 전각의 **지붕을 덮은 치미기와를 모두 잠시 철거했다.**" 라고 하여 천제국 고리의 권위의 추락을 기록했던 것 이지요. 이렇게 점차 고래를 감추다가 드디어 고래의 꿈과 기상마저 잊 고 그래서 우리의 **뇌리에서 호와**(범고래기와)가 **사라져 버린 것**입니다.

고대그리스군, 고대로마군 투구 출처: 블로그 엔틱, 근세 프랑스기병 투구 출처: 아부 사이
프의전투의 예술, '시애틀 추장의 선언'으로 알려진 인디언 추장 시애틀(1786~1866)
출처: 정하용, 인디언 머리의 호와 출처: 박상민 앨범

조상의 고래길과 온돌 & 탈, 스키

아메리카로 가는 길목인 **알류산열도 아막낙섬**에서 발견된 3천 년 전의 온돌터와 고래뼈탈(whalebone mask)의 발견(2007)은 인류학계의 또한 번의 지진이었습니다. 두려움이나 재앙, 질병 등 온갖 '**탈**'로부터 벗어나 가리고 싶고 살상한 동물의 영혼을 위로하기 위해 둘렀던 '**탈**' 또한 '**무덤**'과 '**굿**'과 함께 시작되었을, 진정 **생각하는 사람들의 뿌리 깊은 인류 초기의 주술 · 종교적 의미**를 갖기 때문이었지요.

무엇보다 차이나의 로비(lobby)로 '인디안은 지나인(?)'이라고 믿고 있었기 때문('그러니 미국은 차이나한테 빚 진 셈이니 차이나한테 잘 해!'라는 포석)인데, 〈미국 고고학 학회지〉가 '선사시대부터, 고래를 따라 자연스럽게 신대륙 아메리카에 도달했던 코리안들이 만든 코리안 온돌과 코리언의 유물들이었다'고 하자 학계에서 제기되고 있던 '코리안 신대륙 발견설'(Koreans Discovered the New World)은 힘을 얻으며 **인류학계는 또 다시 한국을 주목하게 된 것입니다.**

김성규 회장은 "울산 앞바다 **반구대 고래암각화를 그린 선사시대 해양한국인들**이 알류산열도(아막낙섬)를 지나는 고래를 따라 이동하며 **고래사냥을 하면서 만들어진 길**이 '코리언의 고래길'이었으며 '**구들**'을 만들어 안에 고래고기를 넣고 불을 피워 연기로 훈증시켜 저장하는 과정에서 '**온돌**'이 고안되었을 것이다." 라고 확신합니다. 아! 옛날, 우리 선조에 의해 만들어진 서역길이 '실크로드'(silk road)였는데, 동쪽으론 **배로써 '고래길'**(whale road)을 개척했던 것이지요.

고래뼈탈(상–병산탈 비슷) 울산 반구대암각화의 탈 모형 얼굴(하) 출처: 김성규 회장.
'고대스키의 원조는 코리아' C.J. 루터의 *고대스키역사 50년 출처: 한국일보.
유가와 중위가 찾아낸 함경도 명천의 '4C 스키' 제공: 서브원 곤지암리조트

또한 1955년 출판된 C.J. 루터의 ***고대스키역사 50년**에는
'**고대스키의 원조가 코리아**' 였음을 나타내는 〈고대스키 전파도〉가
전해져 왔다는 사실을 〈한국일보〉는 보도합니다.(2017. 7. 16)

옛 한국의 북동쪽 지방에서 마치 새가 날개를 펼치듯 중앙 시베리
아로, 아메리카로 퍼졌던 고대의 스키의 전파도였지요! 배가 아닌 스
키로 만든 한국인의 또 다른 길이었지요!

여기에 일제 때 유가와 중위가 **함경도 명천에서 찾아내었다**(1912)는
4C 스키(재팬 니가타현 스키발상기념관 전시)는 나무판자가 아닌, '몸통에
4개의 구멍이 뚫려 있고 양쪽 스키의 **길이가 약간 다르게** 제작된 점이
현대유럽에서 개발된 스키와 판박이로 닮았다'는, 지금의 스키의 원
형이었던 것입니다. 그러나 동계올림픽의 모태가 되었던 **스키**가 정작
스키의 원조라는 북유럽(노르웨이)이 아닌, **최소한 1천3백 년 가량 앞
서 발달된 형태로** 고대한국땅에서 제작되어 세계로 퍼졌다는 사실을
〈2018 평창올림픽〉 때 알고 간 외국인은 얼마나 있었을까?

온돌, 세계 유일의 난방주택

인간을 인간답게 하는 기본문화 '의(衣)·식(食)·주(住) 문화' 중 주택문화에서 **불(火)을 가장 효율적으로 이용한 민족은 '우리나라'**밖에 없습니다. 해(日)의 사람답게, 아궁이를 만들어 불을 넣어 1**취사**와 2**보온**과 3**건강** 모두를 한 번에 이루었던 세계유일의 온돌문화…! 그리고 **남향집에 처마**를 내어 여름은 시원하게 지냈던, 냉·난방을 할 줄 알았던 사람들!

지혜로운 바로 그 'Prometleus'(미리 아는 자, 먼저 깨달은 자)였지요!

세계 난방역사에서 획기적이고 유일한 전통고래온돌은 영하의 혹한 속에서도 우리 겨레를 수천 년, 아니 **어쩌면 만 년 이상을 따뜻하게 감싸주었던** 아주 **창의적이고 과학적인 난방구조**입니다. 한족의 *구당서는 '고구리인들은 추운 겨울을 나기 위해 골을 길게 파고 밑에다 불을 지펴 방을 덥혔다.'라고 기술하여 **구들문화가 한겨레의 고유하고 독특한 문화**였음을 기록하고 있고 세계적인 *브리태니커사전에도 '**ondol: 한국의 전통 난방법**'이라 수록될 만큼 독창적이고 독보적인 주거문화였습니다.

인류의 시원문화의 출발이 그렇듯, 구들고래온돌 또한 **음(陰)**과 **양(陽)** 1**남쪽 해양(水)의 고래문화**와 2**북방문화인 불(火)의 만남**이었지요. 상하기 쉬운 고래고기를 불 피워 **토기가마에서 훈증**시키고 나니 고래를 잡으려 찬물에 젖은 추위와 냉기(冷氣)가 뼛속까지 아립니다. 무엇보다 냉기를 몰아내는 일이 시급했습니다.

이 땅의 선조께선 쑥에 불붙여 인류최초로 뜸(灸, moxa cautery)을 떠 면역력을 회복시키고 뼛속까지 서린 냉기를 온돌에 지졌습니다.

음과 양과의 만남인 화기(火氣)의 이용이었지요.

다른 족속들이 불을 두려워할 때, 우리의 선조는 상식을 뒤엎고 발상을 전환하여 **불 위에서 등을 지지고 건강을 살폈던 것이지요.** 이렇게 최소 8천 년 전, 고래잡이했던 선조의 지혜로 불 위에서 자는 사람들이 탄생됩니다. 그래요. 불을 가장 잘 활용하여 의·식·주를 시작했던 진정한 호모 사피엔스(Homo Sapiens 슬기인간)!

아무 민족이나 고래잡이를 할 수 있는 것이 아니었지요.
심지어 우리는 '온돌배'까지 있었음을 김성규 회장은 신경준(1712~81)의
*여암전서(旅菴全書)에서 '**조선수군의 모든 선박은 각층마다 온돌이 시설**(船車制說)되어 습기로 인해 염려되는 귀한 뼈(貴骨)의 병으로부터 보호하였다'는 사실을 밝혀냅니다.(作溫突以防貴骨濕處生病之憂)

고래잡이 상상도 출처: http://giaoduc.net.vn, 평북 운산군 용호동 출토 고구리 이동용 철제부뚜막시스템 출처: 국립중앙박물관, 고대온돌(구들) 유적의 주요분포도

불 위에서 자는 '그[The] 프로메테우스!'

*구당서와 *신당서는 **고구리는 소수림 태왕 시절**(5C)에, **신라는 22대 지증왕6년**(506)에 이미 **전 계층에서 온돌을 사용했다**고 기록하지만, 학계에서는 우리나라의 **온돌의 사용**을 **7~6천 년 전**(신석기시대, 두만강유역

의 함북 웅기군 굴포리의 서포항집터의 움집화덕과 황해도 봉산군 지탑리 1호 주거지) 그리고 남한에서는 **5천여 년 전**(서울 암사동 움집터 제6호)으로 봅니다.

그러나 **우리 겨레는 5만여 년 전**(구석기시대)에 이미 **주택난방장치로 온돌을 사용**했던 흔적(구들로 추정되는 바닥과 벽)이 함북 회령(오동지역)에서 발굴되었고, 역시 구석기 시대로 추정되는 함북 웅기 굴포리 등 패총 움집과 유적지에서는 **오늘날의 구들과 유사한 난방장치가** 발견된 적이 있을 정도로 **온돌은 우리의 오랜 문화**였습니다.

'문화는 돌연변이가 없다'고 했지요?

우리의 고구리 벽화 〈오회분 4호릉〉에는 **불의 신**도 그려놓고 아궁이의 신인 **조왕신**도 그려놓아 구들고래의 원천을 소개합니다. 이러한 문화적 축적이 있었기에 인류 최고의 발명품인 구들온돌이 나온 것이었습니다. 한국의 고인돌을 세계에 알렸던 사라 넬슨 박사도 **오이도 패총지역에서 온돌을 보고 탄성**을 지르지요. "Ah, ONDOL!"

그래요. **신들의 지식**인 **'도구'**(첨단기술)와 **'불'**(청동기문명)을 주어 집, 수레, 배, 목축·농업, 천문, 의술, 문자 등 **인간에게 문명의 옷을 입혀준** '먼저 깨달은 자' 신(神)같은 사람들! 아, 이것이 **조상의 소명**(召命)인 **'홍익인간'**(弘益人間: 세상을 널리 이롭게 하라)의 참의미였고 빛을 서방에 전수했던 '그(The) 프로메테우스'였습니다.

고래구들! '고래가 아가리로 들이킨 물을 굴뚝과 같은 콧구멍으로 뿜어 올리는 모양'과 닮았다고 해서 전해진 **구들고래!** 아궁이의 불로 음식이 조리된 후 그 열기가 마치 고래의 뱃속으로 들어가듯, **경사진**

부(불)넘기를 넘어 아랫목, 공간에 머물러 따뜻이 보존하다가 외부의 굴뚝으로 내보내집니다. '취사'는 물론 열의 대류와 전도, 복사 등 고도의 물리학과 유체역학 등을 적용하여 '난방의 열효율성'을 매우 높인 인류 최초의 축열식(蓄熱式) 중앙난방이었다고 합니다.

여름에는 땅에서 올라오는 **습기를 구들고래로 막아 시원하게** 해주며 열은 물론 **연기마저도 활용**했던 첨단자연친화시스템이며 과학적 시스템으로서 현대과학자들이 혀를 내두를 정도이지요.

고래온돌의 구조 출처: @꿈자, 불을 훔치는 프로메테우스(얀 코시에르 作 출처: Prado National Musium. 하동 칠불사 아(亞)자방 출처: 블로그 화개장터

봄, 가을, 겨울을 따뜻하고 쾌적하게 지내왔던 유일한 나라!
여기에 오랫동안 온기를 유지하여 열효율을 극대화했던 지혜도 대단해서 한번 불을 지펴 꺼진 후 **20여일 이상 보온이 지속된다는** '정자방'(正字房)이나 경남 하동군의 칠불사(七佛寺)에 전하는 **온기가 석 달 열흘을 갔다**는 전설의 온돌방 '아자방'(亞字房)은 우리 겨레가 얼마나 불(火)을 효율적으로 다루었나를 알게 합니다.

지금은 전하지 않지만, 로마왕가에는 BCE 100년 쯤 '**하이포코스트**'(hypocaust)라는 것이 있었다고 합니다.

우리처럼 직접 불을 때어 취사를 한 뒤 그 불기를 축열(열과 연기를 가둠)하여 보온까지 겸하는 방식이 아닌, 단순히 **바닥에 물길을 만들어 더운 물을 흘려 데웠던 아주 원시적인 난방**이었다고 하니, 한국인이 얼마나 독창적이며 과학성이 뛰어난 사람들인가를 알게 합니다.

그래서 의사인 알렌(미국)은 *조선견문기(1908)에서 '차이나나 재팬에 비해 조선의 겨울은 천국'이라고 기록합니다. 과학적인 보온자체가 없었던 재팬과 차이나와 서양이었지요. 서양은 **벽난로**, 지나는 화로, 왜는 **이로리**(방바닥 화덕)로 견뎌왔지만, **실내의 산소를 빼앗은 오염된 공기에 열효율성도 낮아 옷을 끼워 입고 연기에 시달리며 그저 웅크리며 수천 년을 대책 없이 살아온 저들이었지요.**

그러하기에 100년 전, **먼 태곳적부터 이어온 한국인의** 과학적인 시스템을 보았을 때, 무엇을 생각하고 자신들의 조상을 어떻게 생각했을까요? **세상의 중심(中國)?, 태양의 근본(日本)?,** 서구인의 **과학과 합리?**…, 다− 의미 없이 무너져버린 것이지요!

지나나 왜 또한 엄청난 질투와 시샘 속에 자기 조상이 하찮게 보이고 그래서 **한국땅의 역사를 없애려 했던 것입니다.**

유럽문화의 허상에서 벗어나야 우리가 보인다!

열악한 중앙난방 방식이 등장하는 19C 전까지, **유럽의 왕이나 귀족, 평민 모두는 추운 겨울을 웅크리며** 살았다고 합니다.

비도 많아 음습하고 추운 유럽의 날씨를 생각해 보세요. 거기에

12-13C, 유럽의 옛집은 당연히 창문도 굴뚝도 없었습니다. 그러니 집안엔 언제나 연기로 가득했었다고 하고요.

독일에 전하는 '라우흐하우스'(rauchhaus: 연기집)라는 옛집은, 왜 그들이 '집안의 3대악은 비새는 지붕, 집안의 연기, 그리고 바가지 긁는 아내'라는 속담을 만들어 전해왔는지를 알게 합니다. 유럽은 먹고 입는 것만큼이나 주거생활도 비참했었다고 합니다. 반면 우리 배달겨레는 가난한 농부라도 따끈따끈한 온돌방에 연기 걱정 없이 쾌적한 집에서 마치 신선(神仙)과 같은 삶을 누려왔던 것이지요.

경복궁 자경전에는 '십장생굴뚝'이 있습니다. 서양과학자들은 말하지요. "서양엔 굴뚝조차 없었습니다! 이것이 정말 굴뚝입니까?" 이래서 '한국의 문화를 보면 질투가 난다'는 말이 있는 것이지요.

로마의 욕탕용 하이포코스트 출처: 네오아니메 서브컬쳐 커뮤니티, 유럽의 라우흐하우스 풍자도 출처: 한국가스신문, 경복궁 자경전 십장생굴뚝 출처: 바람따라 구름따라, 베르사이유궁에서 가장 화려한 '거울의 방' 출처: 남학상의 시솔길

지금 주변에서 유럽의 화려(?)한 성이나 큰 집들을 보고 와서 감탄과 탄식!!!을 하며 '우리 조상은 뭘했느냐?'는 소릴 종종 듣습니다.

하지만, 하룻밤만 자 보세요! 루이14세 때 지었다는 그 화려한 베르사이유궁(완공1682)조차 겨울엔 식탁 위에 물이 얼었다고 하고…

그래서 유럽 왕가에서는 개를 껴안고 잤다고 합니다.

프랑스 왕가로 시집와 공작부인이 된 리제로떼(Liselotte)의 친정(독일)으로 부친 편지(1701)에는 '**나를 따뜻하게 해주는 것**은 침대에서 데리고 자는 **작은 개 여섯 마리**'라고 하여 유럽 왕실의 삶조차 어떠하였는가를 보여줍니다. **유럽의 성들은 한결같이 추위에 무방비했던 마치 엔진이 없는 껍데기차와 같은 것**이었을 뿐, 저 번쩍거리는 황금빛조차 16C 후 식민지에서 **약탈한 금과 물건**으로 훗날 치장한 것인 줄을 모르기 때문이지요.

여기에 **중세**(6~16C) 유럽은 상하수도가 없는 것은 물론, 각종 변과 오물을 문밖으로 투척하고 **걷는 장소가 바로 일을 보는 화장실**이었다고 할 정도였으니 위생이요? 그래서 향수를 뿌릴 수밖에 없었던 것이지요. 오죽하면 중세의 한 시인은 "죽고 나니 먹는 즐거움이 사라진 것은 슬프지만, 화장실 갈 일이 없는 것은 좋네요. **똥·오줌 없으니**천국이 이리도 깨끗하겠지요."라고 했다고 합니다.

따라서 수질오염이 문제가 되자, 서양의 식탁에는 물 대신 **포도주나 맥주를 마시는 습관**이 생긴 것이고 군대에서도 **맹물을 마실 때는 처벌을 받았던 것**도 품격이 아닌, 다 유럽인의 삶의 속살이 보이는 풍속도였지요. 이게 사는 겁니까? 하루하루가 **지겨운 삶**이었을 것입니다.

근데요. 우리가 가장 힘없고 썩었다고 느끼는… **조선왕조마저도**세계에서 공중문화가 가장 엄격한 나라였음이 ***경국대전**(經國大典: 조선시대 최고의 법전. 세조의 명으로 성종 15년 1484년 편찬)에 보이네요.

'쓰레기 무단투기 곤장 30대, 똥투기 50대, **가축방목**은 100대, 소나무 1그루 베면 곤장 100대, **10그루 이상 베면 국외추방**, …'

이래도 **유럽의 역사**가 **낭만과 풍요와 품격의 역사**로만 보입니까? 유럽인들의 격(格)을 높여준 **비단**이며 **커피와 차, 도자기**는 물론이고 **향료** 등이 아시아나 아메리카에서 들여 온 것들이고 유럽인의 **주식인 감자와 토마토**마저도 18~19C(신항로 개척 후) 남아메리카 안데스고원에서 들여온 것임을 생각할 때 **18C까지도 유럽인들의 삶이 얼마나 팍팍**했었는지, 영화에서 보듯 **우아하고 풍요롭게** 보였던 유럽의 역사가 얼마나 왜곡된 역사였는지를 알게 합니다.

그런데도 우린 말로는 '**역사, 역사!**' 하면서 정작 역사의 알맹이인 '문화'를 보지 못하고 헌 신짝 취급하고 있으니…, 그래도 **보잘 것 없는 문화라도 소중히 여기고 조상을 존중하는** 지금의 유럽이 참으로 부럽기만 합니다.

품격을 갖춘 선진국(?)이라 거들먹거리는 **유럽인들도 13C**에는 집 한가운데 모닥불을 피워 **가축들과 한 지붕 밑에서 서로 체온을 보태고 살았으며** 심지어는 **돼지를 안고** 자기도 했었다고 합니다. 14C 중반, 단 4년(1347-1351) 사이 **유럽인구의 1/3인 2천5백 만 명을 죽게** 하고 결국 1억 명의 사상자를 내며 공포로 몰아넣은 흑사병(페스트, Black Death)의 창궐은 **사람과 동물의 구분이 애매했기 때문**이었지요.

마찬가지로 문화(?)의 나라라며 세계의 중심(?)이라는 지나 또한, **동물과 한 곳에서 지냈던 지나의 중부**(호북성 또는 운남성)에서도 동물

벼룩으로 인한 흑사병이 지나 전역으로 확산되어 **당시 30%의 인구가 죽음**으로써, 이 영향으로 1억 2300만 명(13C 초)을 넘었던 인구가 14C 말에 오히려 반(6500만 명)으로 줄었던 것은 **중화**(문화의 중심)**라는 그 잘난(?) 조상을 잘 둔 덕분**이었을 겁니다.

반면, 세계의 역사를 바꾸었다는 **흑사병에도 당시**(고려 말) **우리가 무관했을 뿐만 아니라**, 오랜 역사에서 많은 역병에 비교적 무탈했던 것은 **이미 최소 7~8천 년**(실제 1만 년 이상) **넘게 온돌문화를 이어오며 방을 들어설 때, 항상 발과 몸을 청결히 씻는 습관** 속에서 사람만의 공간을 이루고 사람의 문화로 살아왔기 때문이었습니다.

지나족이 **왜 바다를 두려워했고 왜 앞치마가 시꺼맸었는지** 아십니까? **강인한 기상과 지혜를 요구했던** 바닷가는 다 우리 (동)이겨레가 **차지하고 있어** 저들에겐 탁한 강물만이 있었기 때문이지요.

지구상에서 백성 100% 따뜻하게 사는 나라!

'**등 따시고 배부르면 최고지!**' '난롯가에서 등지고 있는 사람들은 한국인' 이라고 하는 말은 우리가 얼마나 따뜻한 구들온돌에 의존했는지, **구들온돌이 우리 겨레에게 어떤 의미였는지**를 알게 합니다. 그래서 우린 '등과 배와 발을 지진다'라고 말했던 것이고 방바닥에 지지는 온돌문화에서 독특한 좌식(··입식)문화가 생겼던 것이지요.

반면, 서구인의 **벽난로**(열효율 25%)나 **라디에이터 방식은 바닥은 차고 위는 뜨거워 두통** 또한 많았으니, 이것이 서양이 자랑하는 과학적

사고인가요? 서양과 지나는 온돌이 없었기에 신발을 그대로 신고 들어와 조금이라도 추위를 피하기 위해 의자에 앉다 보니, **입식문화가** 되고 **불결함으로 인해 특이한 병이 많았던 것이지요.**

무엇보다 우리의 **온돌**은 서양의학의 아버지라는 히포크라테스도 역설했듯이 '**두한족열**'(頭寒足熱: 머리는 차게 발은 덥게)의 원리로 되어 있어 건강을 얻고 병을 낫게 할 수 있었다고 하며 여기에 수많은 민족 중에서 한국인에게 특유의 흥(fun, joy)과 낙천(樂天)의 정서가 있다고 하는 이유 중 하나가 봄과 가을 그리고 겨울동안 **고래온돌로 피로를 날리는 주거문화**로 가슴을 펴고 살아왔기 때문이라고 하니, 그래서 우린 늘 조상님들께 감사한 마음을 잊지 말아야 합니다.

함부르크 다물학교 교장인 최양현 박사는 일러줍니다.
"지금 유럽에선 **한국의 온돌이 대유행**이지요. 특히 독일에선 우리의 바닥난방을 '**보덴 하이쭝**'(바닥 열)이라 부르며 대유행인데, 이미 독일 가구의 반 정도가 온돌생활을 즐기면서 '한국의 선물'이라며 감사하고 있습니다." 지금 세계가 열광하고 있지요!
그러나 지나학자들은 지금 누리는 아파트의 한국식온돌문화에 감사는커녕, '**한국의 온돌의 뿌리는 중국 북방(?)에서 발생한 훠캉**(火坑) **으로 중국(?)의 고유문화**' 라며 인터넷과 외국사이트에 올리고 있으니, **문명의 깊이도 없고 온돌의 기원**(바다의 고래문화)**도 없고 온돌의 시스템도 갖추지 못했으면서** 게다가 지나의 북쪽이면 저들이 '야만인'이라고 깔보던, 우리 겨레가 살았던 곳일 텐데…,

뭐가 뭔지 도무지… 역-시 지나-**답네요!** 어때요? 이래도 우리의 좌식문화가 입식문화에 비해 **뒤떨어진 문화**였습니까? **문화로 보면 왜곡된 역사** 속에 참역사가 보이지요!

토겐부르크 성서에 그려진(1411년) 흑사병 환자 출처: 위키백과, 만주의 훠캉 출처: 한비자의 블로그, 왜의 이로리 출처: TraverRoom, 서양식 벽난로 출처: 나무위키

'드넓은 바다를 보지 못한 자는 바다를 말할 수 없는 법'

아직도 차이나가 문화대국으로 보이고 유럽이 낭만의 귀족역사로 보입니까? 요즈음 고대사를 논하거나 겨레의 정체성이나 가치관을 말하면, 세계화에 뒤떨어진 것으로 보는 자들이 있는데, 새롭게 우리의 문화를 보니 어떻습니까?

우리가 만 년에 가까운 세계최고의 난방으로 **가장 뛰어난 주거문화**를 이루었는데도 "우리에겐 문화가 없다!" 라고 말하실 겁니까? 파란 눈의 한국인 인요한 박사는 말합니다. "한국의 문화가 너무 높아 한국을 못 떠난다. 그런데 **한국인은 모른다!**"

고인이 되신 소설가 **최인호 씨**도 한때 붓을 접고 '우리의 역사를 찾는 일'에 몰두했었습니다. 지금은 온돌을 쓰고 있지 않는 지나에서 **'고구리의 온돌문화유적'**을 찾아내 우리 겨레의 옛 강역을 찾는 일이었지요. 결과는 지나의 **황해를 끼고 있는 대부분의 지역**(지나의 동쪽) 즉 북경이 있는 하북성, 그리고 하남성, 산동성, 산서성, 강소성, 안휘성 일대(현 중국의 노른자위)**에서 발견**되었다고 합니다.

온돌이 발견되는 지역은 모두 우리 배달겨레의 옛 터전이라고 해도 무리가 없으니, **최소한** 지나의 동쪽지역이 다 '옛 우리나라' 강역이었음을 밝혀낸 것이지요. 최고의 극작가로, 소설가로 부와 영예보다 진정한 지식인으로서 겨레의 혼과 불꽃을 찾으려 했던 **고인께, 우리 땅의 존경의 마음**을 전합니다.

"**고래 후벼! 고래 후벼!**" 이렇게 골목을 외치는 사람이 70년대 말까진 있었습니다. 불과 연기가 들어가는 **구들장 아래 구들고래나 굴뚝 안쪽에는 검댕과 그을음으로 막혀 있어** 불길이 원활히 돌지 못할 때가 있습니다. 그래서 고래뱃속 같은 구들로 바람을 날려 굴뚝 밖으로 그을음을 빼내주는 사람들이 외치는 소리였지요. 이때 굴뚝에서 그을음이 허옇게 빠져나가는 모습이 **마치 고래가 숨을 내 뿜는 장면** 같다고 하여 '**고래 후빈다**'고 전하고 '**고래 후벼!**'라고 외쳤던 것이지요.

이 모두 바다의 고래문화에서 유래된 멋들어진 표현들이지요.

그러나 어쩝니까! **지금의 한국**은 조상이 개발한 최고의 과학기술인 구들의 **축열식 전통**을 **잇지 못하고** 그저 온수가 돌 때만 난방이 되는 방식으로 퇴보해 살고 있습니다.

"두려워- 아무도 말을 하지 않으니, 우리 역사 내가 쓴다." -역사의병 다물 지금 '구들'의 표기마저 GUDLE이 아닌 'Korean hypocaust'로 많이 표기되어 **한겨레 고유의 역사와 전통문화인** 인류최고·최초의 첨단 구들온돌이 오히려 원시적인 하이퍼코스트 뒤에 가려져 있으니 참으로 안타까운 마음뿐이네요. **문화**(文化)가 연극·영화나 노래인 줄만 아는 한국인들 속에서, 온돌의 〈유네스코 인류무형문화유산〉 등재를 추진하고 있는 **김성규 회장의 헌신적인 노력에 박수**를 보냅니다.

"고-래 후벼-!"

고 래 장과 고 려 장!

해양문화에서의 고래의 잔흔은 우리의 장례문화와 전통상여문화에도 남아있습니다. 그래서 옛사람들의 장례문화가 **고래를 닮아 있었다고** 하는 것이지요. 전통장례식에서 상주들의 '**어이~ 어이~**'라고 우는 소리는 고래의 우는 소리를 흉내낸 것이고 임금님이 붕어하면, '**뿌우**' 하고 **큰 나각**(소라껍데기)을 불었던 것도 고래소리를 흉내 낸 소리였다고 합니다.

지금도 풍습으로 남아 있는 '고복의식'이 있지요.

고복(皐: 물가, 늪, 높다, 부르다 復: 돌려보내다)이란 고래등 같은 지붕 위에 올라가 죽은 망자의 웃옷을 들고 북쪽을 향해 휘두르면서 큰 소리로 길게 목청을 뽑아 "고(皐)아무개 복! 복! 복!"이라고 외치는 것입니다. '**고래가 다시 물로 돌아간다**'는 소리며, **고래로 다시 환생하기를 바라는 소리**였다고 하지요. 지금은 국민시인 김소월이 '**초혼**'(招魂: 혼을 부름)이라는 시로 초혼의식이라 알려져….

대취타 중 나각 출처: 국악방송 고복의식 출처: MBC-TV, 장생포
고래박물관의 고래등뼈 출처: 블로그 마블러

어떤 분은 '내가 왔던 북두칠성(겨레의 별)으로 다시 돌아가기(복)를 바라는 소리'라고도 말하지만 〈코리안 신대륙발견〉의 김성규 회장의 말은 우리를 더 깊게 설득합니다.

"고복의 皐(고)는 못·늪·물가를 뜻하는 물과 관련이 있는 글자이고 모양 또한 고래의 갈비뼈를 닮아 있으며 [고]라는 음은 고래를 의미하며 고복을 행하는 장소도 고래등 모양의 기와지붕 위가 되는 것으로 보아 '해양문화에서 이어져 내려온 고래문화'임을 알 수 있다.

아메리카 인디안들 가운데 애리조나주의 호피(Hopi: 평화의 사람들) 인디안들도 지붕 위에 올라가 '투-타-헤'(Tu-ta-heh)라고 외치며 망자의 혼을 부르는 의식을 행하고 있는데, 이 또한 고대 코리안 고래잡이들이 해안선을 따라 아메리카 신대륙으로 이동한 사람들의 고래 조상을 부르는 의식이 전해진 것이다."

이렇게 이 땅의 천손은 고래당 같은 집과 물속의 화려한 용궁을 꿈꾸고 비록 하늘로 승천하는 고래나 용은 되지 못했더라도, 적어도 이 세상 마지막 길엔, 인류문명을 시작하고 고래를 잡았던 북두칠성겨레의 후예로서, 모두 제 역할을 다한 천손(天孫)으로 인정받아…

임금이 타는 '꽃상여(연이) 태우고 하늘나라 북두칠성에 계신 조상을 만나게 해드리는 것'이 우리네 효심이고 자부심이었는데 이제 천손은 꽃상여를 탈 수도 없고 망자를 추모하는 '어~이, 어~이' 소리와 요령에 애처로운 소리로 잇고 받는 '향두가'도 더 이상 들을 수 없습니다.

그러하기에 일제는 이 땅의 기백을 일깨웠던 장엄한 '고래장 전통'을 미신으로 몰아 없애버리고 심지어 '고려장'(高麗葬)으로 날조해 늙고 병든 조상을 내다버렸다는 패륜의 주홍글씨를 한국인의 가슴에 낙인을 찍고 제 조상의 무덤을 아무 죄책감 없이 도굴하게 하여 무덤 안의 수-많은 보물과 유산을 모조리 가로채 가 버리면서 한국인을 끝없이 자학하게 만들어버립니다. 꿩 먹고 알 먹고…!

사람이 짐승이 아니며 사람의 근본을 효(孝)에 둔 사람다운 사람들이었는데, 그래서 고리(려)의 법률에 최고의 형벌을 반역죄와 불효죄를 같이 보았던 나라였는데…, 이렇게 재팬은 한국인에게 가장 크고 아름다운 자존심을 갈가리 찢어놓았던 것이지요!

지금 아무 생각이 없는 후손은 조상의 자부심 다 잊고 그 넓었던 땅 죄다 빼앗기고서 땅이 좁다냐? 생각을 크게 하여 어떻든 만주땅만이라도 회복할 생각은 안 하고 뭐? 후손을 위하는 숭고한(?) 휴머니즘(인간애)이라나, 전-부 화장하여 한줌의 재로 사라지게 하니…, 'Out of sight, out of mind' 눈에서 멀어지면, 마음에서 멀어지는 것을… 조상의 기억이 가물가물하니, 이제 부모고 자식이고 다 팽개치고…, 개(犬)를 보고 '우리 아기', '훌륭한 개'라고까지…!

아가란 '천손의 땅에서 떠오르는 작은 태양'이요 홀룽이란 해가 빛을 밝게 비추며 떠오르는 것을 말합니다. 세상에는-요. 말-없이 지켜야 할 약속이라는 것이 있어요! 벼(禾) 농사 짓던 사람들의 무언의 약속이었던 '정도(程度)껏 해야지!'가 생각나는 밤입니다.

전국예술경연대회 전통장례식 재연 출처: 충청타임즈, 허구 고려장으로 조상을 욕보인 영화 출처: 영화 '고려장', 유모차에 개아기 출처: 일베저장소

우리에겐 세계에 유례가 없는 수중릉(水中陵)이 있습니다.
경주 앞바다의 고래를 닮은 신라 제30대 문무대왕수중릉이지요. "죽어서도 수중용(고래)이 되어 왜구를 물리치고 이 땅을 지키겠다." 고 전하며(*삼국사기) 위대한 고래의 후손으로 이 땅을 지켜낼 것을 소원합니다.

징키스칸보다 700년 전 5C, 유럽을 공포에 떨게 하며 유럽의 지도를 지금에 이르게 했던, 훈(韓한)족의 제왕 아틸라를 기억합니다. 그는 독일의 다뉴브(도나우)강에 수중릉(水中陵)으로 묻힙니다. 미국의 디스커버리와 독일의 ZDF(〈스핑크스, 역사의 비밀〉 중 '잃어버린 고리 찾기' 편)는 '이 훈족(한겨레)형거리)의 원류가 한국인(고구리)이었을 것'이라고 방영합니다. 바로 고래문화의 '고래장'이었지요.

'고래장'은 지금도 해안지대나 섬에 오래 전부터 **고래를 닮은 거대한 고분과 초분**(草墳)이라는 무덤으로도 전해내려 오고 있지요. 역시 **바다를 바라보는 고래모양**입니다. 1만 년 전, 옛 선조들은 **사람과 고래가 호환**(서로 맞바꾸어)**하여 환생**한다고 믿었다고 합니다. 태어나자마자 고래의 풀인 미역을 먹고 고래구들에서 살며 고래당 같은 집을 꿈꾸다 고래가 되어 드넓은 바다를, 미지의 세계를 마음껏 누비고 싶었던 것이지요. 그래서 고래가 와서 죽었을 때, **살은 물**(용궁)**에서 온 것이니 바다로 돌려보내고 뼈는 땅에다 3년 간 풀띠에 덮어** 묻었다고 합니다.

대왕바위 가운데 문무대왕 수중릉(59ton) 출처: BLUE PAPER, 전남 나주 복암리 마한고분군, 청산도 초분 출처: 코리안 신대륙발견, 영국 스톤헨지 근처의 인공 실베리힐(40m) 출처: 다음백과

그래요. 우린 **고래등 같은 집**을 짓고 **고래구들**로 온돌을 만들고 **고래와 함께 노랠** 부르고 죽은 이를 '**어이어이**' 하며 뒤따르며 **고래당 장례**를 치렀기에 '**고래**'(목어, 목탁)를 만들어 두들기고 처마에 **풍경소리**로 들으며 기억의 저 편으로 사라진 만 년 너머의 역사를 그리워하는지 모릅니다. 이 모-두 우리가 북쪽(홍산지역)으로 이동하면서 잊힌 남녘땅의 고래토템이지요.

그래서 이 '고래토템을 푸는 것'이 바로

지구의 물고기신화의 수수께끼를 푸는 **연결고리**(키)를 얻는 것이고 우리가 **전설처럼 잊어버린** 물과 바다의 역사와 용궁과 용 그리고 그 울타리였던 '우리나라'를 기억나게 하는 것일 겁니다!

魚寺와 목어, 목탁, 풍경

아, 이제야 알겠네요. 남쪽 **가락국의 건국신화**가 용(龍)이 아닌 물고기신인 '어신'(魚神)에서 출발하고 **우리나라 남쪽**에는 김해 쌍어사(雙魚寺), 밀양 만어사(萬魚寺), 포항 오어사(吾魚寺), 동래 범어사(梵魚寺) 등 고기 **어**(魚)자가 들어간 절이 많고 어김없이 **목어**(木魚)가 있는 이유를__. '梵魚'란 하늘나라의 고기가 있다는 말이라고 합니다. 그래요. **하늘나라, 물**(바다)의 나라, **고래**(魚)의 나라를 뜻했지요.

범어사 출처: 문화재청, 불국사의 목어 출처: 옛문화답사회, 제팬
고후쿠지 목어 출처: 思うままに訪れた跡

지금까지도 **목어의 유래**나 **언제부터 왜 물고기 모양**을 갖추게 된 것인지는 분명하지 않습니다. 단지 **호사가들이 지어낸 말만 무성할 뿐, 모두 짧은 역사 속에서** 만 년의 깊은 뜻은 담지 못합니다.

조선 후기 실학자 이익의 *성호사설 제10권 '인사문'에는

"불교가 한(漢) 명제 때 들어 왔을 때, *청오(靑烏: 풍수, 지리로 집터나 묏자리를 잡아주는 청오의 저서)에 '목어'라는 말이 있고…" 라고 소개하여 **목어가 지나의 한(漢)에서 처음** 만들어진 것으로 기록하고 있지만, 학자들은 원래 풍수(風水)가 우리 겨레의 풍습이었다고 하고 **불교란 석가모니**(釋迦牟尼 Śākyamuni, 624?~544?BCE)부터 시작한, 우리의 **단군조선**(2333~108BCE) **끝부분**에 해당하는 BCE 6C도 안 되는 짧은 문화일 뿐이고 석가모니 또한 한국인의 갈래(사가족)였을 뿐입니다!

또 혹자는 지나의 스님의 가르침과 불가의 계율을 지키지 않은 **제자를 벌로 등에 나무기둥을 단 하필 '고래'로 태어나게 해서 그 나무를 잘라** 만든 것이 **목어**라는 쌩둥맞은 말로, 또한 기근이 든 **인민을 구제하기 위해 '경(鯨: 고래)어'를** 해변에 나타내어 **그들을 먹게 했다는** 아리송한 부처의 전생설화를 들어 '**차이나 불교문화(?)에서 유래했을 것**'이라고 하지요.

그러나 물고기의 주인을 겨우 **강물의 '잉어'**라 하고 훗날 **용이 되는 길(吉)한 고기**라 믿었던,(*신농서) 기껏해야 5천 년의 역사도 과분한 지나(한)족에게 왜, 하필 고래가 나오고 고래에 나무가 자라는지 알 까닭이 있겠습니까? 바다를 모르고 고래를 보지 못했던 지나족(漢族)이 또한 **나무(木)가 처음 나왔다는 동**(東=木+日)**방의 1만 년도 넘어 인류문명을 시작한 사람들의 고래**(魚)**토템**을 어찌 알겠습니까?

그러하기에 **지나에서의 목어란 그저 스님의 식사시간을 알리기 위해 치는 도구**(*백장청규)일 뿐이니… 다른 많은 지나문화와 마찬가지로 모순투성이지요!

그래서 김성규 회장의 말은 우리가 **잊었던** 전설을 일깨웁니다.

"목어(木魚)는 원래 **고래를 뜻하는 '목경'**(木鯨)이었는데 불교가 **우리의 고래토템**을 **수용**하고 **토착화**하면서 **고유의 토속신앙이 불교와 합쳐져** 생긴 신앙형태이다."

그래요. '수행자는 모름지기 밤낮으로 눈을 감지 않는 물고기처럼 항상 깨어서 불도에 정진하라'는 불교의 **불면면학**(不眠勉學)**의 자세**를 고래·용·물고기토템으로 받아들이면서 '목어'가 만들어졌을 것입니다.

그런데 독경을 하는 손에는 목어가 너무 커 손 안에 잡히는 물고기로 만들어 친 것이 '목탁'(木鐸)이 됐다고 하지요. 저 지나에서는 긴 물고기 모양으로 된 것을 받침대 위에 올려놓고 치면서 **'어탁'**(魚鐸)이라 하고 지나의 고대악기 **탁**(鐸)에서 유래되었다 말하지만, **시원문화가 없던 지나**가 어찌 종교의 시원−, 물고기를 논할까?

목어 이야기 출처: 제주불교, 물고기의 꼬리, 눈, 입을 뜻하는 목탁, 낙산사 홍연암의 풍경 출처: 구름처럼 향기처럼

아, 처마 끝에 매달려 **바람에 흔들리는 물고기**(목어)도 있습니다. '**풍경**'(風磬)이지요. 이 **또한 지나에서 유래되었다**고 하지만, 지나와 왜는 **풍령**(風鈴: 바람의 방울), **풍탁**(風鐸: 바람의 쇠방울)이라고 단순하고 막연히 말할 뿐….

그런데 '경'(磬)이란 소리 나는 돌, 그래요. 세상 모든 소리(音)의 기준을 만들었다는 **우리 천제국**(인류의 문명을 시작한 나라)**의 악기 '편경'** (編磬〈片鯨〉) 있잖아요! 소리를 내는 옥(玉)돌 즉 석경, 옥경(玉磬)은 고대 동방(東方)의 통치계급이 **의례에 사용했던 전통적인 악기**이고 그래서 천자의 악기'(*禮記)였다고 하여 경(磬)이 우리 겨레 고유의 문화임을 알 수 있었습니다.

그렇지만 〈코리안신대륙발견〉의 김성규 회장은 만 년이 넘는 **고래토템의, 바다문명의 고래나라**에선 가공하기 힘든 옥보다는 먼저 **고래뼈**(鯨경)**로 만들어 '편경'**(片鯨)이라고 했을 것이라고 하니 **풍경**(風磬) **또한 風鯨**(바람고래)이었음을 쉽게 알 수 있는 우리 문화이지요.

'풍경'이란 **바닷사람들의 고래**(해양문명)**를 기억하자**는 슬픈 아리랑이었던 것입니다. 그래서 유독 우리 땅에선 **목어를 위한 전각을 따로 지어** 모시고 **물속의 중생을 구제**(홍익)하겠다는 독특한 생각과 물고기의 주인(왕)을 고래로 여기며 **'어명'**(御命)이란 말도 써왔는데…!

일찍이 지구에서 **배를 처음** 만들고 **인류최초로 고래잡이를 했던 최고의 과학문명을 이룬 사람들**(어이)…, 우리 땅이 물로 범람하자 세상으로 퍼져 나갔을 이 땅의 역사를 생각하면, 아무래도 사라진 하늘나라-물의 역사, 바다의 역사를 일깨웠던 우리의 문화였을 것입니다. 어이가 없는 역사이기에 어이!가 없겠지요!

> "자기 조국을 모르는 것보다 더한 수치가 없다.?"
> – Gabriel Harvey (英 1546?~1630)

"어이(魚夷)! 해들 봤어?"

'한국인의 정체성의 근원'을 말할 때, 안타까운 마음이 있습니다. 고래심줄처럼 질기게 **이 땅을 지켜온, 1만 년을 훌쩍 넘는 농경과 해양문화를 잊고,** 우린 북방기마계라며 바이칼이나, 곤륜산, 파미르고원에서 한겨레의 역사가 **시작되었다고 고집하는 마음**이지요.

사람이 타고 다닐 만큼 말(horse)이 커지기 전, **3천 년 전까진 기마민족이란 말조차 없었고 떠돌이 목축문화란 변변한 문명 · 문화가 있을 수 없다**는 인류학의 상식도 무시한 채 말입니다. 그래서 우린 6천 년 이전, 아니 9천 년의 한국유물이 숱하게 나오는 〈홍산문화〉를 보고도 **"이건 한국**(우리 땅에서 시작된 마고문명 이후의 환인, 환웅, 단군의 나라)**의 문화이고, 한국의 역사다!**" 라고 주장할 수 없는 것이지요.

우린 하늘(天)에 떠 생명을 주는 '해'(sun)와 바다를 말하는 '해'(sea)를 같이 발음하는 유일한 지구인입니다. 해의 위대함만큼 중요한 것이 바다였다는 것이지요. 세상의 만물을 낳게 하는 **하늘의 해를 생명의 신으로 모시고** 하늘에서 해와 가까이 하는 새(鳥)들이 해와 같은 둥근 알(ㅇ)을 낳고 **해(☀)를 품은 해**(海 SEA ☀집)에서 물고기들 또한 둥근 생명의 알(ㅇ)을 낳는 것을 보고 해(☀)의 분신이라며 **세상을 온통 해(☀)라고 생각했던 밝고 아름답고 장엄했던 어이**(魚夷)**들!**

어디서 굴러온 식민의 사람이고 식민의 문화가 아니었습니다. 온통 이 땅에서 생각하고 생각했던 어이들이 이루어 놓은 시원문화들! 온갖 알(ㅇ)을 낳고 붉은 생명의 해(☀)가 떠오르는 해(海)터, 바닷가(물가)에 정착하여 온통 둥글고(O) 따뜻하고 환(桓)한 생각으로 **최초로 농사짓고 가축 키우고 고래를 잡으며 문명·문화의 알**(O)**과 씨**(O)**를 잉태했던 사람들,** '천손'(天孫)이었습니다. '목불식정'(目不識丁)이었지요! 거대한 집단상실증에 걸린 한국인들!

"한국인에게 역사의 땅(교부)은 있는가? 국사(國史)는 있는가?"

한국인의 가슴 저 밑을 짓누르는 있는, 근원 모를 짙은 패배감과 고독한 이방인의 마음에서 벗어날 수 없는 것은 **우리 스스로가** 제 근본(해양과 농경문화)을 **부정했고** 조상(인류문화의 어머니) 또한 '**換父易祖**'(환부역조)**했으며** 제 땅(인류시원의 땅)을 **무시했고** 그래서 찬란한 자신의 문화(文化)를 하얗게 잊고 깊은 역사를 부정했기 때문입니다.

열아홉 천재 선각자인 최남선이 〈少年〉(우리나라 최초의 잡지1908) 창간호에서 "新 대한소년(신한국인)에게 있어 '**바다를 보지 못하였다. 알지 못하였다**' 하는 것은 최대 **치욕이요 걱정거리**인 것처럼, 그 반대로 '**바다를 보았다. 안다**' 하는 것처럼 **영광스럽고 기쁜** 일이 없느니라." 라고 했던 것은 제 근본에 대해 아무 생각도 관심도 없는 **한국인에게** 바다유전자를 상기시키기 위함은 아니었을까?

문화와 소국(小國)**이었다기에 다- 빼앗깁니다!**

지금 제 하비, 할미의 문화와 해양유전자를 잊고 평화스럽게 살기에 최대산유국인 **사우디의 10배의 매장량이 있다는,** 그래서 '**아시아의 페르시안 걸프**'라고 이름 지워진, 〈**제 7광구 대륙붕**〉을 빼앗기게 생겼습니다. 1000억 배럴(10조 달러)의 원유가 매장되어 있는 곳!

그래서 어쩜 교활한 재팬이 성동격서(聲東擊西: 동쪽에서 소리 내면서 서쪽을 습격함)로 **독도를 신경쓰게 하여 잊게 만드는 곳**. 제주도와 이어져 있는 제주분지이기에 당시엔 '대륙붕 연장설'에 의해 우리가 영유권을 선포(1970)했으나 '200해리 배타적경제수역설'(EEZ 1983)이 대두되자 재팬과 차이나가 각각 영유권을 주장하는 곳이지요.

UN이 정해준 7광구 보고서 기한 10년 동안, 〈대륙붕분쟁조정 위원회〉에 제출한 자료는 **재팬이 126쪽, 우린 달랑 8쪽…**! 영유권 선포 이후 지난 40여 년간 독자적 시추 한 번 제대로 진행하지 못한 곳….

2028년, 재팬과 공동개발 기한이 끝나면, EEZ논리에 따라 이 땅의 소유권을 빼앗기게 된다는데… 다시 조사만 하는데 8년이 걸린다는데, 우리(남과 북, 여와 야, 보수와 진보)끼리 **다툴 시간조차 없는데**, 재팬과 차이나와 **논리적으로 큰– 한판을 벌여 이 바다를 지켜야** 하는데… ?

만약 지면, 우린

태평양으로 나가는 길목을 잃어 저들의 검색을 받고 통과료를 내야 할 판인데, 현재로선 지나의 논리와 재팬의 논리에 밀리는 형국이라는데… 애국을 입에 달고 살았던 여야의 의원과 대통령은 〈해양부〉마저 수산부와 통폐합하여 **축소시켜 스스로 팔·다리를 묶어버렸고**… ! 우린 '제 7광구' 영화를 만들고 노래만 부른다고 지켜낼지?

또한 마라도에서 서남쪽 149km밖에 안 떨어진, 겨우 40m의 대륙붕 〈4광구〉에 **전설로 묻힌 우리의 이상향이 있습니다.** '이어도'(離於島 ↔ 차이나의 동도와는 247km)! 누군 파랑도, 소코트라 암초(Socotra Rock)라 부르며 〈종합해양과학기지〉(2003.6)도 세우고 지키고는 있지만, 제 근본을 잊었기에 차이나가 제 영역이라며 방공식별구역을 선포(2013)해도 정작 **제대로 항의조차 못합니다⋯!**

'재깍, 재깍, 재깍⋯ !'

약 1만1천 년 전(빙하기)에는 제주도와 연결된 **우리의 육지**였고 그 땅이 바로 지금의 **현 인류의 조상들을 품어 첫 문명**(마문명, 한국문명)**을 시작했던,** 인류가 찾던 '그 (THE) 고향'⋯ 그 끝 터가 바로 4광구, 7광구였다고⋯ 그때 중국인은 1도 없었다고 이 땅에 물이 들어와 **그 때의 산**(山)**들만 지금 섬**(島)**으로 남아있는 거라고!**

그 증거가 우리 **옛 한국인**(동이)**이 창안했던 글자인 이글**(한자)**에도 보이는 것이니** 섬을 뜻하는 '**도**(島)**에** 엉뚱하게 **산**(山)**이 보이는 것은** (바다가 되기 전) **옛날 새**(鳥천손)**사람들이 살았을 때는 섬이 아닌, 육지** (舟)**의 산이었다는 옛 역사를 증명**하고 웅변하는 글자였다고⋯ !

따라서 '이어도'가 물속에 묻혀 여인의 이상향을 뜻하는 전설로 남아 전해지는 까닭은 한국사람들에겐 그냥 암초가 아닌 **어미**(母)**의 땅** (집)**이 물**(氵)**속에 묻혀 변한 것이 바로 海**(바롤)**였고** 그때 **인류의 역사를 시작했던 이 땅과 문화의 어미 마고**(麻姑)**를 기억해 내기를 바라는 상징이었다고** 태곳적 조상의 삶과 체취와 한(恨)의 기억들을 고스란히 간직한 우리의 땅이었다고⋯ 왜? 말들을 못합니까?

이제 '알과 씨의 문화의 나라'를 기억해 **"나는 누구다!"** 라고 답해야 하고 뿌리 없는 불안함에서, 엄마의 얼굴을 잊은 공허함과 가야 할 고향을 모르는 이방인의 고독한 마음에서 **벗어나** '문화가 시작된 어머니의 땅, 인류의 모국'이었다고 말을 해야 합니다!

7광구(맨 아래) 출처: 중앙일보, 머니투데이, 대한민국 해양과학기지
출처: 국토교통부, 4광구 내의 마라도 출처: 위키백과

지금 누군가 '고래사냥'이라는 노래를 애타게 부르고 갑니다. "자, 떠−나자! 동해바−다로. 3등 3등 완행열차− **고 − 래 잡−으러−...**" 그러나 지금 노래를 부르는 저 사람이나, 가수조차 **태평양이 우리의 바다**였고 그래서 **우리 조상이 최초로 드넓은 파도를 넘어 고래잡이를 했던** 곳인 줄이나 알까? 고래를 처음 잡았던 우리 겨레의 패기와 정체성(identity)은커녕, 고래의 꿈(dream)도 다 잊은 채, 그저 3등술고래가 되어 한밤중 고래고래 **고함만 질러대는 방관자일 뿐!**

지금 정작 우리의 조국이 아파할 때, **제 나라의 문화와 역사조차 모르는 딴 나라사람** 같은 위정자들이 과연 **무엇을** 할 수 있을지? 흔들리는 내 조국, 아픈 우리 조국, 그래서 지도자들마다 애국의 **정의가 다르고** 그래서 **진실을 모르겠다는 우리 사회**, 그래−서 "이 나라는 아무리 해도 안 바뀐다!" 는 회의마저 들립니다. '한국'이 무슨 뜻인지, '우리나라'와 '배달'과 '겨레'와 '아리랑'이 무슨 뜻인지는 아시나요? 그래요! '고래'를, '바다'를 다− 잊고 있었기 때문은 아닐까?

그런데 당신은 어느 나라 사람입니까?

그래서 현대그룹 창업주이신 **고 정주영 회장님**의 "해- 봤어?" 라는 말씀은 우리에게 많은 것을 생각하게 하며 이제 한국인에게 '동굴- 밖으로, 극장- 밖으로 나오라'고 합니다. 세계는 한국인에게 "당신은 누구냐?" 라고 한결같이 묻는데도 우린 스스로를 너무도 모릅니다. 그저 고래힘줄 같이 질긴 **식민사관**과 **중화사관** 속에서 헤어나질 못하고 스스로 3등 민족인줄 알고 좌다, 우다, 진보다, 보수다 갈라져 **큰 역사를 못 보면서 스스로 소국**(小國)이 되고 새우가 되어 '고래 싸움에 새우등 터진다'는 푸념을 끝없이 하면서 구걸을 합니다.

　　어느 민족도 할 수 없었고 하지 못했던, 너무 깊고 오랜 문화였기에 쉽게 볼 수 없었고 또한 바람에 흩어진 역사였을 뿐…, 이제, 한국인 **모두 긴-침묵에서 깨어나** 한겨레의 진정한 명예와 품격과 정체성을 되찾고 이 땅의 거인들이 크게 벌여놓았던 위대한 문화의 잔치판에서 **'우리의 문화주권'**(文化主權)**을 찾아 후손에게 문화강토**(疆土)**를 물려**주고 세상이 함부로 할 나라가 아님을 알게 하면 참, 좋겠습니다.

　　"어이(魚夷)! 해를 봤어?"

역사의병 다물 박종원

"歷史를 훔친 민족보다, 지키지 못한 민족이 더 비난 받아 마땅하다"
－白凡 김 구(1876~1949.6.26)

'한국인 자부심 더 알씨랑'
참고문헌 / 참고논문
REFERENCES

"백 년 뒤 내 무덤에 비석을 세울 때   (百歲標余壙)

꿈속에 살다 죽은 늙은이라 써 준다면,   (當書夢死老)

거의 내 마음을 알았다 할 것이니   (庶幾得我心)

천 년 뒤에 이 내 회포 알아나 주었으면"(千載知懷抱)

−김시습(金時習 1435~1493)의 *아생(我生)

참고문헌

*역사(歷史)란 무엇인가? E. H. 카 김택현 역 까치 2007.6.25

*팍스(Pax) 몽골리카 박윤 김영사 1996.6.30

*한국인에게 문화(文化)는 있는가? 최준식 사계절 1997.9.30

*젊은이여 한국(韓國)을 이야기하자! 이어령 문학사상 2009.1.15

*과정과 실재 White Head 오영환 역 민음사 2003.10.2

*지구 속 여행(잃어버린 세계를 찾아서) 쥘 베른 김석희 열림원 2007.2.26

*문명과 기후 엘스워스 헌팅턴 민속원 2013.2.20

*화석 인류를 찾아서 에르베르 토마 김양미 시공사 1999.11.30

*인류의 기원(起源) 이상희, 윤신영 사이언스북스 2015.9.18

*인류의 기원과 문명의 발생 김승렬 예림당 2010.5.25

*OUT OF AFRICA 카렌 블릭센 민승남 열린책들 2009.11.30

*한국의 공룡화석 국립문화재연구소 궁리출판 2009.12.14

*한국인(韓國人)에게 무엇이 있는가? 홍일식 정신세계사 단기4329.9.25

*손영운의 우리 땅 과학답사기 살림Friends 2013.3.5

*인류는 어디에서 왔을까? 비먼바수 최영미 인문산책 2011.3.7

*문명과 기후(氣候) 엘스워스 헌팅턴 민속원 2013.2.20

*한국의 갯벌 홍재상 대원사 2005.9.30

*한국의 생물다양성과 국립자연박물관 추진의 현대사 이병훈 다른세상 2013.12.26

*한반도 자연사 기행 조홍섭 한겨레출판 2011.6.22

*한국의 동굴(洞窟) 홍시환 대원사 990.7.31

*잃어버린 문명을 찾아서 제임스 처치워드 뜻이 있는 사람들 2018.5.10

*한국인 이야기(너 어디서 왔니?) 이어령 파람북 2020.2.12

*한국인의 정신적 고향(故鄕) 이어령 삼성출판사 1968.11.30

*흙 속에 저 바람 속에(이것이 한국이다) 이어령 갑인출판사 1984.1.1

*한국고대역사지리 구자일 북캠프 2005.4.23

*산해경(山海經) 이중재 역 아세아문화사 200011.10

*황제내경(黃帝內徑) 정종한 역 의성당 2010.12.20

*서구문명은 동양(東洋)에서 시작되었다 존 M 홉슨 정경옥 에코리브르 2005.1.31

*중국문명의 기원(中國文明的起源) 엄문명 문물출판사 1985

*우리말 어원(語源)사전 김민수 태학사 1997

*우리말과 한겨레 박영홍 백양사 2010.10.9

*마고할미 설화에 나타난 여성신 관념 강진옥 한국민속학회 1993

*금단의 나라(Forbidden land) 조선기행 에른스트 오페르트 1880

*관념의 모험(Adventures of Ideas) White Head 오영환 한길사 1996

*한반도의 인류 2(누가 우리의 조상일까?) EBS 한반도의인류제작팀 상상의집 2012.3

*뚜벅뚜벅 우리 역사(구석기 신석기) 임상택·진인진 2016.9.20

*다시 동방으로(리 오리엔트) 안드레 군더 프랑크 이희재 이산 2003.2.21

*인류의 조상을 찾아서(Deep Ancestry) 스펜서 웰스 채은진 말글빛냄 2007.8.27

*백남준 신현대 동아일보사 2009.12.22

*문명의 충돌(The Clash of Civilizations) 새뮤얼 헌팅턴 영사 1997.6.15

*WHAT IS HISTORY? 에드워드·H·카 탐구당 2014.2.11

*한국, 수메르, 이스라엘 역사 문정창 한뿌리 2008.10.30

*현대문화인류학 로저 키징 전경수 현음사 1984

*인류문명의 발상지 한국 한종섭 동천문화사 2019.4.15

*한국 고대문화 원형(原形)의 상징과 해석 김양동 지식산업사 2015.5.15

*나는 박물관 간다 오동석·김용호 상생출판 2018.3.20

*조선기행(A Forbidden Land: Voyage to the Corea) 에른스트 오페르트 문교부1959

*Tamed: 10 Species that Changed our World Alice Roberts 2017.10.19

*한국고대역사지리 구자일 북캠프 2005.4.23

*우리말 어원사전 김민수 태학사 1997

*우리말과 한겨레 박영홍 백양사 2010.10.9

*중국문명의 기원(中國文明的起源) 엄문명 문물출판사 1985

*한자는 우리글이다 박문기 양문 2001.6

*한국고대문화의 비밀 이형구 새녘출판사 2012.12.27

*중국사전사화(中國史前史話) 서량지 1943.10

*사기(史記) 사마천 소준섭 서해문집 2008.11.10

*우리 문화의 수수께끼 주강현 한겨레신문사 1996.6.13

*식생활문화의 역사 윤서석 신광출판사 1999

*한단고기 계연수 임승국 역 정신세계사 안경전 상생출판 2012.8

*규원사화(揆園史話) 북애자 고동영 혼뿌리 2005.1.30

*단군세기 이암 (재)홍익인간재단 2017.12.28

*신단실기(1986.5.20) *신단민사(1986.6.10) 김교헌 혼뿌리

*주역(周易)의 이해 김일곤·김정남 한국학술정보 2009.6.30

*고조선(Древний Чосон) U.M 푸틴 1982

*중국문명의 기원(中國文明的起源) 엄문명 문물출판사 1985

*자아폭발(The Fall) 스티브 테일러 다른 세상 2011.9.30

*The Life Millennium 타임스(미) 1997년 밀레니엄 특집호

*서양 고대 101가지 이야기 슈테판 레베니히 성원book 2006.12.4

*영혼의 새 Sarah M. Nelson 이광표 동방미디어 2002.12.1

*세계최고의 우리 문화유산 이종호 컬처라인 2001. 2.28

*STEALING FIRE 스티븐 코틀러, 제이미 윌 김태훈 쌤앤파커스 2017.7.17

*홍산문명(紅山文明)의 이해 복기대 우리역사연구재단 2019.1.15

*한민족의 옥(玉)문화 정건재 상생출판 2015. 4.1

*고고학 책 뷔페 김성태 이경미 백산자료원 2014.12.9

*인류문명의 기원과 한 김상일 가나출판사 1987.5.20

*인류의 黎明(동아시아의 주먹도끼) 김정완 총괄 국립대구박물관 2008.6.10

*최초의 가축, 그러나 개는 늑대 레이먼드 피에로티, 브랜드R 포그 뿌리와이파리 2019.8.16

*현대고고학의 이해 콜린 렘프류, 폴 반 이희준 사회평론 2006.9.18

*역법(曆法)의 역사와 역리학의 바른 이해 이상엽 해조음 2015.11.6

*1만 년의 폭발 그레고리 코크란, 헨리 하펜딩 글항아리 2010.10.22

*맥이 박문기(대동이의 참역사를 밝힌다) 정신세계사 1992.3.2

*반구대 암각화 백무산 푸른 사상 2017.12.5

*고래의 모든 것 에널리사 베르타 사람의 무늬 2016.4.29

*종자(種子)전쟁 바빌로프의 씨앗(DVD) ace미디어 2013.6.28

*나무가 자라는 물고기 김혜리 사계절 2009.1.22

*총.균.쇠(Guns, Germs, and Steel) 재레드 다이아몬드 문학사상사 2005.12.19

*지혜로 지은 집, 한국 건축 김도경 현암사 2011.4.25

*한국의 고대 온돌 송기호 서울대학교 출판부 2006.1.15

*경국대전(經國大典) 근세조선 성종15년(1484) 서울대학교 규장각 1997

*고려장(高麗葬)의 전설에 대하여 김정학 사상계 1962.10

*기로(棄老)전설 손진태 을유문화사 1947

*나는 알래스카에서 죽었다 호시노 미치오 다반 2012.2.20

*마고(麻姑)의 세계 노중평 · 박경중 수서원 2013.1.25

*영원한 도전자 정주영 허영섭 나남출판 2015.6.15

참고논문

*점박이 한반도의 공룡 한상호(감독) 드림써치 C&C 2012.1.26

*한반도의 인류 EBS한반도의 인류 제작팀 상상의 집 2012.5.1

*우리나라에 살았던 공룡(恐龍)의 흔적 대한민국 국가지도집 2015.9

*단양수양개 유적발굴조사보고 이융조 충북대학교박물관 1985

*한반도출토 선사시대 흑요석 원산지 연구 장용준 한국고고학회보 2019

*민속학술자료총서, 민속공예 · 장승신앙1 도서출판 터 우리마당 2001.11.30

*신모신화연구 김준기 경희대 박사학위논문 1995

*마고할미 설화에 나타난 여성신 관념 강진옥 한국민속학회 1993

*제7광구 DVD 김지훈 두사부필름 2013.1.1

"우리나라가 독립하기 전에는 내 시체를 반장(返葬)하지 말라!"

대한 의군 참모중장 안중근(1879.9.2~1910.3.26) 유언 中

(... 지금 후손은 이 분의 시신조차 찾지 못했다)

"네가 오후 4시에 온다면 나는 3시부터 행복해지기 시작할 거야"

한국인 자부심 더 물이랑

|6부: 한국인이 잊은 물(水)의 나라 |

천손 한국인이 잊은 99.8% 역사는 / 천손 한국인이 잊은 고향– 시원의 터(井) / **인류최초의 배(舟), 신주(神舟)의 나라** / 인류 과학과 기술의 총집합체! 井의 배(船) / 여러분, 신의 배, 신주(神舟)를 아십니까? / 고리의 벽란도를 아십니까? / 인류 역사상 가장 크고 강한 배, 한국인! / **물의 역사, 버드나무** / 천손이 잊은 물의 역사 / **지켜야 할 물의 나라(井)**, 백성–'우리나라와 겨레'

| 7부: 한국인이 잊은 혼, 풍류, 영혼, 축제의 기원 |

국보 1호여야 할 반구대 암각화 / 소리의 시작, 풍물의 근원–바다 / 음악의 공연장, 악기의 기원 / 하늘의 소리, 율려 / **세상 소리(音)의 기준, 고래 편경** / 암각화에 나타난 나팔, 어르신 / 어른, 어르신의 유래 / 고래신선의 옷, 선녀옷 /

바람(風)의 옷! / 오 색 무 지 개 나 라 / 왜, 오 색 무 지 개 인가? / **오 방 색, 천손의 색**(色) / 오색옷은 하늘나라의 자부심, 당당함 / '한-복, 입장불가?' / 쪽빛(藍남)은 우리 동방의 색 / 청출어람(靑出於藍), 요람(搖籃), '요람에서 무덤 까지' / **한국이 지켜내야 할 보물, 우리 옷** / 한국인의 춤 / **살풀이춤과 한삼 춤의 기원** / **종교의 싹**(萌芽, Sprouting)**이 튼 땅** / 애니미즘, 두려움의 시작 – 종교의 싹 / 토테미즘, 두려움의 극복 / 샤머니즘, 시원문명의 전파 / **잊어버 린 종교의 고리– 고래** / 샤먼, 여성과 바다 / **샤먼의 고향** / 한겨레의 통과의 례– 굿, 우리 / **인류의 첫 축제**(festival)**의 땅–천제문화 굿** / 축제를 잊은 고독 한 영혼, 한국인 / 지구상 가장 역동적인 축제 / 신명으로 神이 된 사람들 / 조상과의 소통의 역사, 족보

| 8부: 천손이 잊은 도(道)의 탯줄– 솟대 |

한국인이 잃어버린 풍류(도) / 풍류도의 시조 풍씨들 / **허구의 삼국지, 한국인 의 블랙홀** / 도(道)의 분화, 종교 / 불교의 석가는 옛 한국인 / 도교의 노자는 옛 한국인 / 유교의 공자는 옛 한국인 / **지나의 제왕과 사상가들, 동이** / 풍류 도의 무예, 택견 / 풍류인의 씨놀음, 씨름 / **풍류문화와 부채** / 바람문화의 상 징, 연(鳶) / 세계의 미스터리 솟대 / **인류문화의 탯줄 솟대, 엄마의 고향** / 마 한의 신성한 터, 소도(蘇塗) 서울 / **인류의 시원지를 찾다! 웅상** / 소도의 기 원 / 신성한 사람들의 영역, 소도 / 인류최초의 학교 / 한겨레 최초의 애국가 / **솟대의 부활, 홍살문** / 신성한 땅을 지켜온 초석, 선비 / 모든 것을 다 내 놓 고 버린 일가(一家)!

| 9부: 천손 한국인이 잊은 물의 해와 알 |

해 · 태양의 배달나라 / **모든 것이 '해'였던 천손의 나라** / 흰색은 만유의 본 질, 무한 에너지 / **우리말의 말의 수수께끼 'ㅇ, ㅎ, ㄹ'** / 큰 알, 태양을 먹어 온 겨레 / 몇 살 먹었나? / 태양의 부활, 동지(冬至) / 단오(수릿날)는 태양절

한국인 자부심 더 코어랑

인이 잊은 형제별, 삼태성 / 근본을 부정케 한 허구, 한사군(漢四郡) 망령!

세상을 본 이들만의 말들! / "두껍아, 두껍아, 헌집 줄게 새집 다오!" / **엄마**(마고, 알)**문명의 대-이동** / 마고문명의 꽃, 홍산문화 – 세계문명을 피우다! / 마고 – 기억의 흔적들 / **문화의 시조새, 인면조** / 마고의 나들이 / 마고를 버린 근세조선! / 아–, 개천(開天)의 뜻도 모르고 국조를 단군이라는 지도자들! / 집단수면 중인 한국, "주인님 눈 뜨세요!"

한국인 자부심 더 아리랑

한국인 자부심

더 알씨랑

초판 1쇄 발행 2019년 10월 03일
초판 3쇄 발행 2021년 03월 01일
개정판 1쇄 발행 2022년 03월 01일
지은이 박종원

펴낸이 김양수
펴낸곳 도서출판 맑은샘
출판등록 제2012-000035
주소 경기도 고양시 일산서구 중앙로 1456 서현프라자 604호
전화 031) 906-5006
팩스 031) 906-5079
홈페이지 www.booksam.kr
블로그 http://blog.naver.com/okbook1234
이메일 okbook1234@naver.com

ISBN 979-11-5778-536-0 (04910)
      979-11-5778-533-9 (SET)